全国高职高专印刷与包装类专业教学指导委员会 十二五 规划教材
—— 出版类专业系列教材

出版物流管理实务

主　编　张文斌

副主编　王　贞

重庆大学出版社

内 容 提 要

出版物流管理是以出版物满足客户需求为目的,运用现代物流理论和技术,通过市场机制整合出版物的运输、仓储、装卸、加工、整理、配送、信息等功能,为提高出版物及其信息从供应到消费的效率及效益而进行的管理活动。本书作者在深入行业、企业调研实践的同时,参阅了一定量的国内外资料,并会同行业专家、技术人员对出版物流工作过程和技能进行了分析、总结。编写中确立了以出版物流工作过程来设计章节,以出版物流岗位技能要求为主导的编写原则。本书力求既有一定的理论基础又有较强的实践性、实用性,使学生通过学习能在短时间内适应出版物流工作岗位的技能要求,能较快地掌握工作原理和操作技能,同时也能为自主创业打下良好的基础。

本书适用于高职高专出版类专业学生,也可作为出版行业相关工作人员的培训教材。

图书在版编目(CIP)数据

出版物流管理实务/张文斌主编. —重庆:重庆
大学出版社,2012.1
全国高职高专印刷与包装类专业教学指导委员会"十
二五"规划教材. 出版类专业系列教材
ISBN 978-7-5624-6438-9

Ⅰ. ①出⋯ Ⅱ. ①张⋯ Ⅲ. ①出版业—物流—物资管
理—高等职业教育—教材 Ⅳ. ①F252. 8

中国版本图书馆 CIP 数据核字(2011)第 243767 号

出版物流管理实务

主 编 张文斌
副主编 王 贞

责任编辑:尚东亮 版式设计:尚东亮
责任校对:任卓惠 责任印制:张 策

＊

重庆大学出版社出版发行
出版人:饶帮华
社址:重庆市沙坪坝区大学城西路 21 号
邮编:401331
电话:(023)88617190 88617185(中小学)
传真:(023)88617186 88617166
网址:http://www.cqup.com.cn
邮箱:fxk@ cqup.com.cn(营销中心)
全国新华书店经销
POD:重庆新生代彩印技术有限公司

＊

开本:787mm×960mm 1/16 印张:18.25 字数:337 千
2012 年 1 月第 1 版 2012 年 1 月第 1 次印刷
ISBN 978-7-5624-6438-9 定价:33.00 元

【前　言】

　　出版物流管理是以出版物满足客户需求为目的,运用现代物流理论和技术,通过市场机制整合出版物的运输、仓储、装卸、加工、整理、配送、信息等功能,为提高出版物及其信息从供应到消费的效率及效益而进行的管理活动。出版物流管理对于提高出版经济运行的质量和效益、优化资源配置、改善投资环境、促进企业结构调整、增强出版产业核心竞争力具有十分重要的作用。

　　出版物流管理作为出版发行中的一个重要环节,其人才的培养对出版业的发展举足轻重。2010年上海出版印刷高等专科学校的"出版物流组织与管理"课程被评为上海市精品课程,2011年在全国高职高专印刷与包装类专业教学指导委员会的领导和协调下,由上海出版印刷高等专科学校、安徽新闻出版职业技术学院、江西新闻出版职业技术学院共同组建了"出版物流管理实务"教材的编写团队,力求编写一本既有行业特色又适合高职高专出版物流人才培养要求的教材,为推动出版发行事业发展作些贡献。

　　本书作者在深入行业、企业调研实践的同时,参阅了大量的国内外资料,并会同行业专家、技术人员对出版物流工作过程和技能进行了分析、总结。编写中确立了以出版物流工作过程来设计章节,以出版物流岗位技能要求为主导的编写原则。

　　本书力求既有一定的理论基础又有较强的实践性、实用性,使学生通过学习能在短时间内适应出版物流工作岗位的技能要求,能较快地掌握工作原理和操作技能,同时也能为自主创业打下良好的基础。

　　本书共分为12章节,每章节都有相应的基础理论、针对性的技能训练、典型实用的案例分析及拓展性的思维训练。同时还配备了题型多样的习题集,使学生通过练习能进一步加深对理论的理解和技能的掌握。

　　本书各章节题目及作者详见下表:

章　节	题　目	作　者
第 1 章	物流与物流系统	都　薇
第 2 章	出版物流概述	徐　敏
第 3 章	出版物流管理概述	付婉莹
第 4 章	出版物仓储	王　贞
第 5 章	出版物库存管理	李星玥
第 6 章	出版物运输	王　贞
第 7 章	出版物配送	王红英
第 8 章	出版物包装	付婉莹
第 9 章	出版物装卸搬运	聂　静
第 10 章	电子商务环境下的出版物流	沈　菁
第 11 章	出版物供应链管理	严交笋
第 12 章	出版物流人才培养	付婉莹、赵　红

　　本书由张文斌教授任主编，王贞老师任副主编，统筹审阅。同时孔祥法、石洪颖、许跃华、张声鸿等多位行业专家和领导对本书提出了许多宝贵意见和建议，在此谨致谢忱。

　　在本书编写过程中，我们参考了大量相关文献，谨在此向这些作者、译者表示由衷的感谢。限于编者的学识水平和资料收集有限，书中疏漏错误和不妥之处在所难免，诚望读者批评指正。

编　者

2011 年 5 月 5 日

目录

出版物流管理实务

第1章

物流与物流系统

教学目的和要求

1. 了解物流产生和发展的原因及过程。

2. 掌握物流的概念、分类及效用。

3. 了解物流系统及其基本理论。

主要概念(原理)与技能

物流概念　物流分类　物流效用　物流系统

教学重点和难点

重点:物流的效用。

难点:物流系统的要素。

【开篇案例】

连锁便利店"7-11"的物流系统

继生产管理和营销管理外,物流管理因其能大幅度降低成本和各种与商品流动相关的费用,从而成为连锁企业创造利润的第三大源泉。全球最大的连锁便利店7-11就是通过其集中化的物流管理系统成功地削减了相当于商品原价10%的物流费。目前,它共设立23 000个零售点,业务遍及四大洲20个国家及地区,每日为接近3 000万的顾客服务,75年来一直稳居全球最大连锁便利店的宝座。

目前,7-11与广州地铁二号线全面合作,在地铁二号线首期开通的9个站内同时开张9家店铺。至此,7-11在南中国地区总店数达到127家,其中广州91家,深圳36家。在扩张的同时,7-11先进的物流管理系统也一并蔓延至内地,从而为其带来了另一个利润增长点。

一、物流路径集约化

对零售业而言,中国目前物流服务水准基本由上游的商品生产商和经销商来决定,这种情景与当初日本7-11在构筑物流体系所处的环境类似。为此,7-11改变了以往由多家特约批发商分别向店铺配送的物流经营方式,转为由各地区的窗口批发商来统一收集该地区各生产厂家生产的同类产品,并向所辖区内的店铺实行集中配送。

二、设立区域配送中心

对于盒饭、牛奶等每日配送的商品,各产品窗口企业向各店铺的配送费用依然很高。对于这一点,7-11开始将物流路径集约化转变为物流共同配送系统,即按照不同的地区和商品群划分,组成共同配送中心,由该中心统一集货,再向各店铺配送。地域划分一般是在中心城市商圈附近35千米,其他地方市场为方圆60千米,各地区设立一个共同配送中心,以实现高频度、多品种、小单位配送。实施共同物流后,其店铺每日接待的运输车辆数量从70多辆下降为12辆。另外,这种做法令共同配送中心充分反映了商品销售、在途和库存的信息,7-11逐渐掌握了整个产业链的主导权。在连锁业价格竞争日渐犀利的情况下,7-11通过降低成本费用,为整体利润的提升争取了相当大的空间。

三、量身定造物流体系

当然,值得指出的是,经营规模的扩大以及集中化物流体制的确立虽然由7-11主导,但物流体系的建设却是由合作生产商和经销商根据7-11的网点扩张,根据其独特的业务流程与技术而量身打造的。这些技术有订发货在线网络、数码分拣技术、进货车辆标准化系统及专用物流条形码技术等。

在日本,7-11的点心配送都是由批发商A公司承担。起初,它们利用自己的一处闲置仓库为7-11从事物流活动,并安排了专门的经营管理人员。但随着7-11

的急剧扩张,A公司为了确保它的商品供应权,加大了物流中心的建设和发展,在关东地区建立了四大配送中心。每个配送中心为其临近的500家左右店铺配送所有点心,品种大概为650~700个。

每天早上,8点至10点半从生产企业进货,进货的商品在中午之前入库。为了保证稳定供货,每个配送中心拥有4天的安全库存,在库水准根据销售和生产情况及时补充。中午11点半左右配送中心开始安排第二天的发货,配送路线、配送店铺、配送品种、发货通知书等及时地打印出来,交给各相关部门。同时,通过计算机向备货部门发出数码备货要求。

四、设置配送流程以分钟计算

从一个配送小组的物流活动时间看,一个店铺的备货时间大约要65秒,货物搬运时间大约花费5~6分钟。从点头分拣到结束需要15分钟,所有170~180个店铺要4个多小时,即整个物流活动时间大约为4个小时(不算货车在配送中心停留等待出发的时间)。货车一般在配送中心停留一晚,第二天早上4点半到5点半,根据从远到近的原则配送到各店。最早一个到店的货车时间应该是上午6点钟,运行无误的话,店铺之间的距离为15分钟车程,加上15分钟的休息时间,每个店铺商品配送需要的时间为半个小时。也就是最迟在早上9点半或10点半左右,完成所有店铺的商品配送任务。从每辆车的配送效率看,除了气候特殊原因,平均每辆车配送商品金额为75万日元,装载率能稳定达到80%。配送中心每月平均商品供应为50亿日元,相当于为每个店铺供应100万日元的商品。货车运行费用每天为2.4万日元,相当于供应额的3.2%,处于成本目标管理值3.0%~3.5%范围之内,为7-11压缩了大量的物流成本。

现在,7-11已经实现一日三次配送制度。其中包括一次特别配送,即当预计到第二天会发生天气变化时对追加商品进行配送。这些,使7-11及时向其所有网点店铺提供高鲜度、高附加值的产品,从而为消费者提供了更便利、新鲜的食品,实现了与其他便利店的经营差异化。

资料来源:http://wenku.baidu.com/view/376e5f4ac850ad02de8041ca.html.

1.1　物流的产生和发展

人类社会从有经济活动开始就有了物流,只是当时人们没有这样的认识和文字定义。自18世纪末发明和使用了汽车,使得运输业更加发达,并有力地推动和促进了物流业的发展。物流业从自货自运走向专业运输,产生了除生产(第一方)和销售(第二方)以外的第三方专业运输者。20世纪50年代初,国外最早将物流称为"Physical Distribution",简称"PD"即货物的配送,日本人将"PD"译为"物的流通""物资流通",后又称为物流、综合物流。

"PD"演变为"Logistic",是由于第二次世界大战中,美国在军队后勤保障供应系统中,成功地运用了"物流"技术,在军队的后勤供应中开创了物流的先河,美军后勤保障的英文名称为"LOGISTIC"。战后世界各地将"Logistic"替代"PD",中国将其译为"物流"。美军在后勤保障中成功地运用物流后,很快地又将此成果转化于工业上,西方工业发达国家将"Logistic"用于工业,并用英文的"Logistic"(后勤保障)作为工业生产和销售的"物流"管理,"Logistic"就成了物流的代名词,并延续和流传于世界各国。

中国最早引进"物流"名词是在1979年,当年6月中国物资经济学会代表团参加在日本举行的第三届国际物流会议,代表团回国后在《国外物流考察报告》中第一次把日本的"物流"名词引入中国。

1.2　物流的概念

物流是一个发展中的概念,随着物流管理理论和物流实践活动的飞速发展,物流概念的内涵和外延也在不断地变化,各种物流定义层出不穷。

1)几种具有代表性的表述

日本通产省物流调查会20世纪60年代的定义:物流是制品从生产地到最终消费者的物理性转移活动。具体是由包装、装卸、运输、保管以及信息等活动组成。

美国物流管理协会20世纪80年代的定义:物流是将原材料、半成品及产成品由生产地送达消费地的所有流通活动。其内容包括用户服务、需求预测、情报信息联系、物料搬运、订单处理、选址、采购、包装、运输、装卸、废弃物处理及仓储管理。

美国物流管理协会20世纪90年代的定义:物流是为满足消费者需求而进行

的对原材料、半成品、最终产品及相关信息从起始地到消费地的有效流动与存储的计划、实施与控制的过程。

2) 我国对物流定义的表述

2001 年 8 月 1 日起正式实施的由国家质量技术监督局发布的《中华人民共和国国家质量标准物流术语》，其中规定："物流是物品从供应地向接受地的实体流动过程。根据实际需要，将运输、储存、装卸、搬运、包装、加工、配送、信息处理等基本功能实施有机结合。"

1.3　物流的分类

1.3.1　按物流活动在企业中的地位分类

1) 供应物流

供应物流是指包括原材料等一切生产物资的采购、进货运输、仓储、库存管理、用料管理和供应管理。供应物流是企业为保证生产节奏，不断组织原材料、零部件、燃料、辅助材料供应的物流活动，这种活动对企业的高效率生产活动发挥着保障作用。

2) 销售物流

销售物流是指生产企业、流通企业出售商品时，物品在供方与需方之间的实体流动。它是企业为保证本身的经营利益，不断伴随销售活动，将产品所有权转给消费者的物流活动。

3) 生产物流

生产物流是指在生产工艺中的物流活动。一般是指原材料、燃料、外购件等投入生产后，经过下料、发料，运送到各加工点和存储点，以在制品的形态，从一个生产单位(仓库)流入另一个生产单位，按照规定的工艺过程进行加工、储存，借助一定的运输装置,在各个加工点移动、流转,体现着物料实物形态的流转过程。

4)回收和废弃物流

在生产及流通活动中有一些材料是要回收并加以再利用的。例如作为包装容器的纸箱、塑料筐、酒瓶等就属于这一类物质。还有可用杂物的回收分类和再加工。废弃物流是指将经济活动中失去原有使用价值的物品,根据实际需要进行收集、分类、加工、包装、搬运、储存等,并分别送到专门处理场所时所形成的物品实体流动。它仅从环境保护的角度出发,不管对象物有没有价值或利用价值,而将其妥善处理,以免造成环境污染。如炼钢生产中的钢渣、工业废水、废弃的电脑、废弃电池以及其他各种无机垃圾等。这些废弃物对本企业已没有再利用的价值,但如果不妥善加以处理,就地堆放会妨碍生产甚至造成环境污染。对这类废弃物的处理过程就产生了废弃物流。

1.3.2 按物流活动的空间范围分类

1)地区物流

地区物流是指在一国疆域内,根据行政区或地理位置划分的一定区域内的物流。地区物流对于提高所在地区的企业物流活动的效率、保障当地居民的生活和环境,具有不可缺少的作用。

2)国内物流

国内物流是指服务在本国领地范围内所开展的物流活动。国内物流作为国民经济的一个重要方面,已被纳入国家总体规划之中。我国的物流事业是国家现代化建设的重要组成部分,因此,国内物流的建设投资和发展必须从全局着眼,克服部门和地区分割所造成的物流障碍,尽早建成一些大型物流项目为国民经济服务。

3)国际物流

国际物流是指在两个或两个以上国家(或地区)之间所进行的物流活动。当前世界的发展主流是国家与国家之间的经济交流越来越频繁,国家之间、洲际之间的原材料与产品的流通越来越发达。因此,国际物流的研究已成为物流研究的一个重要组成部分。

1.3.3 按物流系统性质分类

1)社会物流

社会物流是物流的主要研究对象,是指以全社会为范畴、面向广大用户的物流。社会物流涉及在商品的流通领域所发生的所有物流活动,因此社会物流带有宏观性和广泛性,所以也称之为大物流或宏观物流。

2)行业物流

在一个行业内部发生的物流活动被称为是行业物流。在一般情况下,同一行业的各个企业往往在经营上是竞争对手,但为了共同的利益,在物流领域中却又常常互相协作,共同促进物流系统的合理化。

3)企业物流

企业物流是指企业内部的物品实体流动。它从企业角度上研究与之有关的物流活动,是具体的、微观的物流活动的典型领域。如一个制造企业要首先购进原材料,然后经过若干工序的加工,最后形成产品销售出去。

1.4 物流的效用

物流作为一种社会经济活动,对社会生产和生活活动的效用主要表现为创造时间效用和创造空间效用两个方面。

1.4.1 物流创造时间效用

时间价值是指"物"从供给者到需要者之间本来就存在一段时间差,由于改变这一时间差创造的价值,称作"时间价值"。时间价值通过物流获得的形式有以下几种:

1）缩短时间

缩短物流时间,可获得多方面的好处,如减少物流损失、降低物流消耗、加速物的周转、节约资金等。从全社会物流的总体来看,加快物流速度、缩短物流时间,是物流必须遵循的一条经济规律。

2）弥补时间差

供给与需求之间存在时间差,是一种普遍的客观存在,正是有了这个时间差,商品才能取得自身最高价值,才能获得十分理想的效益。物流便是以科学的系统方法弥补,有时是改变这种时间差,以实现其"时间价值"。

3）延长时间差

在某些具体物流中存在人为地能动地延长物流时间来创造价值。例如,秋季集中产出的粮食、棉花等农作物,通过物流的储存、储备活动,有意识地延长物流的时间,以均衡人们的需求。

1.4.2　物流创造空间效用

物流创造场所价值是由现代社会产业结构、社会分工所决定的,主要原因是供给和需求之间的空间差,商品在不同地理位置有不同的价值,通过物流将商品由低价值区转到高价值区,便可获得价值差,即"场所价值",有以下几种具体形式:

1）从集中生产场所流入分散需求场所创造价值

现代化大生产通过集中的、大规模的生产以提高生产效率,降低成本。在一个小范围集中生产的产品可以覆盖大面积的需求地区,有时甚至可覆盖一个国家乃至若干国家。通过物流将产品从集中生产的低价位区转移到分散于各处的高价值区有时可以获得很高的利益。

2）从分散生产场所流入集中需求场所创造价值

和上面相反的情况在现代社会中也不少见,例如粮食是在一亩一亩的地上分散生产出来的,而一个大城市的需求却相对大规模集中,这也形成了分散生产和集中需求。

3）在低价值地生产流入高价值地需求创造场所价值

现代社会中供应与需求的空间差十分普遍，现代人每日消费的物品几乎都是在相距一定距离的地方生产的。这么复杂交错的供给与需求的空间差都是靠物流来弥合的，物流也从中取得了利益。

在经济全球化的浪潮中，国际分工和全球供应链的构筑，一个基本选择是在成本最低的地区进行生产，通过有效的物流系统和全球供应链，在价值最高的地区销售。

1.5 物流系统

【案例】

提到物流系统，沃尔玛（Wal-Mart）集团是不可不提及的企业。沃尔玛经过近50年的经营，在美国已拥有3 000多家连锁店，在海外拥有1 000家连锁店，员工多达88.5万人，是全球最大的零售企业。它所实行的成本领先战略涵盖了商品购、存、销、流转过程所有环节上的成本和费用控制。

该公司现已建立62个配送中心，为全球4 000多家连锁店提供配送服务，整个公司销售8万种商品，85%由这些配送中心供应。沃尔玛公司在美国国内共有近3万多个大型集装箱挂车，5 500多辆大型货运卡车。每年的运输总量达到77.5亿箱，总行程6.5亿千米。配送中心完全实现了自动化，每种商品都标有条码，由十几千米长的传送带传送商品，用激光扫描器和电脑追踪每件商品的储存位置及运送情况。为合理调度如此规模的商品采购、库存、物流和销售管理，沃尔玛公司建立了专门的电脑管理系统、卫星定位系统和电视调度系统，甚至拥有自己的卫星。沃尔玛的物流系统是一个整体系统，一方面能够及时保证货架充足，一方面也会尽力使库存量降到最低。

1.5.1 物流系统的概念

系统是指由相互作用和相互依赖的若干组成部分（要素）结合而成的、具有特定功能的有机整体。人们在日常生活、工作中所置身的都是具体的系统，如：商业系统、工业系统、农业系统、教育系统、经济系统等。可以这样说,人们不能脱离系统而存在。

物流系统是指在一定的时间和空间里,由所需位移的物资、包装设备、装卸搬运机械、运输工具、仓储设备、人员和通信联系等若干相互制约的要素所构成的具有特定功能的有机整体。其目的是"追求以最低的物流成本向客户提供优质的物流服务"。

1.5.2 物流系统的要素

1)物流系统的一般要素

(1)劳动者要素

劳动者是物流系统的主体,是物流系统的核心要素、第一要素。提高劳动者素质是建立一个合理化的现代物流系统并使它有效运行的根本。

(2)资金要素

实现交换的现代物流过程,实际也是资金的运动过程。同时,物流服务本身也是需要以货币为媒介的。

(3)物的要素

物的要素包括物流系统的劳动对象,即各种实物。如,物流设施、运输工具、消耗材料等。

2)物流系统的职能要素

物流系统的职能要素指物流系统所具有的基本职能。这些基本职能有效地组合、联结在一起,构成了现代物流的总职能,达到有效地实现物流系统的目的。物流系统的职能要素一般包括运输、储存、包装、装卸搬运、流通加工、配送、信息处理。

3)物流系统的物质基础要素

物流系统的建立和运行,需要有大量技术装备手段,这些手段的有机联系对物流系统的运行有决定意义。这些要素对实现物流是必不可少的。主要包括:

(1)物流设施

它是组织物流系统运行的基础物质条件,包括物流站、场,物流中心、仓库,物流线路、建筑、公路、铁路、港口等。

(2)物流装备

它是保证物流系统开动的条件,包括仓库货架、进出库设备、加工设备、运输设备、装卸机械等。

(3)物流工具

它是物流系统运行的物质条件,包括包装工具、维护保养工具、办公设备等。

(4)信息技术及网络

它是掌握和传递物流信息的手段,根据所需信息水平不同,包括通信设备及线路、传真设备、计算机及网络设备等。

(5)组织及管理

它是物流网络的"软件",起着连接、调运、运筹、协调、指挥其他各要素以保障物流系统目的的实现。

1.5.3　物流系统的特点

①物流系统是一个大跨度系统。反映在两个方面:一是地域跨度大;二是时间跨度大。

②物流系统稳定性较差而动态性较强。

③物流系统是一个可分系统。其本身具有可分性,可以分解成若干个子系统。

④物流系统的复杂性使系统结构要素间有非常强的"背反"现象,常称之为"交替损益"或"效益背反"现象,处理时稍有不慎就会出现系统总体恶化的结果。

1.5.4　物流系统的模式

1)输入

输入包括原材料、设备、劳力、能源等。就是通过提供资源、能源、设备、劳力等手段对某一系统发生作用,统称为外部环境对物流系统的输入。

2)处理(转化)

处理(转化)是指物流本身的转化过程。从输入到输出之间所进行的生产、供应、销售、服务等活动中的物流业务活动称为物流系统的处理或转化。具体内容有:物流设施设备的建设;物流业务活动,如运输、储存、包装、装卸、搬运等;信息处理及管理工作。

3）输出

物流系统的输出指物流系统与其本身所具有的各种手段和功能,对环境的输入进行各种处理后所提供的物流服务。具体内容有产品位置与场所的转移;各种劳务,如合同的履行及其他服务;能源与信息。

4）限制或制约

外部环境对物流系统施加一定的约束称之为外部环境对物流系统的限制和干扰。具体有:资源条件,能源限制,资金与生产能力的限制;价格影响,需求变化;仓库容量;装卸与运输的能力;政策的变化等等。

5）反馈

物流系统在把输入转化为输出的过程中,由于受系统各种因素的限制,不能按原计划实现,需要把输出结果返回给输入,进行调整,即使按原计划实现,也要把信息返回,以对工作作出评价,这称为信息反馈。信息反馈的活动包括各种物流活动分析报告;各种统计报告数据;典型调查;国内外市场信息与有关动态等。物流系统模式如图 1.1 所示。

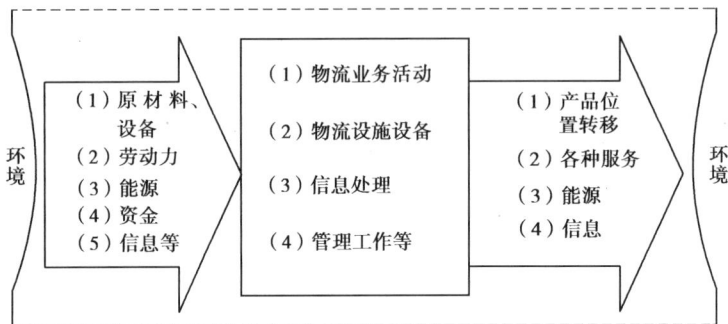

图 1.1　物流系统模式 ①

---

①　丁立言.物流基础[M].北京:清华大学出版社,2000:36.

1.6　物流理论中的几种主要观点

1）商物分离观

所谓商物分离是指流通中的商业流通和实物流通各自按照自己的规律和渠道独立运动。"商"指"商流"，即商业性交易，实际是商品价值运动，是商品所有权的转让，流动的是"商品所有权证书"，是通过货币实现的。"物"指"物流"，即马克思讲的"实际流通"，是商品实体的流通。本来商流、物流是紧密地结合在一起的，进行一次交易，商品便易手一次，商品实体便发生一次运动，物流和商流是相伴而生并形影相随的，两者共同运动，只是运动形式不同而已。在现代社会诞生之前，流通大多采取这种形式，甚至今日，这种情况仍不少见。

2）黑大陆学说、物流冰山说

著名的管理学权威彼得·德鲁克曾经讲过："流通是经济领域里的黑大陆"。德鲁克泛指的是流通，但是由于流通领域中物流活动的模糊性尤其突出，是流通领域中最具潜力的领域，因此，"黑大陆"说法现在主要针对物流而言。日本西泽修教授在研究物流成本时发现，现行的财务会计制度和会计核算方法都不能掌握物流费用的实际情况，导致对物流费用的了解只是冰山一角，提出"物流冰山学说"。他用物流成本具体分析了彼得·德鲁克的"黑大陆学说"。事实证明，物流领域的方方面面对我们而言还是不清楚的，在"黑大陆"中和"冰山"的水下部分正是物流尚待开发的领域，也是物流的潜力所在。

3）利润中心说

利润中心说是指物流可以为企业提供大量直接和间接的利润，是形成企业经营利润的主要活动。非但如此，对国民经济而言，物流也是国民经济中创利的主要活动。物流的这一作用，被表述为"第三利润源"。"第三利润源"的说法主要出自日本。从经济发展历程来看，能够大量提供利润的领域主要有两个：第一个是资源领域，第二个是人力领域。在这两个利润源潜力越来越小，利润开拓越来越困难的情况下,物流领域的潜力被人们所重视,按时间序列排为"第三利润源"。

4)成本中心说

成本中心说是指物流在企业战略中,只对企业营销活动的成本发生影响,物流是企业成本的重要产生点。因而,解决物流的问题主要是通过物流管理和物流的一系列活动降低成本。所以成本中心既是指主要成本的产生点,又是指降低成本的关注点,物流是"降低成本的宝库"等说法正是这种认识的形象表述。

5)服务中心说

服务中心说代表了美国和欧洲等一些国家学者对物流的认识,他们认为,物流活动最大的作用并不在于为企业节约了消耗,降低了成本或增加了利润,而是在于提高企业对用户的服务水平进而提高了企业的竞争能力。因此,他们在使用描述物流的词汇上选择了"后勤"一词,特别强调其服务保障的职能。通过物流的服务保障,企业以其整体能力来压缩成本和增加利润。

6)效益背反说

效益背反说是物流领域中经常出现的普遍现象,是这一领域中内部矛盾的反映和表现。它是指在物流系统中的功能要素之间存在着损益的矛盾,也即物流系统中的某一个功能要素的优化和利益发生的同时,必然会存在系统中的另一个或另几个功能要素的利益损失,这是一种此涨彼消、此盈彼亏的现象,往往导致整个物流系统效率的低下,最终会损害物流系统的功能要素的利益。以包装问题为例,包装方面每少花一分钱,从表面上看这一分钱就必然转到收益上来,包装越省,利润则越高。但是,一旦商品进入流通之后,如果节省的包装降低了产品的防护效果,造成了大量损失,就会造成储存、装卸、运输功能要素的工作劣化和效益大减。

7)战略说

战略说是当前非常盛行的一种说法,实际上学术界和产业界越来越多的人已逐渐认识到,物流更具有战略性,它是企业发展的战略而不是一项具体操作性任务。美国学者马丁·克里斯托弗在《物流竞争》中说:有效的物流管理是在竞争中取得优势的主要原因。物流会影响企业总体的生存和发展,而不只是在某个环节搞得合理一些,或省几个钱而已。战略性的规划、战略性的投资、战略性的技术开发是近些年促进物流现代化发展的重要原因。

【课后阅读】

美国物流配送中心

从20世纪60年代起,商品配送合理化在发达国家普遍得到重视。为了向流通领域要效益,美国企业采取了以下措施:一是将老式的仓库改为配送中心;二是引进电脑管理网络,对装卸、搬运、保管实行标准化操作,提高作业效率;三是连锁店共同组建配送中心,促进连锁店效益的增长。美国连锁店的配送中心有多种,主要有批发型、零售型和仓储型三种类型。

(1)批发型

美国加州食品配送中心是全美第二大批发配送中心,建于1982年,建筑面积10万平方米,工作人员2 000人左右,共有全封闭型温控运输车600多辆,1995年销售额达20亿美元。经营的商品均为食品,有43 000多个品种,其中有98%的商品由该公司组织进货,另有2%的商品是该中心开发加工的商品,主要是牛奶、面包、冰激凌等新鲜食品。该中心实行会员制,各会员超市因店铺的规模大小不同、所需商品配送量的不同,而向中心交纳不同的会员费。会员店在日常交易中与其他店一样,不享受任何特殊的待遇,但可以参加配送中心的定期的利润处理。该配送中心本身不是赢利单位,可以不交营业税。所以,当配送中心获得利润时,采取分红的形式,将部分利润分给会员店。会员店分得红利的多少,将视在配送中心的送货量和交易额的多少而定,多者多分红。

该配送中心主要靠计算机管理。业务部通过计算机获取会员店的订货信息,及时向生产厂家和储运部发出要货指示单;厂家和储运部再根据要货指示单的先后缓急安排配送的先后顺序,将分配好的货物放在待配送口等待发运。配送中心24小时运转,配送半径一般为50千米。

该配送中心与制造商、超市协商制定商品的价格,主要依据是:①商品数量与质量;②付款时间,如在10天内付款可以享受2%的价格优惠;③配送中心对各大超市配送商品的加价率,根据商品的品种、档次不同以及进货量的多少而定,一般为2.9%～8.5%。

(2)零售型

美国沃尔玛商品公司的配送中心是典型的零售型配送中心,专为本公司的连锁店按时提供商品,确保各店稳定经营。该中心的建筑面积为12万平方米,总投资7 000万美元,有职工1 200多人;配送设备包括200辆车头、400节车厢、13条配送传送带,配送场内设有170个接货口。中心24小时运转,每天为分布在纽约州、宾夕法尼亚州等6个州的沃尔玛公司的100家连锁店配送商品。该中心设在100家连锁店的中央位置,商圈为320千米,服务对象店的平均规模为1.2万平方米。中心经营商品达 4 万种,主要是食品和日用品,通常库存为 4 000 万美元,旺季为 7 000 万美元,年周转库存 24 次。在库存商品中,畅销商品和滞销商品各占 50%,库存商品期限超过 180 天为滞销商品,各连锁店的库存量为销售量的 10% 左右。1995 年,该中心的销售额为 20 亿美元。

在沃尔玛各连锁店销售的商品,根据各地区收入和消费水平的不同,其价格也有所不同。总公司对价格差价规定了上下限,原则上不能高于所在地区同行业同类商品的价格。

（3）仓储型

美国福来明公司的食品配送中心是典型的仓储式配送中心。它的主要任务是接受美国独立杂货商联盟加州总部的委托业务,为该联盟在该地区的 350 家加盟店负责商品配送。该配送中心建筑面积为 7 万平方米,其中有冷库、冷藏库 4 万平方米,杂货库 3 万平方米,经营 8.9 万个品种,其中有 1 200 个品种是美国独立杂货商联盟开发的,必须集中配送。在服务对象店经营的商品中,有 70% 左右的商品由该中心集中配送,一般鲜活商品和怕碰撞的商品,如牛奶、面包、炸土豆片、瓶装饮料和啤酒等,从当地厂家直接进货到店,蔬菜等商品从当地的批发市场直接进货。

美国配送中心的库内布局及管理井井有条,使繁忙的业务互不影响,其主要经验是:

①库内货架间设有 27 条通道,19 个进货口。

②以托盘为主,4 组集装箱为一货架。

③商品的堆放分为储存的商品和配送的商品,一般根据商品的生产日期、进货日期和保质期,采取先进库的商品先出库的原则,在存货架的上层是后进的储存商品,在货架下层的储存商品是待出库的配送商品。

④品种配货是数量多的整箱货,所以用叉车配货;店配货是细分货,小到几双一包的袜子,所以利用传送带配货。

⑤轻量、体积大的商品(如卫生纸等),用叉车配货,重量大、体积小的商品用传送带配货。

⑥特殊商品存放区,如少量高价值的药品、滋补品等,为防止丢失,用铁丝网圈起,标明无关人员不得入内。

图1.2 美国物流配送中心实景图

【课后练习】

一、单项选择题

1)物流概念最初在(   )产生。

A. 美国   B. 日本

C. 德国   D. 中国

E. 英国

2)布置设计就是通过对系统物流、人流、信息流进行分析,对(   )做出有机的组合与合理配置,达到系统内部布置最优化。

A. 物流、人流、信息流

B. 建筑物、机器、物料运输、操作人员

C. 建筑物、机器、设备、运输通道和场地

D. 建筑物、设备、物料运输

3)美国物流管理协会20世纪80年代的定义:物流是将原材料、半成品及产成

17

品及产成品由生产地送达消费地的所有(　　)活动。其内容包括用户服务、需求预测、情报信息联系、物料搬运、订单处理、选址、采购、包装、运输、装卸、废弃物处理及仓储管理。

  A. 流通   B. 运输   C. 仓储   D. 搬运

  4)(　　)代表了美国和欧洲等一些国家学者对物流的认识,他们认为,物流活动最大的作用,并不在于为企业节约了消耗,降低了成本或增加了利润,而是在于提高企业对用户的服务水平进而提高了企业的竞争能力。

  A. 利润冰山说   B. 成本中心说

  C. 战略说   D. 服务中心说

  5)(　　)是指企业内部的物品实体流动,它从企业角度上研究与之有关的物流活动,是具体的、微观的物流活动的典型领域。

  A. 企业物流   B. 社会物流

  C. 行业物流   D. 国内物流

二、多项选择题

  1)现代物流的基本特征是(　　)。

  A. 物流环节简单化   B. 物流过程一体化

  C. 物流技术专业化   D. 物流活动社会化

  E. 物流管理信息化

  2)从物流活动发生主体的角度,可将物流分为(　　)。

  A. 企业自营物流   B. 商业企业物流

  C. 工业企业物流   D. 第三方物流

  E. 废品回收企业物流

  3)物流的价值表现在其可创造(　　)。

  A. 时间效用   B. 空间效用

  C. 形体效用   D. 场所效用

  E. 流通效用

  4)下列说法正确的是(　　)。

  A. 物流解决了生产和消费相分离后存在的社会间隔、场所间隔和时间间隔

  B. 产品或商品在时间和空间上流动的全过程简称物流

  C. 商物分离是物流科学赖以存在的先决条件

  D. 我们现在所说的物流(Logistics)和物流发展初期军事后勤学派的 Logistics
    意义是一样的

  E. 物流的特征是物品的运动和停滞

5)物流对企业的作用有(　　　)。

A.物流是企业生产运行的保证

B.物流合理化可大幅降低企业经营成本

C.物流可以为企业创造"第三个利润源"

D.物流可以提供良好的服务

E.物流可以为企业创造经营的外部环境

三、判断题

1)时间价值是指"物"从供给者到需要者之间本来就存在有一段时间差,由于改变这一时间差创造的价值,称作"时间价值"。　　　　　　　　　　(　　　)

2)所谓商物分离是指流通中的商业流通和实物流通各自按照自己的规律和渠道独立运动。"商",指"商流"即商业性交易,实际是商品价值运动,是商品所有权的转让,流动的是"商品所有权证书",是通过货币实现的。　　　　(　　　)

3)20世纪50年代初,国外最早将物流称为"Physical Distribution"、简称"PD"即货物的配送,美国人将"PD"译为"物的流通""物资流通",后又称为物流、综合物流。　　　　　　　　　　　　　　　　　　　　　　　　　(　　　)

4)物流系统的一般要素包括劳动者要素、资金要素、物的要素。(　　　)

5)物流系统是一个大跨度系统。反映在一是地域跨度大;二是资金跨度大两个方面。　　　　　　　　　　　　　　　　　　　　　　　　　(　　　)

四、名词解释

1)物流

2)地区物流

3)废弃物流

4)生产物流

5)商物分离

五、简述题

1)简述物流系统的概念。

2)简述物流系统的特点。

3)简述物流的分类。

第2章

出版物流概述

教学目的和要求

1. 掌握出版物流的概念。

2. 了解出版物流在出版经济中的作用。

3. 了解我国出版物流的发展趋势。

主要概念(原理)与技能

出版物　出版物流

教学重点和难点

重点:出版物流概念、出版物流作用。

难点:出版物流的发展趋势。

【开篇案例】

北京出版发行物流中心打造图书文化创意园

北京出版发行物流中心位于通州区台湖镇,占地460亩(1亩＝666.67平方米,下同),总建筑面积30万平方米,是集商流、现代物流、信息流、资金流和综合配套服务功能于一体的出版发行产业集聚区。自2007年11月8日正式开业以来,北京出版发行物流中心引起了国内外同行业者和全社会的广泛关注。

有关专家认为,北京出版发行物流中心的建成不仅填补了北京乃至华北地区大型现代出版发行物流中心长期缺位的空白,而且还在出版物经营链条上成功构筑了一个目前全国最大的出版物集散平台,开创了新型业态和经营模式的先河,在中国出版发行发展史上具有里程碑的意义。

500多家出版社入驻

北京出版发行物流中心包括建筑面积达8万平方米的北京国际图书城、4.5万平方米的配套服务中心和12.5万平方米的物流配送中心,是目前全国规模最大、出版物品种最全、功能和服务最完善的全国出版物集散中心,园区具备九大功能和延伸的综合服务体系。

北京国际图书城包括国内出版社图书展示销售区、图书馆采购新书样本大厅、国际出版社图书展示销售区、中国书店古旧图书、特价图书专卖区、音像制品展示销售区和图书发行公司展示销售区。

国内出版社图书展示销售区汇聚了全国几乎所有的出版社(539家),以展会形式集中展销30万余种近3年出版的图书。图书馆采购新书样本大厅集中了各出版社最新出版的10万多种图书,依托物流中心的全品种优势,让以往奔波劳碌于各大书城采购的人员,到这里可以一站式购齐所需图书,享受图书看样、采购、配送和结算等一条龙式服务。国际出版社图书展示销售区引入了48家国际出版集团约300家海外出版社,展示销售包括科技、教育、人文、社科、少儿、艺术等在内的万余种外文原版出版物。企鹅、哈珀·柯林斯等一个个世界知名的出版集团和其特色鲜明的展位设计,构成了书城内一道独特的风景。国际出版社图书展示销售区还设有版权贸易厅,在运营初期就达成了数百种国外图书的版权交易意向,一些国外出版社十分看好这个新兴的版权交易场所。中国书店古旧图书、特价图书专卖区展销近2万种古旧图书和14万种库存图书、音像制品,是目前国内鲜有的古旧图书、特价图书大卖场,经营面积近5 000平方米。音像制品展示销售区和图书发行公司展示销售区,进一步丰富了物流中心园区的出版物品种。音像制品展示销售区主要由3家全国最大的音像代理商,代理全国900余家音像公司的音像制品5万余种。图书发行公司展示销售区引入了近百家图书发行公司入驻经营,荟萃了约 5 万种优秀出版物。

园区内拥有目前国内最大的仓储物流配送中心,中心分为北京图书配送中心和代储代发服务中心两部分。这里存储的图书达 50 多万个品种、1 500 万册,设计年出版物发货能力达 80 亿元(码洋),可实现 24 小时不间断地为遍布京城的图书销售网点、6 000 多家图书发行公司以及展销大厅现场采购的团购客户及时进行配送服务,并逐步实现向华北等周边地区乃至全国的大型书城、网上书店实现辐射配送功能。代储代发服务中心主要为各出版社、图书发行公司的出版物提供仓储和配送物流服务。

综合配套服务中心建有宾馆套房、中西餐厅、会议室、外宾接待室等服务设施,常年承办展销会、订货会、业内高层研讨会等活动。

年出版物发货能力 80 亿元

北京出版发行物流中心彻底改变了传统手工作业模式,年出版物发货能力由过去的 7 亿元(码洋)提高到现在的 80 亿元(码洋),员工人数则比原来减少了一半。由于实现了出版物统一进货、统一库存、统一配送、统一退货、统一结算和统一管理,不但腾空了城区内 4 万多平方米的多处库房用于开发新项目,盘活了企业资产,而且为出版物连锁经营创造了更加有利的条件。全品种出版物业务的拓展,增强了中外图书文化交流,加快了中文出版物走向国际市场的步伐。北京出版发行物流中心全景如图 2.1 所示。

图 2.1　北京出版发行物流中心全景图

2.1　出版物流的概念、特点及模式

2.1.1　出版物流概念

出版物包括以传播文化和知识为目的的印刷品、电子产品的总称,属于传播文化知识的媒体,包括书籍、期刊、报纸和电子传播产品(电子出版物)等种类。出版物的出版发行具有品种多,更新快,商品流转、添配、调配频繁的特点。

出版物流是以出版物满足客户需求为目的,运用现代物流理论和技术,通过市场机制整合运输、仓储、装卸、加工、整理、配送、信息等功能,为提高出版物以及信息从供应到消费的流动和储存的效率及效益而进行的计划、执行和控制的过程。

2.1.2　出版物流特点

近几年来,出版物流建设呈现出风起云涌之势,以现代化管理来实现高效率运作,实现"商流、物流、信息流合一"是出版物流的发展方向。从整体上看,出版物流系统在向现代经营模式转变过程中呈现出以下特点:

1)信息网络建设加快

企业的信息化程度是物流信息管理的基础,因此,很多发行集团在建立物流中心后升级计算机系统,通过各连锁店与物流中心的计算机联网来实现信息的一体化。2003年7月,浙江省新华书店集团公司就成功运行了国内首条图书自动化流水线,实现了企业信息系统与物流自动化控制系统的无缝连接。随后,国内现代出版企业纷纷对计算机软件、硬件进行了革命性升级,完成了计算机系统与物流自动化控制系统的无缝连接,使信息化网络建设得到了全面提升,提高了整个物流的运作效率。

2)物流设施升级提速

专业的出版物物流管理必须依赖一套完整的物流设备及管理系统,从出版物的制造、入库、储存、拣货、加工、出货到结账,甚至销货退回,完全按照物流流程的规划、控制、检查,确保每一个环节都万无一失,并且能够及时提供市场销售情况的反馈。很多出版物流中心加快了对物流设备升级,物流信息管理系统建设已经达到了较高水平。许多现代出版物流中心常采用电子标签拣选系统、手持无线电数据终端(PDT)、自动化验收和分拣线,使整个商品从入到出的速度大大提高,基本没有出现差错,节约了人力资源,而且还实现了出版社、销售店、发货店之间的数据共享和有机链接。

3)先进模式广泛运用

现代出版物流中心普遍具备仓储、配送、运输、包装、装卸搬运、流通加工、信息服务、办公、餐饮等综合物流服务功能,不仅提供出版物的配送,也为第三方物流提供了平台。

国内一些出版物流中心引进了先进的物流管理系统和自动化设备,改变了传统仓储运行模式,除了主营出版物流,兼营印刷机械、纸张等相关产品的物流外,还面向市场从事其他产品的第三方物流,提供物流咨询、物流规划和物流培训,从而形成了集出版物展示、展销、仓储配送、出版物代存代发、网上图书交易、出版发行信息服务、版权贸易、图书馆现场采购、配套服务等功能为一体的,具有"高端、高效、高辐射力"特色的文化创意产业集群,并带动了周边文化、经济的发展。这一模式打破了传统出版发行业的经营模式,突破了传统物流中心只设配送服务功能的局限,是我国出版物流业发展的方向。

2.1.3 出版物流的模式

目前我国出版物流初步形成了以国有批发和零售企业为主体,多种经济成分、多条流通渠道、多种购销形式并存的流通体系,形成了自办物流、外包物流、自办物流与外包联合、网上书店、现代化大物流中心与原始落后小型出版物流并存的多种物流形式。

1)自办物流模式

在出版社自办发行为主导地位的发行模式下,出版社自办物流和各省(区、市)新华书店系统自办物流,各自为政,普遍小而分散。自办物流仍是当前我国出版物流的主要形式,是典型的纵向一体化的供应链。出版社设物流中心(仓库),一般隶属发行中心管理。出版社自建仓库,或租赁仓库,拥有自己的送货车、铲车、打包机,拥有一支自成体系的图书储运队伍。

2）外包物流模式

将物流外包给第三方物流公司是跨国公司管理物流的通行做法,将不是自己核心业务的业务外包给从事该业务的专业公司去做,是外包物流专业化的重要形式,是物流社会化、合理化的有效途径。

出版物流对工作人员素质的要求越来越高,供养车队、物资损耗、仓库租金等费用的增长使出版社的负担越来越大。出版社的核心业务是出版图书,部分出版社尝试以合约的形式将出版物流外包给第三方物流公司,由具有专长或核心竞争力的仓储物流公司协调和配合发行来完成图书配送。

3）自办物流与外包联合的物流模式

一些出版企业受春秋学季用书高峰的影响,形成了明显的出版物流业淡季和旺季。出版社在节约物流成本的管理模式下,合理利用资源,采取自办物流与外包联合的物流形式。淡季用自己的队伍,养的是"长工"。旺季一部分业务实行外包,再加聘"短工",以加快出库率,租赁送货车和司机,增加运能。这种形式灵活度大,既能保证出版企业对物流的控制管理权,良好地维护出版社与客户的关系,又能对市场需求作出迅速反应,降低成本,提高服务水平。

4）网上书店物流模式

网购图书已成为一种比较流行的购书方式,网络售书的数量越来越大。出版社网上书店和小的零售商网上书店需借用第三方物流系统,即邮政递送、快递公司专递或报业配送系统实现图书配送。

连锁店总部一般设有较大量的库存和较完备的物流系统或配送系统,其网上书店可充分利用这些资源、自己配送。当当网和亚马逊中国网等大型网店自建的配送中心,在全国大中城市内形成了网状物流系统。

5）大物流中心与小型出版物流并存模式

专业出版社或专业书店根据业务量的大小来配置物流资源。目前,我国既有集现代信息流、商流、物流、资金流和综合配套服务功能于一体的出版发行物流中心存在,也有人工业务熟悉相对比较原始的小型出版物流企业的存在。

2.2 出版物流在出版经济中的作用

新闻出版总署 2010 年 7 月 26 日公布了《2009 新闻出版产业分析报告》。这份历时 7 个月调查统计的"摸底"报告是新中国成立以来由政府主管部门发布的行业覆盖面最广、调查规模最大的新闻出版全行业分析报告。报告指出:2009 年,新闻出版业全行业总产出突破 1 万亿元大关,实现增加值超过 3 000 亿元,占同期 GDP 的比重接近 1%,各类出版物的出版、发行、印刷复制及相关活动的行业增加值超过 1 660 亿元,占同期文化产业核心层增加值的 60% 以上,已成为文化产业中的生力军、国民经济中不可忽视的产业部门和重要力量,在推动经济发展方式转变过程中发挥着日益重要的作用。

出版物流是伴随着出版物流通的产生而出现的。20 世纪 90 年代以来,我国各出版部门日益认识到出版物流作为国民经济发展的动脉,对提升我国现代出版行业和整个国民经济竞争力具有重要的支撑作用。

1) 出版物流的发展是实现出版物价值和使用价值的物质基础

在商品流通中,商流的目的在于变换商品的所有权(包括支配权和使用权),而物流才是商品交换过程所要解决的社会物质变换过程的具体体现。没有物流过程,也就无法完成商品的流通过程,包含在商品中的价值和使用价值就不能实现。

出版物流是针对出版物特性而产生的物流。出版物流能力的大小,包括运输、包装、装卸、储存、配送等能力的大小强弱,直接决定着出版物流通的规模和速度。如果出版物流能力过小,整个出版物流通就会不顺畅,流通过程就不能适应整个经济发展的客观要求,就会影响国民经济的协调、稳定、持续增长。

2) 出版物流的发展有利于提高企业整体竞争力

对出版物销售物流进行整合,构造第三方物流,实行独立化运作,可以达到强化主业的目的,从而使得出版、发行企业能把更多的精力用于提供更多的精品出版物和市场营销等主营业务,有利于提高企业的核心竞争力。

实行物流的独立化运作,可以取得专业化分工的效率和规模化效益;通过对库存商品资源整合和提高物流效率,可以降低整个出版物供应链商品库存数量、加速资金周转;出版物商品的集中存储,可以减少仓库面积,降低仓储保管费用;通过使用专用运输集装工具,可以降低运输成本,实现企业的低成本运营,从而提高企业和产品的市场竞争力。

3)出版物流的发展有利于促进出版物管理水平的提高

发展现代出版物流,必须要对现有的物流体系进行整合,优化业务流程,再造组织结构,应用信息技术和现代化的物流机械与设备,全面推行科学分析与控制,实现物流与信息流、资金流的统一,能促进行业与企业管理水平的提高。

4)出版物流的发展可以为出版行业企业拓展新的经济空间

出版行业企业利用遍布全省甚至全国城乡的高质量的物流配送网络,可以开展多元化商品配送业务,这既拓展了经营空间,又可以提高客户满意度和对出版业的忠诚度、贡献度、依存度,有利于出版物销售市场的竞争。

总之,出版物流的发展对于提高出版经济运行的质量和效益、优化资源配置、改善投资环境、促进企业结构调整、提高中国出版经济实力具有十分重要的意义。随着现代出版产业的飞速发展,研究出版业现代物流对优化出版资源配置,调整出版业结构,增强出版产业核心竞争力具有十分重要的作用。

2.3　出版物流的发展

中国出版科学研究所 2010 年 7 月 1 日正式对外发布《2009—2010 中国出版业发展报告》(中国出版蓝皮书),《报告》指出,2009 年我国出版图书 70 亿册(张),年图书出版量连续 5 年位居世界前列;报纸 437 亿份,其中,日报出版总量连续 9 年居世界首位;期刊 31 亿册,电子期刊出版量达到 9 000 多种,电子图书 50 万种,发行总量超过 3 000 万册。

2.3.1　出版物流发展三阶段

①20 世纪 80 年代前,图书储存和运输阶段。

②20 世纪 90 年代,出版物流产生,物流配送应用于书业。

③21 世纪以来,出版物流建设和整合步伐加大,向现代化出版物流发展。

中国出版物流与国内多数国有企业一样,曾经有着计划经济的烙印。20 世纪 80 年代前,出版业形成了规模庞大、组织严密、覆盖全国的局面,而且作为事业单位编制的出版社一般都设立了发行机构,不少发行机构还实行了公司运作,他们拥有自己的仓储、物流设备和人员,颇具效率的全国新华书店储运网络,这在世界出版物流发展史上也是屈指可数和堪称一流的。

20 世纪 90 年代,出版领域开始引入"物流"概念,实行连锁经营的城市新华书店,是现代出版物流兴起的主要标志和主要动力。进入 21 世纪以来,加大出版物流基础建设和整合的步伐进一步加快,出版物流开始向现代化、规模化发展。

2.3.2 出版物流发展中存在的问题

长期以来,我国出版物流行业实行的是省(直辖市)、市、县、乡镇分级管理的储运模式,无法有效应对市场的变化,不利于现代物流体系的建立和信息技术的大规模运用。出版物在印刷厂印刷好以后,需要经过批销商、零售商两个环节才能到达消费者手中。由于我国出版物流体系的不完善和信息技术运用的乏力,许多出版物并不能及时地从层层经销商手中很快地摆上货架,这就造成了容易丧失市场、出版物的库存占用过大。

1)物流环节过多、操作模式相对落后

我国出版物流行业的运作模式与欧美发达国家有很大的不同,欧美国家的出版物流业已经发育得比较完善,基本上形成了"大者恒大、几家垄断市场"的局面,为出版寡头开发市场、运用先进模式提供了能力。虽然改革开放对我国出版物流有所促动,但由于政策的原因并没有使其充分参与到完全化的市场竞争中来,也就基本上保留了过去的原始运作模式。在我国,一本图书从策划、编辑到最终流至消费者手中,物流成本达到了 55% ~ 70%,而正规出版社所得的利润仅在 5% ~ 7% 左右,主要就在于其中间物流环节过多。由于我国出版物流行业虽然整体日子并不好过,但是许多中小型出版社和"文化公司"却仍然挣扎地存在,也占用了行业内有限的市场资源。

2)物流技术落后,物流整合尚处于初级阶段

在我国出版物流业,物流技术的运用还比较落后,对整个行业内的资源进行整合也停留在由少数有实力的出版集团对其控制范围内进行整合的阶段。除了少数新建的物流中心,我国出版物流基本上还在使用人工库存、老式运输的方法来进行

物流活动,对信息技术的使用也处于尝试阶段,这就造成我国出版物流业的成本过高。另一方面,由于我国出版物流业分散经营的比较多,就是少数有实力的出版商也没有达到可以垄断某一个甚至数个省份出版物流市场的地步,因此我国出版物流业的物流整合工作还处于小范围、低层次的初级阶段。可以讲,对出版物流业进行资源整合,实现规模效应,是解决我国出版物流业效益不佳的最有效途径。

3)标准化和规范化程度不够高,出版物流发展受限制

长期以来,储运工作一直是出版供应链中基础薄弱、科技含量低、发展水平落后的一个环节,不少地方还停留在手工开单、发货手工制标签、运输手工抄单、库存商品手工登卡、财务核算手工记账的原始阶段。出版物流标准化程度低,很大程度上影响了物流现代化的发展,以致目前还没有形成一个比较完整的体系。而随着现代化物流在出版流通中扮演着越来越重要的角色,如果没有现代的理念作指导,没有标准化规范化的操作程序和手段,没有以计算机技术为支撑、以现代电子网络为平台,库房再大,仓位再多,还是改变不了效率低下、投入与产出比大大失衡的局面。目前各省、市、自治区新华书店及出版社的计算机系统都是自行开发的,自成一体,这严重影响了出版物信息的交流。在工艺流程上,物流装备的标准化程度也不高,这严重影响了出版物流的发展。

4)出版物流市场发育不够完善,外资、盗版冲击严重

随着我国国民经济的持续快速增长,老百姓的精神需求也将越来越高。但是由于我国尚属于发展中国家,造成了我国这一人口总数世界第一的大国的居民每年在图书、报刊、杂志上的文化消费水平还远远不能与欧美发达国家相比,这就意味着虽然我国图书出版业今后每年都将有比较快的增长,但是现今的市场总量却还是比较小的。另一方面,随着国门的进一步开放,外资出版商纷纷涌入,其先进的运作模式、管理方法和强大的资金实力对我国出版商带来了不小的冲击。

2.3.3 现代出版物流的发展趋势

1)出版物市场的现代流通体系逐渐完善

我国自20世纪80年代初引进物流理论和物流概念以来,随着我国社会主义市场经济体制的初步建立,政府和企业都逐渐认识到发展现代物流对于优化资源配置,提高经济运行质量,改善投资环境,提高国民经济综合实力和企业整体竞争能力具有重要作用,开始重视物流的发展。改革开放以来,出版业大力推进体制改革,努力培育和规范市场,使全行业逐步摆脱计划经济的束缚,突破长期以来产销

分割、渠道单一、购销形式僵化的局面,初步形成了以国有批发和零售企业为主体,多种经济成分、多条流通渠道、多种购销形式并存的流通体系。但是,从市场经济发展的客观规律和参与国际竞争的要求看,我国出版物市场还未真正形成现代流通体系。

当前流通领域已成为制约图书市场发展的瓶颈,对流通领域进行现代化技术改造,建立高效的信息系统,构建适应市场经济环境的新的图书流通体制,对出版业来说已迫在眉睫。建立现代流通体系是出版物流发展的必然。

出版物流通体系的流程主要是物流中心汇总各个书店网点的订货信息,出版企业根据目标市场读者的需求进行选题策划、编辑加工,印刷企业按照订货数量印刷。如图2.2所示。

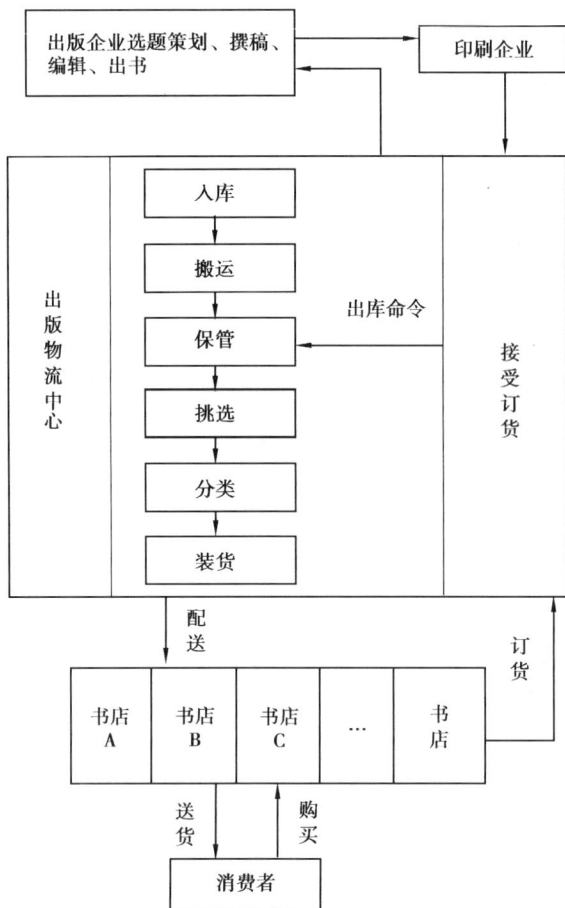

图 2.2　现代出版物的流通体系构成

从图2.2我们看出,物流中心是整个出版物流系统的核心。它连接了出版企业和发行企业。物流中心根据各个书店网点的订货信息,统计汇总,然后向出版企业发出订单,出版企业根据订单信息,针对目标市场读者的需求进行选题策划、编辑加工,然后印刷企业按照订货数量印刷。

运输到出版物流中心的出版物,运用电子信息平台,经过一系列复杂挑选分类,最后配送到各个发行网点。新的出版物流系统打破了以往消费者被动选择出版物的情况,建立了一个新的生产和销售体制,对于消费者而言,知识信息的需求可获得更大的满足;对出版企业而言,有针对性的选题可以减少库存的数量,扩大销售的市场,提高出版社的经济效益和社会效益。

由此可见,出版物流实现了出版资源的合理利用和最优配置,同时也降低了物流的成本,提高了企业的竞争力。

2)物流服务优质化和规范化标准逐步提高

物流服务的优质化和规范化是出版物流今后发展的重要方面。随着消费多样化、流通高效化时代的到来,社会和客户对物流服务的要求越来越高,物流成本不再是客户选择物流服务的唯一标准,人们更多地是注重物流服务的质量。

把适当的产品、在适当的时间、适当的地点,以适当的数量、适当的价格提供给客户将成为物流企业优质服务的共同标准。所以物流服务的优质化是出版物流今后发展的重要趋势。

在物流服务产品化的初期,由于市场尚未形成公认的服务标准,而国外物流业的服务模式又不完全适合我国现阶段的物流市场需求,因此,众多物流产品之间往往千差万别,难以达成基本的行业服务标准。这在某种程度上阻碍了物流产品的优化和服务成本的下降,并加剧了替代品的竞争。

随着合同导向的客户服务观念的确立与普及,以及物流服务产品化、市场化的继续发展,物流市场的服务标准将逐渐趋于规范化。

3)出版物流的信息化与网络化程度逐步完善

传统的仓储运输是在封闭、从属、低效和单一的环境下运作,在整个供应链的各个环节是相互分割、各自为政的,因此信息滞后、管理被动、操作方式原始落后,成本居高不下,它无法适应商品经济的发展。

我国出版物信息交换标准不统一的问题,不仅造成资源浪费,而且也给物流配送现代化带来巨大障碍,严重制约着生产力的提高。而现代物流是顺应商品经济的发展,在开放、专业、高效和网络化的环境中经营,并且向集约化、多功能化、多层面方向发展,它能满足客户各种个性化的需求。

网络的发展,使原来彼此分割的环节自然地衔接起来,进而优化了物流供应链,为现代物流的发展创造了条件。没有网络化,商流、物流、信息流乃至资金流就不会通畅,必须加大科技投入,参照国际通行的标准,建立全国可共享的出版物数据库。

"信息化物流网络"是一项出版物出版和发行企业所共享的基础系统工程,是针对当前图书市场各环节联系不够紧密的现状提出的一种突破连锁经营"瓶颈"的具体措施。它为一般图书的营销提供了一个实体性的、可操作的、与各类信息技术平台接轨的业务操作平台,是一种采用高新科技手段再造的适应市场经济需要的新型营销体系。

出版业利用信息化物流网络进行营销首先要分析读者需求,为选题、审稿和印发做准备,在此基础上确定营销策略,建立良好的读者和客户联系,有利于选题和审稿等的进行,同时,每个过程又包括具体的步骤,构成了信息化物流网络营销系统。如图2.3所示。

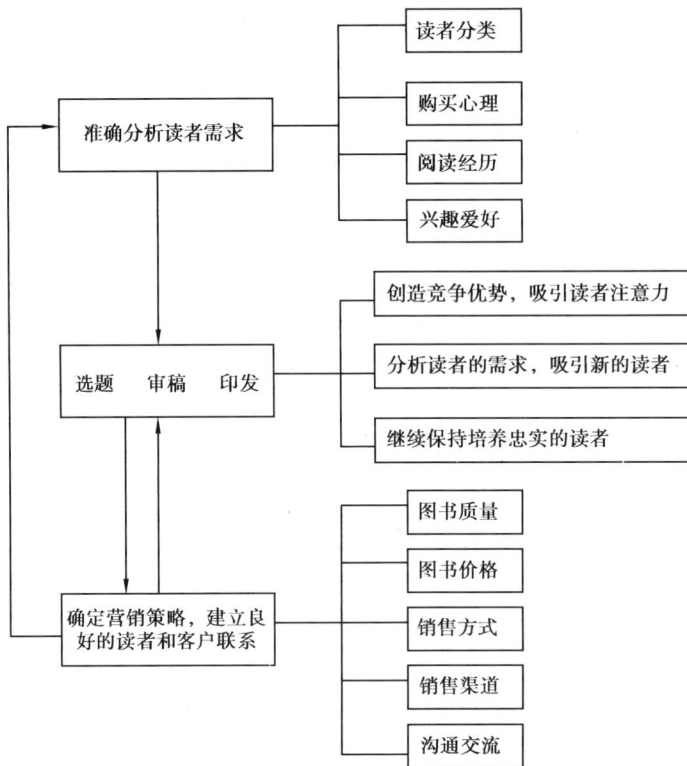

图2.3 利用信息化物流网络营销步骤

4）出版物流资本多元化与功能多元化相结合

建设现代化物流体系是套用老的管理体制还是采取全新的模式运作，这同样关系到现代物流的生命力问题。"以国有资本为核心，搞活资本结构，实行投资结构多元化，建立健全的相互制衡、权责明确的决策、执行、监督体系，真正成为自主经营、自负盈亏的法人实体和市场主体"。这应该成为现代出版物流企业的运作模式。尤其是资本多元化的问题，至目前为止，各省建立的巨大的物流中心基本上还都是以系统为界、以国有为唯一的旧模式。

在建设现代物流实行资本多元化的同时，还应充分注意功能的多元化。各省市建立的物流中心都是单一的为出版物流通服务的，在投入巨资建设现代物流的同时，可以先从与出版物流通相近的商品做起，"人尽其才，物尽其流"，逐步让物流中心向多功能化发展。这样，一方面可以大大减少投资的规模，另一方面也可以打破物流为企业所有，逐步形成第三方物流，真正实现物流社会化的目标。

2.4 现代出版物流业的建立

现代出版物流业不仅构成现代出版供应链、出版价值链管理的载体和基础，把生产、流通、消费有机地连接起来，加速社会再生产过程，而且以最快速度、最佳时间、最优组合完成出版物从生产领域向消费领域的转移过程，最大限度地节省流通费用。中国出版物流业正在起步，为了促进中国出版物流产业稳步发展，有必要构筑现代出版物流产业发展的政策框架，以进行必要的政策指导、法律保证，建立开放、畅通、自由、有序的物流市场。现代出版物流业发展必须正确处理以下几个方面关系：

1）正确处理运输业与发展现代出版物流业相结合的关系

目前，"经济全球化""物流无国界"，已成为各国理论界和实业界人士的共识，也是当今物流业的发展趋势。现代出版物流业是一个开放性、国际化的产业，是集运输、储存、加工、整理、配送于一体的综合性产业，是一项系统工程。它必须以运输业为基础，因此，它既不能是传统运输业的另一代名词，也不能离开运输业自成一家,必须充分发挥传统运输业的优势,利用它们的设施、网络、技术和管理人才,通过转轨、创新、完善,奠定中国出版物流产业的基础,同时,根据城市发展的需要,结合现代分销体系的建立和连锁商业的发展,在一些重点城市建立一批以现代理念和现代设施武装起来的出版物流中心或配送中心,成立一批严格按照现代企业制度建立起来的出版物流专业公司。借鉴国外的先进经验,注意吸收国外出版物流企业的经营理念和管理模式,加快建立符合国际规则的企业运行机制和社会物流服务体系。

2)正确处理多种出版物流主体之间的关系

目前,全国新华书店系统除西藏外,各省级新华书店已全部完成转企改制,集团化、连锁化取得了突出成绩,出版物流通信息化、标准化建设,以及各省出版物物流中心建设取得了重大进展,跨区域联合也取得了突破。但是,在改革进程中,由于历史的原因,各省新华发行集团主要是以行政区划来划定市场范围,全国出版物物流资源不能有效整合,出版发行产业链条被人为割裂。在新闻出版业日益做大做强的新的历史条件下,由出版物流目前的体制架构所形成的市场割据,日益成为制约新闻出版业大发展大繁荣的瓶颈。因此,出版物流要贯彻落实科学发展观,转变发展方式,其中最重要的就是深化国有发行体制改革,建立贯通城乡的新闻出版流通网络。目前我国的出版物物流成本一直居高不下,西方发达国家物流总成本占 GDP 的比重一般为9%~10%,我国则高达18.3%。物流总成本与 GDP 的比率每降低1个百分点,就等于创造2 800亿元的经济效益。据有关统计,我国出版物物流成本占新闻出版业总产值的比重为20%~25%,不仅大大落后于发达国家水平,而且落后于我国社会物流平均水平。组建全国性国有大型发行集团,建立现代出版物流业,不仅将实现全国出版物物流资源的大整合、大协调、大发展,而且将与社会物流实现大融合、大重组、大合作;不仅将极大地降低出版物物流总成本,提高新闻出版业经济效益,而且对降低社会物流总成本也有重要的促进作用。同时,要制定相关政策,鼓励支持民营资本、民营企业进入出版物流产业,特别是在资金、税收、土地征用上要予以政策倾斜。要形成国有物流业、民营物流业与外资物流业三足鼎立,互相补充、互相竞争、相互制衡、共同发展的市场格局。

3)正确处理第三方物流与部门自营物流相结合的关系

现代出版物流业要快速、健康发展,必须以规范的市场秩序和巨大的市场需求为基础和保障。政府有关部门要切实转变职能,强化服务意识,同时应采取切实有效的对策措施,消除出版物流发展所面临的瓶颈环节,打破原有的部门分割、行业分割,消除地方保护和行业保护,促进建立跨地区、跨行业统一的开放、竞争、公平、有序的现代物流大市场。不搞"处处办物流""行行办物流""层层办物流",要充分利用社会运输与仓储设备,充分发挥第三方物流力量,发挥整合效应和规模效益,最大限度地降低流通费用。第三方物流的出现是社会分工和专业化的必然结果,也是出版物流社会化的方向,它是创造"第三利润"的主要源泉,是出版物流产业社会化、规模化和系统化的具体表现。除了大规模连锁企业、大宗产品有条件、有必要建立附属于企业发展的物流体系以外,一般的企业,特别是中小出版单位都不要大而全、小而全地建立自己的物流业,完全可以利用第三方物流以较小投入达到最大的经济效益。政府在制定出版物流产业政策时应给予第三方物流极大的关注,实行必要的扶持政策。

4)正确处理国内出版物流业与国际出版物流业相结合的关系

以发展国内出版物流业为主,有重点地发展国际物流,促进国内出版物流产业的国际化,迎接市场双向开放对出版物流业的挑战。出版物流产业国际化是必然趋向,是全球经济一体化的内在要求。结合中国国情,一方面要加快出版物流业对外开放的步伐,通过合作、合营、合资等多种形式,引进世界一流的物流业,加强大型仓储、加工等物流基础设施的建设,改进薄弱环节,完善物流市场结构;同时,引进国际先进的管理经验和管理手段,激活中国出版物流业的运行机制,规范出版物流业的经济行为。另一方面,通过市场运作、调整、兼并、组合,扶持和发展一批有经济实力、按照国际惯例进行运作、网络结构合理的出版物流企业和配送中心。

5)正确处理出版物流业硬件软件相结合的关系

现代出版物流的发展,离不开物流基础设施建设的支撑,它们是现代出版物流发展的基础和运作平台。现代出版物流的发展需要两条"高速公路"的支撑,一条是信息高速公路,一条是现实中的高速公路,即货物的快速运输通道,这两条"高速公路"的建成将为现代出版物流的发展创造良好的前提条件。因此,要想加快现代出版物流的发展步伐,就必须首先把现代物流运作的基础设施建设好,缩小与发达国家之间的差距,为现代出版物流的发展创造良好的运作平台。

由于中国经济发展起步晚、基础差,物流硬件设备投入少,不仅铁路、公路、港口、机场、仓库和配送中心等基础设施总量不足、手段落后,软件差距大,绝大多数出版物流企业仍处于手工操作阶段,缺乏统一与规范。传统图书运输与现代物流的区别除了功能不同以外,根本的标志在于现代物流是以现代技术管理和设备武装起来的商品实体运动,网络化管理、信息化运作和全过程组合的基本特征决定了出版物流业的发展硬件软件必须同步进行,协调发展,逐步实现基础设施的标准化、物流过程的规范化、互联网的普及化。

6)正确处理政府导向与企业行为相结合的关系

世界各国物流发展的经验表明,市场和企业是物流发展的主要力量,而政府在物流发展过程中的作用同样也不能忽视。有时政府能够起到"推波助澜"的功效。出版物流活动的范围既有城市的、区域的,也有全国性的和跨国的,领域非常广泛。为了现代出版物流业的有序发展和为现代出版物流发展创造一个有利环境,需要对全国的现代出版物流发展进行全局谋划,指导全国性的物流发展。

统筹考虑,制订整体的规划方案,尽可能地利用原有的资源,迅速改变目前物流系统分立、物流资源重复配置的格局。连锁经营的发展和电子商务的兴起,为我们发展现代出版物流创造了良好的机会。同时技术、信息与规模也构成未来物流企业发展的决定因素。一方面作为企业行为,以市场为导向,加快传统出版物流企业的转轨、变型、创新和发展,加快外资、民营资本的引入,加强重点项目、薄弱环节和落后地区的建设,另一方面,还要加强政府支持、引导和管理的力度,制定现代出版物流产业发展整体战略,加快出版物流业立法进程,规范行业管理和企业的自律行为,建立自由畅通、规范有序的出版物流市场,促使中国现代出版物流业健康、快速发展。

【课后练习】

一、单项选择题

1)出版物流是指出版物的物质实体由供应者到消费者的流动(　　)。
A. 出版物空间位置的变动和时间位置的变动
B. 出版物空间位置的变动和形状性质的变动
C. 出版物时间位置的变动和形状性质的变动
D. 出版物空间位置的变动、时间位置的变动和形状性质的变动

2)在出版物流活动中,商流活动可以创造出版物的(　　)。
A. 空间效用　　　　　　　　　B. 所有权效用
C. 时间效用　　　　　　　　　D. 形质效用

3)在出版物流活动中,出版物所有权转移的活动称为(　　)。
A. 商流　　　　　　　　　　　B. 物流
C. 信息流　　　　　　　　　　D. 流通辅助性活动

4)出版物流通为实现出版物从生产者手中转移到消费者手中的目的,克服

（   ）。

    A.供需之间的出版物的所有权距离、空间距离和时间距离

    B.供需之间的出版物的所有权距离、空间距离和观察距离

    C.供需之间的出版物的所有权距离、观察距离和时间距离

    D.供需之间的出版物的观察距离、空间距离和时间距离

5）通过出版物信息系统管理流可有效地提高整个出版物流的（   ）。

    A.灵活性、先进性、可靠性   B.灵活性、速度、可靠性

    C.先进性、可靠性、灵活性   D.先进性、速度、可靠性

二、多项选择题

1）现代出版物流的基本特征是（   ）

    A.出版物流过程一体化   B.出版物流技术专业化

    C.出版物流活动社会化   D.出版物流管理信息化

2）出版物流能力的基本构成包括（   ）等方面。

    A.运输   B.储存   C.生产   D.装卸

3）出版物流对出版企业的作用有（   ）

    A.出版物流是出版企业生产运行的保证

    B.出版物流合理化可大幅降低出版企业经营成本

    C.出版物流可以出版为企业创造"第三个利润源"

    D.出版物流可以为出版企业创造经营的外部环境

4）出版物流的发展对于提高出版经济运行的（   ），提高中国出版经济实力
具有十分重要的意义。

    A.质量和效益   B.优化资源配置

    C.改善投资环境   D.促进企业结构调整

5）许多现代出版物流中心采用了（   ）等技术，提高了出版物从入到出的速
度，节约了人力资源。

    A.电子标签拣选系统   B.手持无线电数据终端

    C.自动化验收   D.分拣线

三、判断题

1）出版物流能力的大小直接决定着出版物流通的规模和速度。   （   ）

2）出版物流并不是伴随着出版物流通的产生而出现的。   （   ）

3）出版企业的信息化程度是出版物流信息管理的基础。   （   ）

4）发展现代出版物流，必须要对现有的物流体系进行整合，优化业务流程，再
造组织结构，实现物流与信息流、资金流的统一。   （   ）

5)出版企业运用高质量的物流配送网络开展多元化商品配送业务,不仅不能提高客户满意度和对出版业的忠诚度、贡献度、依存度,而且还不利于出版物销售市场的竞争。   (   )

四、名词解释

1)出版物流

2)出版物

3)出版物流发展三阶段

4)现代出版物流中心功能

5)出版物流管理系统

五、简答题

1)简述中国出版物流的特点。

2)出版物流企业如何提高企业整体竞争力?

3)我国现代出版物流的发展趋势?

六、论述题

出版物流在出版经济中有哪些作用?

七、案例分析题

出版物物流   上海领先一步

上海世纪出版集团旗下的上海世纪秋雨物流有限公司是目前我国最大的出版物流系统,不仅可满足该集团内部13家出版社的需求,还为上海及外地的其他出版社提供物流服务,实现由企业内部物流工程向开放性的第三方物流企业的转变。上海世纪秋雨物流有限公司是我国内地第一家现代化出版物流企业,引入了先进的识别系统和快速自动化仓储及理货设备,从货品入库、理货、检验、配送到退货处理,都由电脑系统全程管理,以电子票签扫描代替旧的手工点货、验货,大大提高速度和准确率。该物流系统的信息中心与世纪出版集团的发行中心相连接,能够得到及时的图书销售信息,并进行货品的调整和配送。现代物流系统的建立,将扩大我国出版物潜在市场的容量,提高经济效益,面对国际竞争也会处于相对有利的位置。

总结上海世纪秋雨物流有限公司如何实现现代出版物流系统?出版物流有什么特点?

第3章

出版物流管理概述

教学目的和要求

1.掌握出版物流管理的定义和基本内容。

2.了解我国出版物流管理的现状。

3.了解当前我国出版物流管理的瓶颈问题。

4.掌握提高出版物流管理水平的主要策略。

主要概念(原理)与技能

出版物流管理　出版物流合理化　中盘物流

教学重点和难点

重点:我国出版物流管理的基本内容。

难点:提高出版物流管理水平的策略。

【开篇案例】

▲ 某出版物流企业的老总,向经营房地产开发公司的朋友求助资金支持。朋友查看了项目方案资料之后,动了私心,不但没有借钱给出版物流老总,还抢了项目据为己有。结果接下项目后,根本不懂得出版物流专业的房地产商很快就以失败告终。

▲ 某物流杂志社为一网上图书销售公司做物流项目策划,没有实践经验的杂志社表面文章做得很到位,可接下项目后,只做了几期杂志广告,杂志社就倒闭了,当然也没有完成对方所交给的项目任务。而投资方不仅耗费了时间、金钱,也耽误了整个项目的进程,损失惨重。

这两个案例告诉我们,要经营好出版物流企业,关键在于了解出版专业知识,了解物流行业现状,加强管理,提高出版物流企业的管理水平。

3.1 出版物流管理概述

3.1.1 出版物流管理的内容及课程特点

随着全球经济一体化和信息技术的飞速发展,物流的规模与形式正日益扩张和变化,以信息技术为主要特征的现代物流管理技术要求越来越高,物流管理的学科理论与实践无疑需要不断地丰富和创新。而随着出版物流企业的营销范围日趋扩大,企业的竞争越来越激烈,产品的成本和利润变得非常透明,进入微利时代。出版物流是随着社会经济的发展、社会分工的细化而产生的,随之必然要求出版物流管理不断完善和科学。

1) 出版物流管理的定义及其组成要素

(1) 出版物流管理的定义

出版物流管理是指对出版物原材料、半成品和成品等在企业内外流动的全过程中所进行的计划、组织、实施、控制等活动,也称为物流的"软技术"。这个全过程,就是指出版物料经过的包装、装卸搬运、运输、仓储、配送、物流信息等环节的全过程。而物流管理的任务就是对以上几项活动,根据它们之间客观存在的有机联系,进行综合、系统的管理,以取得全面的经济效益。

(2)出版物流管理的组成要素

出版物流管理的组成要素如图3.1所示。

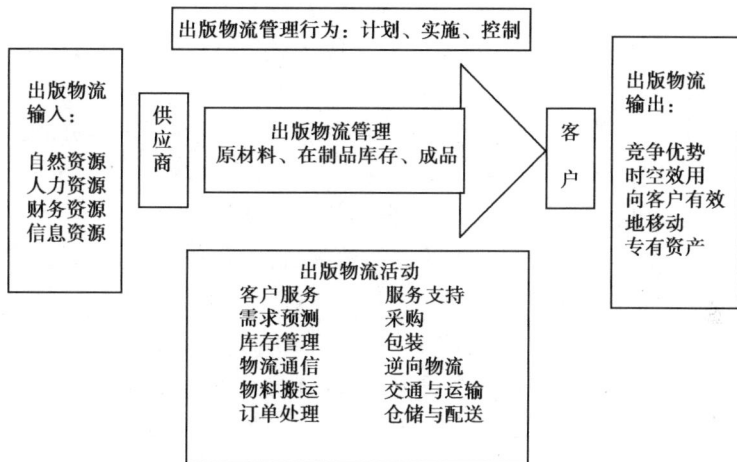

图3.1 出版物流管理的组成要素

2) 出版物流管理的基本内容

出版物流管理是通过对出版物流的计划、组织、实施、控制和评价过程反复进行的,所涉及的内容十分广泛。出版物流管理大体可分为出版物流技术管理和出版物流业务管理两个方面,此外还有一种新的理念就是物流知识管理。

(1)出版物流技术管理

出版物流技术管理是指对出版物流活动中技术方面的科学研究与应用的管理。出版物流技术在其发展过程中形成了物流硬技术和物流软技术两大相互关联、又相互区别的技术领域。出版物流硬技术是指组织出版物实体运输所涉及的各种机械设备、运输工具、仓库设施以及服务于出版物流的计算机、网络通信设备等,对以上设备的管理就是出版物流硬技术管理。出版物流软技术是指为组成高效率的出版物流系统而使用的技术。出版物流软技术管理是指对各种出版物流设备的最合理的调配和使用。

(2)出版物流业务管理

出版物流业务管理是指对有关出版物流的业务活动进行的管理,主要包括以下几个方面:

①出版物流计划管理。包括长远计划(物流远景目标规划),年度计划及短期

季、月、旬计划。

②出版物流协调管理。即把各种出版物流活动有机、协调地联系起来,使之尽可能达到同步运行,这对出版物流水平的提高具有十分重要的意义。

③出版物流的经济活动管理。对出版物流中各种经济活动进行管理,是出版物流管理中的一项重要内容,其目的是为了使人、财、物得到合理的运用,以取得最佳的经济效益。

④出版物流人才管理。主要包括出版物流人才的合理招聘、调配使用、考核培养等内容。出版物流效果的好坏,人才是第一要素,充分调动出版物流人才的积极性、主动性和创造性是出版物流人才管理的关键因素。

⑤出版物流系统管理。主要是通过出版物流情报系统和出版物流作业系统两方面的管理来实现。出版物流情报是组织、调整出版物流活动的依据。通过对出版物订货、发货、库存等一系列情报的管理,掌握出版物流信息,这也是出版物流情报管理的目的。出版物流的作业系统分别由出版物仓储、运输、装卸、配送、包装等子系统所组成,对这些子系统进行合理的组织、安排、调度是出版物流作业系统管理的内容。

(3)出版物流企业的知识管理

出版物流企业的知识管理是物流管理的新理念,它包括显性知识和隐性知识。显性知识主要指出版企业章程、操作规则、设施使用说明等外部信息;隐性知识主要指存在于员工头脑或企业文化中隐含的经验类信息。

显性知识体现在出版企业的文件、资料、说明书及报告中,其数量像露出水面的冰山尖端;隐性知识很难用语言或书面材料进行准确描述,但数量却似隐藏在水中的巨大的冰山底部。例如出版物流业务人员的关系网、客户群,每个客户的接待方式、联系方法及其需求偏好,以及出现各种问题时的处理方法等。

出版物流企业的知识管理主要是帮助员工对拥有的知识进行反思,促进员工运用知识进行交流,并发展相应的管理技术及改善出版物流企业的组织结构,出版物流企业知识管理的实质是把存在于企业中的人力资源、信息技术、市场竞争力及经营战略协调统一,共同为企业的发展服务。

3)出版物流管理的课程特性

现代出版物流是包括运输、仓储、包装、装卸搬运、配送和信息处理等诸多功能要素的综合服务系统,出版物流范畴已从流通领域延伸到生产领域、工程管理、设备维护等诸多方面。出版物流管理的课程特性可概括为以下3个方面:

(1)交叉性

出版物流管理是一门近几年新开设的课程,依赖于其他已经成熟的学科作为自身的理论基础。包括:宏观经济学、微观经济学等经济学基础,企业战略管理、市场营销学、组织行为学等管理学基础,高等数学、线性规划、概率论与数理统计等运筹学基础。现代出版物流管理尤其需要包括计算机软件和硬件技术、网络技术、通信技术等信息技术(IT)。此外,现代物流的运作和管理涉及流通领域、生产领域、交通运输领域甚至消费领域。有关出版物工程学、技术学、社会学的基本原理也必然反映到物流管理之中。由此可以看出,出版物流管理课程涉及多个学科的相关内容。

(2)实践性

出版物流管理课程的内容不仅来源于出版物流实践活动,是出版物流实践经验的概括和总结,还是阐明和揭示出版物流管理活动规律、设计物流系统、决策物流问题、提高物流过程运作效率的实践性极强的一门应用性课程。

(3)成长性

出版物流管理作为一门新课程,相对于管理学门类下的其他课程来讲,还是一门发展中的不成熟的课程,正处在不断研究和完善的过程中,同时,在出版物流管理研究方面我国与西方发达国家相比也存在着一定的差距。随着经济全球化的发展和国际互联网(Internet)的广泛应用,物流的规模与形式正日益扩张和变化,以信息技术为主要特征的现代出版物流管理的技术要求越来越高,出版物流管理学的理论与实践无疑需要不断地丰富和创新。

3.1.2 出版物流管理的基本特征

出版物流管理的发展使物流活动从被动、从属的职能活动上升到企业经营战略管理的一个重要组成部分,因而要求将出版物流活动作为一个系统整体加以管理。具体来说,现代出版物流管理的特征表现在:

1)现代出版物流管理以企业整体最优为目的

市场环境是不断变化的,如果企业物流仅仅追求部分最优或部门最优将无法在激烈的竞争中取胜,从出版物原材料的供应计划到向最终读者配送出版物等各种活动,并非是某一个部门的活动,而是将各部分、各部门有效结合发挥综合效益。现代出版物流所追求的效益观,是针对出版物原材料供应、生产、销售、物流等整体最优而言的。

由于出版物具有物质和精神双重属性的特点,现代出版物流所追求的效益可进一步地发展到重视环境、交通、能源及打击非法盗版出版物等社会需求方面,进而真正实现企业整体最优。

2）现代出版物流管理以实现顾客满意为第一目标

现代出版物流管理以实现顾客满意为第一目标,进而追求顾客服务的差别化。在现代出版物流管理中,顾客服务的设定优先于其他各项活动,并且为了使出版物流顾客服务能有效地开展,在出版物流体系的基本建设上,要求具备完善的出版物流中心、信息系统、作业系统等。

现代出版物流通过提供顾客所期望的服务,在积极追求自身交易扩大的同时,强调与竞争企业顾客服务的差别化,在了解竞争对手战略的基础上,努力提高顾客满意度。

3）现代出版物流管理更重视效率效果

现代出版物流管理,首先在物流手段上,从重视物流的机械、机器等硬件要素转向重视信息等软件要素。在物流需求的对应方面,原来强调的是确保输送能力、降低成本等企业内需求的对应,而现代出版物流则强调物流服务水准的提高等市场外需求的对应。

在物流活动领域,从以输送、保管为主转向物流企业的整体。从管理方面来看,从原来的作业层转向了管理层,进而向经营层次发展。所以,原来的出版物流管理以提高效率、降低成本为重点,而现代物流管理不仅重视效率方面的因素,更强调整个出版物流通过程的物流效果。

4）现代出版物流管理是对商品运动的一元化管理

现代出版物流将从供应商开始到最终读者整个流通渠道所发生的出版物运动作为一个整体来看待,因此,这对管理活动本身提出了相当高的要求。具体讲,伴随着出版物实体的运动,必然会出现"场所移动"和"时间推移"这两种物理现象。

"时间推移"在当今产销紧密联系,流通整体化、网络化的过程中,已成为一种重要的经营资源。究其原委,现代出版物流的发展,不仅要求物流活动能实现经济效率化和顾客服务化,而且还必须及时了解和反映市场需求,并将其反馈到供应链的各个环节,以保证出版物流决策正确顺利地进行。

物流时间决定了流通全过程的出版物成本和顾客满意度,同时通过有效的商品运动为生产提供全面、准确的市场信息,只有这样才能创造流通网络或供应链价值,并保证商流能持续不断地进行。

出版物流时间从形态上来看,主要有从订货到送达读者手中的时间、在库时日数、材料工程滞留时间、计划变更允许日等。任何局部问题的解决都无法从根本上实现时间的最短化,只有从整体上把握控制相关的各种要素和生产经营行为,并将之有效地联系起来,才能实现时间最短化目标。

显然,这就要求出版物流管理应超越部门和局部的层次,实现高度的统一管理。现代出版物流管理所强调的就是如何有效地实现一元化管理,真正把供应链思想和企业全局观念贯彻到出版物流管理行为中。

【技能拓展】

书业物流的特殊性

与其他商品物流不同,书业物流表现出其特殊性,具体表现在如下几个方面:

▲书业物流具有明显的波动性

每年的9月和2月,是我国传统的学期开学时间,对教材的需求非常大,在开学前一段时间对教材物流服务的需求非常大。教材占我国图书物流的很大比例,这在很大程度上引起了图书物流的季节性波动。此外,一些传统的节假日,也会对书业的物流产生显著影响。

▲书业物流呈现出明显的不可预测性

除了教材之外,其他图书的生命周期都很短,出版商很难对市场进行深入研究,难以对市场需求进行准确预测,也难以根据消费反应来调整图书供应计划,因此,书业物流环节很难制订物流配送计划。另外由于销售退货往往会造成大量的逆向物流。

▲我国图书物流企业的运作效率十分低下

由于图书物流企业相对分散、企业规模较小、业务量不饱和,既难以发挥规模效应,也难以运用先进物流技术与物流设备、设施,导致我国图书物流服务成本居高不下,而服务效率却差强人意。

书业物流的这些特点,对现代出版物流管理提出了更高的要求。

3.1.3　出版物流管理的作用

1)是保证出版企业生产经营持续进行的必要条件

任何出版企业的生产经营活动,都表现为出版物资原材料及半成品的流入、转化、流出等活动。如果某一环节不能及时获取所需物资,企业的经营活动将被中断。

2) 决定着出版企业的销售情况与市场份额

出版企业能够以何种价格提供多少品种和数量的出版物,决定了出版企业满足读者需要的能力,而采购、运输、仓储、销售等活动,在出版企业内部首尾相接,互相作用,形成一个有机的整体系统,系统的协调性越好,物流管理水平越高,企业就越能从中受益。

3) 影响出版企业的经营成本

一方面,出版物物资购销水平决定着企业原材料成本、采购成本、销售成本的高低;另一方面,运输、仓储、装卸等过程直接影响着出版企业的期间费用。

3.1.4 出版物流管理的主要原则

1) 服务多样性原则

物流业属于服务业,现代出版物流业必须满足客户多样化的需求。例如,在承担中、长距离运输的同时,还要注意满足客户小批量、多批次、短距离、时间准的要求,甚至要为客户"量身定做"物流方案。

例如,上海世纪出版股份有限公司旗下上海世纪出版集团青浦物流中心,以先进的计算机管理系统取代传统的作业模式。其作业区域是整个分、拣、进、出等工作全部联成一体,大大提高了机械化与自动化程度,满足客户多样化的需求。

2) 成本合理化原则

物流合理化是物流管理追求的总目标。所谓出版物流合理化,就是对出版物流设备配置和出版物流活动组织进行调整改进,实现出版物流系统整体优化的过程。具体表现为以尽可能低的出版物流成本,获得尽可能高的服务水平。

物流企业要降低出版物流成本,就要考虑按最优模式设计它的作业流程,对它的各个作业环节——运输、仓储、包装、装卸搬运、配送等进行合理组织。需要注意的是,在出版物流的作业环节中,存在着相互制约问题,即"背反现象"。

比如,按小批量进货,可以降低存储成本,但要增加采购次数,又使采购费用增加;简化包装可以降低包装成本,但包装强度降低,会使出版物废次品率上升,赔偿费用增大,甚至损害企业声誉。因此,出版物流管理应遵循合理化的原则,要进行周密的考察,衡量各方面的利害关系、影响程度等,确定矛盾双方各自应该具有的水平,得到较折中的处理方法,使综合效益最大。

3）标准通用性原则

专业出版物流企业为用户提供个性化服务必然发生高昂的费用,但是,如果能采用通用化的物流设施与设备,提高设施设备的利用率,就能降低出版物流成本。如集装箱、托盘等集装工具的标准化,规定最小的集装单元尺寸是 600 毫米×400 毫米等都是通用性的具体表现 。

随着现代物流业全球性的发展,不仅要求设施与设备的通用,而且要求包括商务单证、手续规则的通用等,这些也是现代出版物流业发展所要研究解决的问题。

3.2 出版物流管理的现状与制约因素

3.2.1 当前我国出版物流管理的现状

目前我国出版物流已得到初步发展,初步形成了以国有批发和零售企业为主体,多种经济成分,多条流通渠道,多种购销形式并存的流通体系。原来以新华书店为储运渠道的局面已被完全打破,目前出版物流管理方面存在如下问题:

1）集约化步伐加快,但规模化有待进一步提高

为满足集团化发展需要,中国出版业加快了出版物流建设的步伐,进行了一系列的物流建设活动,如实行连锁经营、建立大型物流配送中心。物流中心是集团的企业,是为自己图书配送服务而建的,属于发展了的自办物流。这些物流中心的相继建成和广泛使用体现了现代出版物流的新要求和新特点。

然而各物流中心的集团化建设尚未真正成熟,产业集中度不高,国有发行业对市场控制力不够。这就会造成各物流企业由于信息闭塞经常性做无用功,整个物流体系运转不畅,效率十分低下。同时各物流企业之间协作不良,有时会进行恶性竞争,同质化十分严重,造成资源无法优化配置,浪费现象严重。由于没有很好地进行内部整合和物流的统一,使其集约化和规模化的优势没有完全体现出来。

2）出版物流模式多样，资源分散、浪费

目前有外包物流、自办与外包联合物流和网上书店物流等几种模式（具体模式介绍详见第2章）。另外，部分省级新华书店各自为政，极少交流和进行业务来往，贸易壁垒严重。个别书业企业内部各部门各自发展物流，造成出版资源分散，重复性建设和浪费现象严重。

多年来，我国大多数书业企业主要采取自办物流方式，形成"大而全""小而全"的经营模式，且大多数都是"小"（规模小），"少"（市场份额少、服务功能少、高素质人才少），"弱"（竞争力和财务能力弱），"散"（资源重复浪费严重，缺乏网络或网络分散，经营秩序混乱）。

大多数出版社都有自己的仓库和运输车辆，而大多数的书商亦都是自己储存、运输，甚至有些物流主体内部各部门的物流都是独立的。这样不仅因为每次运输量小而影响运输的效益或拖长运输的周期，使物流的效率和效益大打折扣，并最终转嫁到读者身上增加出版物的成本，还延长了出版物流的周期，使出版物流服务效率低下，造成物流资源的极大浪费。

3）物流网络的布局不够合理，导致书业企业整体服务能力偏低

（1）物流网络的布局不够合理

我国物流网络的布局不够合理，因割据经营造成覆盖面局限性大以及配送能力弱，进而导致书业企业整体服务能力弱，这也是制约出版物流管理发展的瓶颈问题。

各新华书店所拥有的大型书城大都集中在大中城市的中心地带，而在城市社区以及县以下的发行网点很少，这样不合理的布局不利于出版物发行覆盖面的扩大，同时使配送的范围受限。这直接导致书业企业整体服务能力变弱，不能很好地满足消费者的需求。一方面因物流弱使得国内出版企业普遍竞争力弱，经不起国外出版业的冲击；另一方面使出版界肩负的进行精神文明建设的任务不能很好地完成，不利于提高一些偏远地区的信息通达度和对新知识的及时获取。

目前出版业的物流建设也存在一定问题，不讲通量而只讲土地多少、建筑面积多少，还停留在仓储的概念上。在出版业快速发展的今天，搞不清楚仓储和现代物流之间的区别而盲目投资建设的现象还存在。

（2）出版物流管理标准化、规范化仍在摸索中

①出版物流管理标准化水平低。各店自主经营，互不联系，物流的标准不一致，如托盘规模、图书开本等不一致，导致运输时标准不一致，有时因一车厢装不满

而被迫等待与其他产品联合运输,大大延长了物流周期,降低物流效率;还有的迫于无奈没装满一车厢就发货,因车厢空间的闲置而造成浪费现象,不利于资源的优化配置。

②出版物流管理相关标准化工作迫在眉睫。长期以来,储运工作一直是出版物供应链中基础薄弱、科技含量低、发展水平落后的一个环节,不少地方还停留在手工开单的原始阶段。物流装备的标准化程度不够高,自行开发的信息系统又自成一体,很难兼容、匹配和统一。

随着现代化物流在流通中的作用不断扩大,推进出版物图书信息数据标准化、退货程序标准化、包装规格标准化、条码应用及印制的标准化等问题都迫切需要尽快解决。

【案例】

上海世纪出版集团运用集约经营提升经营绩效

现代出版物流的标志是出版业集约化运营。上海世纪出版集团成立之初,即以合资形式兴建了上海世纪秋雨物流有限公司,理顺现代化的物流作业流程:以先进的计算机管理系统取代传统的作业模式,注重战略领先,运营优化,加强对出版资源的整合和重组。

集团成立伊始,即按照国际出版业集约化经营的模式,率先对发行和物流业务进行整合和重组,大大提高了产品的市场营销和推广能力。同时,集团通过财务整合,推行全面预算管理,统一资金调度,加强对经营管理和资金的监控,降低运营成本,增加边际效应,显著地提升了经营绩效。

在精品战略实施过程中,集团根据六大图书产品线和三大报刊产品线建设的要求,就所属出版单位的专业化建设方向进行细致的设计和重新定位,合并辞书和汉大,新成立高教和外语教育公司。同时,组建北京文景文化传播公司,尝试跨地区的业务拓展,还开展专业化品牌实体的建设,如世纪文学、世纪新文本、世纪音乐中心,在新的业务框架上推进全覆盖的ERP建设。

3.2.2 制约出版物流管理发展的主要因素

随着经济的发展,特别是经济全球化及竞争战略的变化,物流在企业及整个国民经济中的地位及作用越来越重要。现代出版物流又是出版物流、信息流、资金流和人才流的统一。而当前我国出版物流管理发展过程中却受一定因素的制约,其"瓶颈"问题主要有成本高、服务效率低、渠道不合理等。

1）成本高

出版企业物流系统投入产出转换效率低,物流效益不佳。出版物流成本管理普遍比较粗放,浪费严重。因库房管理不到位而造成有书找不着,加印浪费多的情况也时有发生,加之时效性差的特点,使出版物很快成为库存积压品,造成极大的浪费。

2）服务效率低

从事出版物流的管理人员和操作人员多数学历较低、待遇差、劳动强度大,人员流动性强,造成服务水平比较落后,在工作中常常只强调物流部门对销售部门的被动服务,对客户的服务不到位。

3）渠道不合理

出版物流网络不健全,地域分割仍然难以消除,真正意义上的全国性图书中心迟迟建立不起来。偏远地区图书仍然很难送达。火车不通、公路不畅或运输费用昂贵,使出版社或书店往往舍弃这一区域而形成空白区。因图书消费力不高、营销运输成本高等原因致使一些偏远地区书籍的品种、数量与大中城市相比仍有明显差距。现代化的网络订书、书到付款、折扣优惠等只是在物流网络相对成熟的大中城市的读者才得以享受,偏远的穷困地区仍然需要利用邮政渠道,额外花费邮寄费用原价购书。

3.3　提高出版物流管理水平的策略

近年来,我国出版业在产业化进程中,积极组建出版集团,实现规模经营和规模效益,为我国现代出版物流建设投入很大的物力、人力和财力。资源的整合为出版物流的发展创造了物质基础和前提条件,集团连锁网点规模不断扩展,为物流建设提供了有效的渠道支持。出版物流管理水平也不断提高,具体做法如下:

1) 制订出版物流管理计划，整合出版系统资源

(1) 制订出版物流管理计划

计划的实质是在预测的基础上，为未来一定时期内的出版物流活动规定目标和任务，因而是出版物流管理的首要职能，也是出版物流管理活动的中心环节。出版物流计划按时间一般分为长远计划，年度计划和季、月、旬物流计划3个层次。

(2) 整合出版系统资源

出版物流是联系出版商、印刷厂、书店以及读者的纽带，是"血液循环系统"。衔接紧密、结构合理的物流能支持对客户的快速反应，高效的出版物流系统可以减少存货、节约采购和生产成本。出版物流的整合可以有效地实现企业资源的共享、信息的及时跟踪与反馈，把各个物流流经的各个环节串成一个有机的整体。

①处理出版物流建设的矛盾。现在有部分企业是"建了物流怕亏损，不建物流又怕丧失发展机遇"。处理这个矛盾有两个解决办法：

其一，整合集团资源。集团物流的最大优势是集团出版物流可以和下属其他业态物流资源整合，或者和其他相关的新兴业态结合。这样的益处是充分发挥物流的作用，支撑出版物流因季节性特征而任务不饱和所产生的经济损失。

其二，走物流社会化道路，把业务委托给第三方物流。从理论上讲，第三方物流的成本远远低于自建物流的投资额。而且从社会化分工的角度来看，专业物流企业做得更专业、更到位。

②内部整合资源，提高产业集中度。为了使出版发行网络系统资源整合，形成内部合力，提高产业集中度。在产业链内部整合出版集团和发行集团，沟通出版和发行的信息，通过整合组建新的物流中心，形成集中统一的出版物流经营模式。

例如仓储由出版社代为储存，运输设备由发行企业代为发行，这样可以充分利用自身的仓库和交通运输，避免出版社自办发行，以及出版发行分离造成的小规模多次数的运输。减轻了交通压力，提高了储运的时间效益和经济效益，提高了发行效率，使上游出版社在这个统一的物流中心及时有效地掌握出版物在市场上受欢迎的程度，这也有利于出版社的选题开发。

【技能提示】

建立书业省际战略联盟，连锁经营实现资源整合

▲建立书业省际战略联盟，实现跨部门、跨地区的资源整合，减少贸易壁垒。

各省店之间充分利用各省不同的地理、交通、设备以及市场优势，实现优势互补，共同协作，信息畅通，最终优化资源配置，实现双赢，从而避免恶性竞争、同质化

严重以及资源的浪费。

如可将配送至同一地区的产品委托离当地最近的发行商负责配送,而不需自己跨省配送,这样能降低成本、节约时间、减轻交通压力,大大提高物流效益。同一集团的各部门之间将发往同一地区的多种产品整合在一起配送,到达该地区后再拆包、分发。这样不仅能缩短图书的发运周期,也使每一次发运的车厢得到最充分的利用,从而降低成本,提高服务水平,获得最大的经济效益。

▲组建以国有大型“中盘”企业或大型零售企业为龙头、具有核心竞争能力和竞争优势、辐射力强、跨地区甚至跨行业经营的发行集团、区域性或全国性的连锁经营集团。

例如新华书店有网络和渠道方面的经验和优势,有品牌效应。利用这些优势,对新华书店总店进行股份制改革,增强经营活力,建立一个以新华书店总店为龙头的覆盖全国的、统一的物流集团。同时在各地方新华书店实现连锁经营,开展特许加盟连锁,吸收其他经济成分参加,并鼓励有一定实力的民营发行企业发展各种业态的连锁经营。由新华书店从宏观上调控,组织协调各省店及各地方店将每一批货物都以最经济的方式和途径送至客户手中。

各新华书店的连锁经营、特许加盟连锁等已积累了一定的经验,并粗具规模。只有各省店和地方店在业务上连锁起来,统一的配送才能实现,物流的网络才能真正覆盖全国,才能达到既深又广的铺货目的。事实也证明这种现代营销方式和组织形式是符合我国出版物发行体制改革方向的。

2）提高出版物流质量

长期以来,出版物流行业的传统思想中数量的概念是非常牢固的,而质量意识却不是特别强。物流概念强调解决产和需在时间、空间上的分离,从而创造出时间及场所的效用,但人们在理解时往往以出版物的量来补足产和需之间的差额,而忽视在创造时间及场所效用中质量的作用。现代物流概念应当是数量、质量并重,两者有一定的互补关系,一定的质量可以代替一定的数量,一定的数量也可以代替一定的质量。

在物流领域中,经常会出现很大的质量事故,如物流过程中丢失、损坏、延误等。不仅使物流中出版物的数量受到损失,而且使出版物质量也受到损失,其最终结果是使出版物流本身和企业经营活动两方面都受到影响。更重要的是,对于一个出版企业而言,物流是与外界系统连通的“接口”活动,出版物流质量直接与读者相关,从而也与本企业的市场占有率相关,低劣的质量会使顾客另寻其他的合作伙伴从而使出版企业的发展受挫。

3）控制出版物流成本

出版物流管理最基本的目标就是以最低的成本向用户提供满意的物流服务。增加企业利润有扩大销售和降低成本两种基本方法,但对出版物流企业来说,降低成本往往比扩大销售(物流量)更为有效,因为这样不仅可以降低成本,而且有助于提高管理水平,提高物流质量,从而进一步扩大物流量。因此,物流成本控制在出版物流管理中具有重要地位。

部分书业企业可以实行书业物流外包,培养出版物流核心竞争力。选择物流外包可以减轻企业物流方面的经营负担,有利于企业集中精力搞好自身的特色经营。

我国出版业的最主要发展目标是开发高品质的图书,创造良好的社会效益和经济效益,物流的外包可以使我们集中更多的精力开发社会效益和经济效益俱佳的图书,同时也有利于提高书业企业自身的专业化和专门化,实现自身的发展战略目标。各书业企业可以根据自身的发展方向和发展路线、策略自主决定是否适合于将物流业务外包。

开发和扩展第三方物流市场,提高出版物流活动中各种设施的利用率。例如目前我国大多数省市店的书业物流都是中小学春秋季教材,具有明显的季节性,时效性强,物流设施大多数时候是闲置的,造成物流资源的严重浪费。在这种情况下,发展第三方物流业务,已成为书业企业物流建设和改造的现实要求和发展目标。

只有这样,出版物流产业才能更具生命力,有利于提高出版物流的效率,降低其成本,同时也有利于推动出版物流企业集约化、精细化发展。

【案例】

快递破解"最后一千米"物流问题

物流发展的困局解决应该在分货和最终几千米的配送上面,也就是从配送中心到用户手里的过程,这个环节现有的物流公司较难解决。为了解决"最后一千米"物流问题,四川、广东、上海等地都对开放快递车辆进城出台过相关规定。

江苏省下发的《关于加强快递企业运输车辆管理的通知》,对快递服务车辆喷涂统一标识,对范围、内容、位置及文字形状大小作出规定,在保障快递运输车辆进城通行上实现突破。

对从事快递运输、喷有快递专用车标识的12座以下客车,不以客车运货等原因进行处罚。确需通行市区禁行路段的快递车辆,经当地公安机关交管部门同意,在确保安全的前提下可以通行。同时,快递企业如确需使用货车运输快件,可到当地公安机关交管部门申领禁区通行证。

这些举措目的是为解决物流业"最后一千米"的问题,对解决物流管理的瓶颈问题也起到了促进的作用。

资料来源:http://b2b.toocle.com/detail-5478728.html.

【技能提示】

出版物流网络布局影响成本

物流网络布局是影响出版物流整体成本的一个最大动因。物流网络布局的优劣,影响运输、仓储及库存等费用。企业可通过成熟的物流优化软件进行分析,确定中转仓库的数量、位置及仓库面积,综合平衡出版物流服务水平与成本。随着企业产品、销售状况的变化,有必要每两年对物流网络做一次优化计算,这样更利于物流成本的节约。

在出版物流网络确定的前提下,企业自身有很多降低成本的机会,部分改进措施并不需要企业做多大的投入,就可以产生较好效果。例如通过流程优化无法控制占成本比例较大的仓储费用,但可以通过企业的物流决策实现。因为仓储费用与仓库数量、库存水平、库存周转率等因素相关。在满足客户服务水平要求的情况下,尽量降低库存,加快周转。如从工厂直接发送货物、缩减仓库数量、仓库靠近生产场所布局等措施都能起到控制物流成本的作用。

4)现代出版物流管理信息系统的应用

在现代物流管理与运作中,信息技术与信息网络扮演着十分重要的角色,甚至就是公司形象和核心竞争力的标志。

出版物流与信息密不可分,出版物流管理信息系统以物流为特定的对象范畴,把物流和物流信息结合成一个有机的系统,这个系统用各种方式收集出版物流计划的、业务的、统计的各种有关数据,并进行有针对性、有目的的计算机处理。即根据管理工作的要求,采用特定的软件技术,对原始数据处理后输出对管理工作有用的信息。

当前一些大型的专业物流企业通常都设有运作管理系统、质量保证系统、信息管理系统和客户管理系统等。

【案例】

上海新华传媒图书物流中心系统构成与设计创新

新华传媒物流中心系统设计能力为年配送40亿码洋。中心物流系统采用高度信息化和适度自动化相结合的方式：一方面，集成化的图书供应链一体化管理系统和物流管理系统有机结合，实现了商流、物流、资金流的高度集成；另一方面，现代化的拣选、输送和分拣系统，使物流中心的各个作业环节和作业过程井然有序，高效流畅。

▲物流系统由5个子系统构成

△教材处理系统：负责处理教材的到货、储存和配发业务。

△一般图书处理系统：负责处理图书的接收、翻理、直配、储存、拣选、配送业务。

△一般图书销退处理系统：处理图书销退过程中的接收、分类、退社、上架等业务。

△音像处理系统：负责处理音像制品的到货、储存和配发业务。

△文教用品处理系统：负责处理文教用品的到货、储存和配发业务。

集成一体化成为该中心物流系统的突出特点，其中包括：物流、信息流、资金流一体化，图书、教材、音像、文教用品、退货一体化，图书到货、翻理、编目、入库一体化，图书添配、直配拣选和打包复核一体化，图书入库、直配、拣选、称重、分拣自动化。

▲系统设计以创新为主题

△图书直配采用电子标签系统和RF技术相结合的方式，对品种和能力没有限制，解决了图书直配难题。教材采用优先分配终端算法，推行面向学校发货的一站式服务。

△图书拣选复核采用重量复核技术，复核精度保持在90%以上。

图书收货、翻理、新书注册实现流水线作业，节约了到货翻理时间。

△创造性地提出二段式上架策略，提高系统能力，摆脱与品种密切相关的约束。图书储存、配送按班组进行。货架设计采用集成化设计思想，解决储存和ABC移库问题。图书销退运用二次分类算法和电子标签辅助技术，彻底解决长期困扰新华书店的退货难题。

△供应链管理与物流系统实现一体化，提高了配送服务水平与满足率。

资料来源：http://www.51test.net.

5) 建设"中盘物流",实现书业大流通

所谓"中盘"就是专门为全国中小型出版商提供市场推广、货运、采购及储存服务的中介平台。"中盘物流"是实现书业流通的保障,没有现代化的"中盘物流"支持,很难使图书连锁实现快速、准确、高效,更谈不上跨地区、跨国连锁经营的拓展。

而实现"中盘物流"的关键是实现业务整合。将教材物流、出版物流、"中盘物流"集合于一座建筑物、一个电子商务系统内,这样做的最大好处是节约、高效、低成本。但是在中国书业,这样的物流并不多。如果这样的物流多起来,将会大大减少书业物流普遍存在的任务不饱和、重复建设的浪费现象。

总之,企业应了解当前出版物流管理的现状,掌握问题症结所在,加强出版物流管理,实现出版物流业务、库存管理信息化,加强物流成本控制,从而真正提高我国出版物流管理水平。

【案例】

"中盘物流"是实现书业大流通的保障

▲全国第四大书商四川新华文轩连锁股份有限公司在 2006 年 5 月成立了中盘连锁事业部。中盘就是利用"文轩连锁"的牌子在全国各地做批发,现在中盘业务在全国拥有 14 个分公司。

▲2009 年,浙江新华书店集团有限公司建设的 14 万平方米下沙物流基地正式运行,这标志着浙江新华多年追求的融教材物流、出版物流、中盘物流于一体的现代物流体系目标终于实现。

▲2010 年 6 月竣工的湖北省物流基地,实现日处理收货 6 000 个品次、日分拣1.2 万种、日加工 4.2 万件、经营品种 22.4 万种(图书现货)、日处理退货约 8 000件的生产能力。彻底改变了以往集团内部各出版单位自建或租用图书仓库及人拉肩扛的农耕物流运作方式。

根据浙江新华下沙物流基地建设的经验,企业在建设物流时,应先有企业概念后有物流概念。物流是成本系统,不直接产生效益。物流在运行中,如果没有大量的业务作保障,成本肯定会加大。实现节约成本、提高效益、任务饱和、发挥物流辐射力的最佳解决途径应是将企业物流最终定位在"中盘物流"上。没有强大的"中盘物流"支撑,中国书业实现现代流通是困难的。

资料来源:http://www.xiashanet.com.

【技能提示】

GB/T 22151—2008 国际货运代理作业规范关于物流服务的相关条款

①保管物在保管期间,保管人根据客户的要求对保管物进行外观、形状、成分构成、尺度等加工,使仓储物发生客户所希望的变化;

②货物包装,包括外包装、内包装和分拆/组装后的适当包装,应适合运输条件和各种天气的变化,并符合有关主管机关所规定的标准;

③根据流出去向、流出时间的不同进行分区分类,分别配载到不同的运输工具,配送到不同的目的地;

④按客户要求,通过在仓储中整合、分类众多小批量的托运货物,进行合并、配载运输;

⑤使用适用、安全、可靠的仓储、配送信息系统来管理相应的操作和服务,该系统应当具备在紧急情况下(如断电、断线)持续、安全工作的能力,以保证操作的连续和信息的完整;

⑥发现运载工具(船舶、飞机、火车)航次、关单号、货物数量、重量、尺码、包装、唛头、装卸港口、交货地点有差错或混票等问题应及时向有关方联系,查明后更正;

⑦重量和尺码必要时需要进行复丈复磅,如有争议,以口岸商检衡定为准;

⑧松钉、散箍、更换包装等要求要及时联系客户,或协助客户修补。

【实训环节】

一、实训项目

某地区或某一出版物流中心出版物流管理现状调研。

二、实训目的

使学生了解目前我国某一地区出版物流管理的现状、作用、意义,明确出版物流管理的重要性。

三、实训内容

学生分成 6~8 人一小组,到某一地区出版物流企业(最好能够代表某地区出版物流管理水平的企业)进行调研,了解目前某地区不同类型出版物流企业的规模、设备设施情况、管理现状等。

四、实训组织

1. 前期准备

在下企业实训前,学生应先掌握以下必要理论知识:

①出版物流管理的基础知识;

②出版物流管理的作用；

③出版物流管理的意义；

④出版物流管理应该遵循的原则。

2.具体实训项目

①了解所在地区有哪些出版物流企业及其分布情况；

②针对某几个出版物流企业进行调研；

③调研出版物流企业规模、设备设施情况、效益水平、管理现状等情况。

3.完成调研报告

要求学生拟订调研提纲、设计调查问卷，完成调研报告，要对调研结果进行统计分析、讨论，并能对相关出版物流企业提出合理化建议。

五、其他

本实训环节可安排在暑期集中进行。

【课后练习】

一、单项选择题

1）出版物流管理是指对出版物原材料、半成品和成品等物料在企业内外流动的全过程所进行的计划、组织、实施、控制等活动，也称为物流的（　　　）。

A.软技术　　　　　B.过程　　　　　C.硬技术　　　　　D.自动化

2）现代出版物流管理所强调的就是如何有效地实现（　　　）管理，真正把供应链思想和企业全局观念贯彻到出版物流管理行为中。

A.多元化　　　　　　　　　　　B.一元化

C.计算机信息　　　　　　　　　D.系统

3）书业物流呈现出明显的（　　　）性，因为除了教材之外，其他图书的生命周期都很短，出版商很难对市场进行深入研究，难以对市场需求进行准确预测，也难以根据消费反应来调整图书供应计划。

A.季节　　　　　B.周期短　　　　　C.不可预测　　　　D.需求多样

4）我国（　　　）不合理，因割据经营造成覆盖面局限性大以及配送能力弱，进而导致书业企业整体服务能力弱。

A.物流企业的管理方法　　　　　B.物流企业的管理设施

C.物流企业的服务　　　　　　　D.物流网络的布局

5）现代出版物流的发展，不仅要求物流活动能实现经济效率化和顾客服务化，而且还必须及时了解和反映市场需求，并将其反馈到（　　　）的各个环节，以保证出版物流决策的正确和顺利进行。

A.日常管理　　　B.系统　　　　C.供应链　　　　D.客户管理

二、多项选择题

1)出版物流管理大体可分为(　　　)和(　　　)两个方面。

A.出版物流人才管理　　　　　　　B.出版物流技术管理

C.出版物流业务管理　　　　　　　D.出版物流计算机管理

2)书业物流较其他商品有其特殊性,主要有(　　　)方面的表现。

A.波动性　　　　　　　　　　　　B.不可预测性

C.运作效率十分低下　　　　　　　D.需求多样性

3)出版物流管理的课程特性有(　　　)。

A.交叉性　　　　　　　　　　　　B.实践性

C.成长性　　　　　　　　　　　　D.以上全包括

4)出版物流管理的主要原则有(　　　)。

A.服务多样性原则　　　　　　　　B.成本合理化原则

C.系统原则　　　　　　　　　　　D.标准通用性原则

5)提高出版物流管理水平的策略有(　　　)。

A.制订出版物流管理计划,整合出版系统资源

B.提高出版物流质量

C.控制出版物流成本

D.应用出版物流管理信息系统

三、判断题

1)在实践应用中,出版物流管理与供应链管理的侧重点是一样的。　　(　　　)

2)出版物流与信息密不可分,出版物流管理信息系统以物流为特定的对象范畴,把物流和物流信息结合成一个有机的系统。　　　　　　　　　　(　　　)

3)出版物流管理最基本的目标就是以最低的成本向用户提供满意的物流服务。　　　　　　　　　　　　　　　　　　　　　　　　　　　(　　　)

4)各物流企业之间协作与否都容易使他们进行恶性竞争,同质化十分严重,造成资源无法优化配置,资源浪费严重。　　　　　　　　　　　　　(　　　)

5)我国当前部分书业企业各自发展物流,造成出版资源分散,重复性建设和浪费现象严重。　　　　　　　　　　　　　　　　　　　　　　(　　　)

四、名词解释

1)出版物流管理

2)中盘物流

五、简答题

1）简述出版物流管理课程的特性。

2）简述现代出版物流管理的特征。

3）出版物流管理的作用是什么？

4）出版物流管理的主要原则有哪些？

5）当前我国出版物流管理的具体表现如何？

六、论述题

1）如何理解"中盘物流"是实现书业大流通的保障。

2）提高出版物流管理水平的策略有哪些？

七、案例分析题

［案例］

▲ 某一出版物流企业的老总，向经营房地产开发公司的朋友求助资金支持。朋友查看了项目方案资料之后，动了私心，不但没有借钱给出版物流老总，还抢了项目拥为己有。结果接下项目后，根本不懂得出版物流专业的房地产商很快就以失败告终。

▲ 某物流杂志社为一网上图书销售公司做物流项目策划，没有实践经验的杂志社表面文章做得很到位，可接下项目后，只做了几期杂志广告，杂志社就倒闭了，当然也没有完成对方所交给的项目任务。而投资方不仅耗费了时间、金钱，也耽误了整个项目的进程，损失惨重。

从物流管理的角度分析这两个案例中项目失败的原因。

第4章

出版物仓储

教学目的和要求

1. 了解出版物仓储的相关基本概念。

2. 认识出版物仓储作业的相关设备。

3. 掌握出版物收货、发货以及退货的流程及运作。

4. 掌握出版物在库存储的作业组织。

5. 熟悉并能计算出版物仓储常用经济指标。

6. 具备出版物收货、发货、在库保管的实际操作技能。

主要概念(原理)与技能

仓储　盘点　吞吐量　收货　发货　保管

教学重点和难点

重点:结合出版物仓储作业的实践使学生掌握出版物收货、发货、退货的作业流程以及出版物保管的要求。

难点:使学生掌握出版物仓储作业组织与管理的实践操作技能。

【开篇案例】

上海世纪出版股份有限公司物流中心简介

上海世纪出版股份有限公司物流中心是上海市文化建设重点项目,位于上海青浦沪青平高速和同三高速交汇处,占地面积80 000余平方米,吞吐量为100亿图书码洋,总投资达3.5亿人民币。

世纪物流的厂区分为以下几个部分:

自动化仓库——位于库区最西侧的自动化仓库占地8 000平方米,16台日本原装自动堆垛机穿梭期间,拥有31 488个有效托盘位的立体仓库全部由系统进行管理,保证整件商品进出高效准确。

重量架区域——位于库区一楼北侧的重量架区域拥有3 448个有效托盘位,通过电子标签对商品进行管理,通过输送机与出货合流区域进行联通。

中量区——位于库区二楼北侧的中量区由上下两层结构的滑道式流利架组成,拥有12 448个拣货位,电子标签信息管理,联通的输送流水线有12个操作台,贯穿整个区域的纸箱流水线满足了各类商品出货的需求。

小量区——位于库区二楼南侧的小量区由上下两层隔板式货架组成,拥有20多万个有效拣货位,通过无线射频信息管理保证了小件少量商品进出的准确高效。

单册分拣机——位于库区中面的单册分拣机采用了日本原装的成熟设备,每小时能分拣各类书籍6 000多册,在上位 WMS 系统的指挥下,拥有90根滑道口的设置能根据客户的不同种类进行自动分拣。

流水线——贯穿整个作业区域的流水线总长超过2千米,把整个分、拣、进出等工作全部联系成一体。人工智能软件可以有效准确地控制滚筒输送机的滚动和分流,保证商品流入选定的流道。

资料来源:上海世纪秋雨物流有限公司。

4.1　出版物仓储基本知识

4.1.1　仓库与仓储

仓库是保管、储存出版物的建筑物和场所的总称,也是从事包装、分拣、流通加工等物流作业活动的物流节点设施。

仓储管理是指对仓库及其库存出版物的管理。

4.1.2　仓库选址

仓库的选址对出版物流转速度和流通费用产生直接的影响,并关系到企业对顾客的服务水平和质量,最终影响企业的销售量和利润。在仓库的实际选址中,一般综合考虑如下因素:

①客户条件:首先要考虑顾客的地理分布。如果顾客集中于某个地方或分布于其周围地区,在那里设立仓库就能达到理想的效果。其次也要考虑客户需要及其未来是否发生变化的情况。

②自然地理条件:该地区是否可能设置物流中心,有无特殊的阻碍其建设的天文、地质、气候等自然条件。

③运输条件:现有的交通设施如何,交通工具是否便利,对各种运输方式是否许可。

④用地条件:地价或地租是否昂贵,理想地区内是否有可能利用的旧厂家。

⑤法规制度条件:是否符合当地法律规定,当地的税收制度如何。

4.1.3　仓库设施、设备的配置

根据仓库的功能、存储对象、环境要求等确定主要设施、设备的配置。实践中,仓库所需设施、设备主要有以下几类:

①存货、取货设备,包括货架、叉车、堆垛机械、起重机运输机械等。

②验货、养护设备,包括分拣机、托盘、搬运车、传输机械等。

③防火、防盗设备,包括温度监视器、防火报警器、监视器、防盗报警设施等。

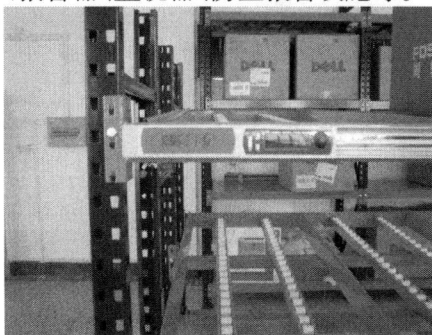

图4.1　叉车　　　　　图4.2　电子标签

63

④流通加工,所需的作业机械、工具等。

⑤控制管理设备,包括计算机及辅助设备。

⑥其他配套设施,包括站台(货台)、轨道、道路、场地等。

4.1.4　出版物存储的功能

出版物存储为出版物流通活动的组织提供了物质条件,是出版物流的一大支柱,它具有以下功能:

1)调节功能

储存的调节作用主要表现在供需调节与运输调节两个方面。

(1)供需调节

主要是调节出版物出版与需求的关系。使它们在时间和地域上得到协调,保证出版物社会再生产的顺利进行。

(2)运输调节

出版物从生产地向消费地的运输流转中,各种运输方式往往不能够直达目的地,需要在中途改变运输方式、路线、规模、方法以及协调运输时间和完成出版物转运、集装等物流作业,因此需在运输途中停留(存储),实现运输调节。

2)保管养护功能

对储存中的出版物,要采取有效的技术与管理措施,保护出版物的使用价值。

3)集散功能

出版物在物流过程中的必然停滞,客观上形成出版物的一集一散,形成规模,衔接产需,均衡运输。

4)检验功能

在出版物流转中,须对出版物进行质量与数量检验,以维护产、供、运、销及读者等各方面权益。出版物存储为组织检验提供了场地和条件。

5)配送功能

配送是适应出版物市场竞争的必要物流服务。为争取市场,在储存作业的末端,根据用户需要,对出版物进行组配、包装、发运等物流活动,送货上门。出版存储支持和保障着配送活动的开展。

4.2　出版物仓储作业

4.2.1　出版物入库（进货作业）

1）货物入库准备

仓库应根据仓储合同或者入库单、入库计划，及时地进行库场准备，以便出版物按时入库，保证入库过程顺利进行。仓库的入库准备需要各部门分工合作，共同做好以下工作。

（1）熟悉入库货物

仓库业务、管理人员应认真查阅入库出版物资料，必要时向存货人询问，掌握入库出版物的品种、规格、数量、包装状态、单件体积、到库确切时间、货物存期等，据以精确和妥善地进行库场安排、准备。

（2）掌握仓库库场情况

了解在出版物入库期间、保管期间仓库的库容、设备、人员的变动情况，以便安排工作。必要时对仓库进行清查，清理归位，以便腾出仓容。如果一次性入库出版物的数量非常多，必须用重型设备操作，一定要确保预留可使用设备的货位。

（3）制订仓储计划

仓库业务部门根据货物情况、仓库情况、设备情况，制订仓储计划，并将任务下达到各相应的作业单位、管理部门。

（4）仓库妥善安排货位

仓库部门根据入库出版物的数量、类别，结合仓库分类保管的要求，核算货位大小，根据货位使用原则，妥善安排货位、验收场地，确定堆垛方法等准备工作。

（5）做好货位准备

仓库员及时进行货位准备，彻底清洁货位，清除残留物，清理排水管道，必要时安排消毒除虫、铺地。详细检查照明、通风设备，发现损坏及时通知修理。

（6）准备材料、工具

（7）验收准备

仓库理货人员根据货物情况和仓库管理制度,确定验收方法。准备验收所需的点数、开箱装箱、丈量、移动照明等工具。

（8）装卸搬运工艺设定

根据货物、货位、设备条件、人员等情况,合理科学地制订卸车搬运工艺,保证作业效率。

（9）文件单证准备

仓库员对出版物入库所需的各种报表、单证、记录簿等,如入库记录、理货检验单、料卡、残损单等预填妥善,以备使用。

2）出版物接运

主要接运方式包括以下两种:

（1）提货——到车站、码头提货

由外地托运单位委托铁路、水运、民航等运输部门或邮局代运或邮递货物到达本埠车站、码头、民航站、邮局后,仓库依据货物通知单派车提运货物的作业活动。提货时应根据运单以及有关资料详细核对品名、规格、数量,并要注意商品外观,查看包装、封印是否完好,有无玷污、受潮、水渍、油渍等异状。若有疑点或不符,应当要求运输部门检查。

（2）仓库收货

货物到库后,仓库收货员首先要检查货物入库凭证,再根据入库凭证开列的收货单位和货物名称及送交货物内容和标记进行核对,无误方可与送货人员交接。

3）商品入库检验

（1）核对凭证

入库商品常须具备下列凭证:

入库通知单或订货合同副本,这是仓库接收商品的凭证。

供货单位提供的验收凭证,包括发货明细表、合格证等。

承运单位提供的运输单证,包括提货通知单和登记货物残损情况的货运记录、运输交接单等,作为向责任方进行交涉的依据。

（2）检验出版物

复核出版物数量是否与入库凭证相符,出版物质量是否符合规定的要求,出版物包装能否保证在储存和运输过程中的安全。在对出版物质量进行检验时,主要是检查印刷质量,对出版物内容质量的检查不是仓储部门的职责。

【技能提示】

图书、教材的入库验收

在进行质量验收时,一是检验出版物的图文完整清晰程度,版面格式与装帧工艺是否符合规定。二是检验内包装或外包装是否符合要求。内包装一般要求为:每种书包、捆数量应一致;包、捆贴头要填写齐全。

在进行数量验收时,凭供货商的发货清单核对图书、教材实物的书名、定价、版别、出厂包件规格,然后点收包件数量,计算总收册数。收货批量大的,一般采用堆码点数法。

音像制品和电子出版物的入库验收

凭供货商的发货清单核对音像制品和电子出版物的品名、数量、出厂规格,然后清点收包数量,计算总数。鉴于音像制品和电子出版物盗版现象比较严重,入库验收时重点判断音像制品和电子出版物的真伪,其次清点出版物数量。

在出版物入库凭证未到齐之前不得正式验收。如果入库评证不齐或不符,仓库有权拒收或暂时存放,等凭证到齐再验收入库。

发现出版物数量或质量不符合规定,要会同有关人员当场作出详细记录,交接双方应在记录上签字。如果是交货方的问题,仓库应该拒绝接收。如果是运输部门的问题就应该提出索赔。

数量验收应及时,发现问题要按规定的手续,在规定的期限内向有关部门索赔。否则超过索赔期限,责任部门对形成的损失将不予负责。

【技能提示】

出版物收货作业中常见差错及处理

①表里不一:指包装(捆扎)内出版物名称、册次或定价与包装封签所列内容不符。

②规格短数:指包装(捆扎)内数量与包装封签所列不符,即常说的"捆内少书"。

以上两种差错通常应当及时向发货人说明差错情况,要求调换、补书或做退书处理。

③超前收货:指实际收货期超前于原定起交日期。如收货仓库堆码场地有空余可协商处理;否则,可商请发货方暂停送货。

④大量超收:实际收货总册数大量超出业务部门订货数。

⑤逾期收货:指最后收货的日期迟于原定交货截止的日期。

⑥超期收货:指开始收货的日期超过原定出书、交货的日期。

注:④⑤⑥3种差错均须及时与业务部门联系处理。

4）入库交接

入库出版物在点数、查验之后，可以安排卸货、入库堆码，表示仓库接受物品。在卸货、搬运、堆垛作业完毕，与送货人办理交接手续，并建立仓库台账。

（1）交接手续

交接手续是指仓库表示已接收出版物，是对收到的出版物向送货方进行确认。办理完交接手续，意味着分清运输、送货部门和仓库的责任。它包括接收出版物实物、接收文件（出版物资料、货运记录、运输单证注明的相应文件等）、签署单证（仓库与送货人或承运人共同在送货人交来的送货单、交接清单上签字）3 项流程。

（2）登账

出版物入库，仓库应建立详细反映该出版物仓储的明细账，登记其入库、出库、结存的详细情况，用以记录库存出版物动态和入出库过程。

登账的主要内容有：出版物名称、版别、数量、定价、册数、码洋、累计数或结存数、存货人或提货人、货位号或运输工具、接（发）经办人等。

（3）立卡

出版物入库或上架后，将名称、版别、作者、数量或出入状态等内容填在料卡上，称为立卡。货卡、货牌应当插放在物品下方的货架支架上或摆放在货垛正中央明显位置。

【案例】

某出版物物流中心的进货作业流程说明

货运车到达时，先向收货室出示托运单或送货单，收货室指示停靠在指定卸货月台；

收发组人员按收书作业标准进行检验和收书；

收货区收货人员指示送货司机按指定位置卸货，并需要求送货司机按商品分托盘堆栈，收货人员并进行件数清点及拆包检验，主要检验内容为出版物名称和数量；

验收用 RF（无线射频）进行收货验收作业；

收货区人员完成收货验收及数据录入作业后，将托盘以叉车放置进货暂存区，并在系统中确认收货验收完成，等待上架。

4.2.2　出版物出库（发货作业）

出货过程是指仓库按照调拨出库凭证或发货凭证（提货单、调拨单）所注明的出版物名称、版别、定价、数量、收货单位、接货方式等条件,进行的核对凭证、备料、复核、点交、发放等一系列作业过程。

1)商品出库的依据

出库必须由业务部门的出库通知或货主请求驱动,不论在任何情况下,仓库都不得擅自动用、变相运用或者外借库存。

出库通知或出库请求的格式不尽相同,不论采用何种形式,都必须是符合财务制度要求的有法律效力的凭证,要坚决杜绝凭信誉或无正式手续的发货。

【技能提示】

出版物发货单

出版物发货单是记录出版物发货相关信息的单证,是发货、收货、结算的依据,它分为单页出版物发货单和多页出版物发货单两种。

1. 单页出版物发货单样式

表4.1　×××发货单

发货单位		制单日期		发运日期				
采购商编号				供货商名称				
采购商名称				供货商地址				
收货单位名称				供货商邮编				
收货地址				供货商电话/传真				
收货地址邮编				供货商联系人				
收货单位电话/传真				发运方式				
收货单位联系人				到站				
提货人				承运人				
发货依据								
总品种		总数量		总码洋		总实洋		总件数
序号	标准编码	商品名称	版别	定价	数量	折扣	码洋	实洋	封+册
1								
2								
3								
⋮								
收货负责人签字			收货日期					
备注:								

2.多页出版物发货单样式

多页出版物发货单首页与单页出版物发货单类似,但收货人签字、收货日期等栏目应制作在末页。表4.2给出了多页出版物发货单的末页样式。

表4.2　×××多页出版物发货单

发货单位				制单日期			发运日期		
序号	标准编码	商品名称	版别	定价	数量	折扣	码洋	实洋	封+册

收货负责人签字　　　　　　　　收货日期

备注:

2)出库流程

(1)核单备货

首先要审核提货凭证的合法性和真实性,其次核对出版物名称、版别、定价、数量、收货单位等。

(2)复核

为了保证出库物品不出差错,备货后应进行复核。在发货的各道环节上,都贯穿着复核工作。例如,理货员核对单货,门卫凭票放行,财务(保管会计)核对账单(票)等。分散的复核形式,起到分头把关的作用,有利于提高仓库发货作业的工作质量。

复核的内容包括:品名、版别、作者、定价、数量是否同出库单一致;配套是否齐全;外观质量和包装是否完好。只有加强出库的复核工作,才能防止错发、漏发和重发等事故的发生。

(3)包装

出库出版物的包装必须完整、牢固,标记必须正确清楚,如有破损、潮湿、捆扎松散等不能保障运输中安全的,应加固整理,破包破箱不得出库。各类包装材料上若有水渍、油迹、污损,也均不能出库。

出库出版物如需托运,包装必须符合运输部门的要求,选用适当的包装材料。

其重量和尺寸应便于装卸和搬运,以保证出版物在途的安全。包装后,要写明收货单位、到站、发货号、本批总件数、发货单位等。

表4.3　出版物发货包签

发货单号	
商品名称	
到　站	
发货人	
发货人证件	
发货人地址	
发货时间	
收货人姓名	
收货人证件	
收件人地址	
件序号	
收货日期	
备　注	

(4)点交或发运

出库出版物经过复核和包装后,需要托运和送货的,应由仓库保管机构移交调运机构。属于用户自提的,则由保管机构按出库凭证向提货人当面交清。按照一车一证方式向车辆签发出门证,以便门卫查验放行。

(5)登账

(6)现场和档案的清理

实物、账目和库存档案在发生出库作业后都会变化,应重新清理,使保管工作重新趋于账、物、资金相符的状态。

【案例】

某出版物流中心的退货接收操作

①客户将货物退回,由退货组接收;

②清点件数,产生收退单;

71

③人工分拣良品与不良品,对良品进行分拣;

④对外版书进行统计;

⑤分拣后的良品放暂存区等待上架。

如图4.3所示。

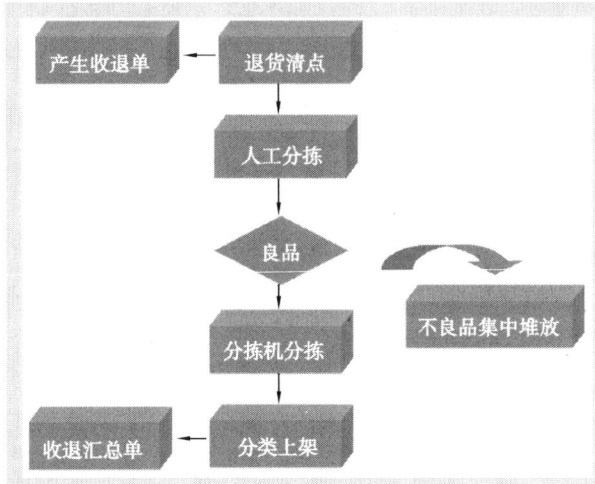

图4.3　出版物退货接收

4.3　出版物保管

出版物保管是出版物存储过程中的一项重要工作,是保证出版物在储存期间质量完好的关键环节。

出版物在储存过程中,本身自然属性及外界因素的影响,随时会发生各种各样的变化,从而降低出版物的使用价值甚至丧失使用价值。保管就是要研究出版物在存储过程中的质量变化规律,积极采取各种有效措施和保管方法,创造一个适合储存的条件,维护出版物在存储期间的安全,保护出版物的质量和使用价值,最大限度地降低出版物的损耗。

4.3.1 保管场所的布置

合理的仓储规划可以提高单位仓容储存量,提高仓储工作的经济效益。它往往通过分类分区和货位利用两种措施实现。

1) 分类分区

分类分区是仓储部门对入库出版物在保管环节上进行科学管理的一种方法。仓库分区是根据仓库建筑条件将仓库划分为若干保管出版物的区域。

出版物分类是按出版物品种,分为若干类别,实行分类集中保管。分类分区要依据出版物类别、出版物吞吐进度和规模及仓库的条件进行。分区要适应出版物进出的需要,分类要适应仓库状况,两者相互联系,互为条件。其作用主要表现在:合理利用仓容;方便吞吐,缩短收发作业时间;有利于掌握出版物进出库的活动规律,提高保管技术水平。

(1) 货区划分

分区是对仓库区域的划分,出版物保管区的划分必须做到保管任务与仓库设施统一,同时这种划分又是动态的。在货区划分时,必须根据仓库的类型、现状条件,结合出版物门类、吞吐规律和养护要求进行综合考虑。实践中,常常需要将仓库分为存货区、入库检验区、理货区、配送备货区、通道以及辅助作业区。

【技能提示】

货区划分的要求

① 适应仓储作业过程的要求,有利于仓储业务的顺利进行。

仓储作业过程是指仓库从接收货物开始直到把这些货物完好地发放出去的全部活动过程,由入库、储存、出库 3 个阶段构成,包括了实物流和信息流两个方面。

② 有利于节省投资。

③ 有利于保证安全和职工的健康。

(2) 出版物分类

出版物分类有《中国人民大学图书分类法》("人大法")《中国图书馆图书分类法》("中图法")及统计分类法,各仓库可视自己的经营规模和需要选择,或粗或细,或自行确立一套符合自身条件和需要的出版物分类法。

2）货位利用

货位利用主要通过有序编号、货位的及时调整与归并以及出版物合理堆码等措施来提高现有货位的利用率,并保证出版物出入库存迅速。

（1）货位存货方式

出版物的货位存货方式主要有两种。

固定型:是一种利用信息系统事先将货架进行分类、编号,并贴付货架的代码,各货架内装置的出版物事先加以确定的货位存货方式。

流动型:所有出版物按顺序摆放在空的货架中,不事先确定各类出版物专用的货架。

【技能提示】

一般来讲,固定型管理适用于非季节性出版物、重点客户的货物以及库存货物种类比较多且性质差异较大的情况;而季节性货物或物流量变化剧烈的货物,由于周转较快,出入库频繁,更适应于流动型管理。除了流通暂存区外,出版物仓储工作的其他区域都比较适合采取固定型的货位存货。

（2）货位布置方式

货位布置的目的一方面是为了提高仓库平面和空间利用率,另一方面是为了提高出版物保管质量,方便进出库作业,从而降低出版物的仓储处理成本。

货位布置方式基本思路:

①根据出版物性质分区分类储存;

②将单位体积大、单位重量大的出版物存放在货架底层,并且靠近出库区和通道;

③将周转率高的出版物存放在进出库装卸搬运最便捷的位置;

④将同一供应商或者同一客户的出版物集中存放,以便于进行分拣配货作业。

【技能提示】

货架货位管理

它是在进行分仓库基础上,对储存出版物采取货架货位管理,对出版物存取进行更有效管理,以达到最大化利用存储空间。所谓货架管理,即:对每一个货架进行编号和命名,确定存放出版物的位置。所谓货位管理,即:在特定的货架里,分为若干个栏,对每个栏进行编号和命名,确定存放出版物位置。

4.3.2　库存出版物的账卡管理

账卡管理就是运用账卡对出版物收、发、存的数量动态加以记载、监督、控制和考核,它对反映库存状况,促进进销业务、提高库存管理水平都有重要意义。账卡管理基本要求:凭证齐全,数字准确,核对及时,确保账、卡、实物相符。

在出版物的账卡管理中,一般涉及4类账卡:①库存出版物的会计总账及分户账,记载相关供应商的出版物增减情况,得出应存出版物的码价。同时设置在途出版物与应付货款的分户账,分别记载付款未到货和到货未付款的出版物总码价。②业务部门出版物进发记录卡,主要用于核对册数,随时掌握出版物进发情况和库存情况。③仓储部门库存账,要求凭收发汇总单,逐笔记总册、总码价,同会计总账进行核对,保证账账相符。④仓储部门出版物流转记录卡,只记册数,不记码价。通常做法是一种出版物对应一卡,逐笔记载收、发及结存数,每月与业务部门的出版物进发记录卡核对一次,保证卡卡相符。

在运用现代物流技术进行库存管理时,仓储部门往往利用电子枪扫描相关出版物信息,利用计算机储存分析出版物进出数据与账目,在操作过程中有形的纸质卡片运用减少,但其原理没有变化。

4.3.3　库存出版物保护

影响出版物质量的因素主要有两个方面:一是自然因素,主要是仓库的温度和温度;二是人为因素。所以,保护库存出版物要针对这两方面的因素,采取有效措施。

1) 严格验收入库商品

要防止出版物在存储期间发生各种不同的变化,必须在出版物入库时进行严格验收,弄清出版物及其包装的质量状况。

2) 适当安排储存场所

要根据图书、图片、电子出版物、音像制品等出版物不同材料特点以及价格情况,妥善选择仓库的存放位置。

3) 妥善进行堆码苫垫

地面潮湿、阳光及雨雪对出版物的质量影响都很大,因此要切实做好货垛下垫隔潮工作和货垛的遮苫工作。货垛的垛形与高度,应根据各种商品的性能和包装材料,结合季节气候等情况妥善堆码。库内商品堆码应留出适当的距离,俗称"五距"。

【技能提示】

仓库堆码时的"五距"

顶距:平顶楼库存顶距为 50 厘米以上,人字形屋顶不超过横梁为准。

灯距:照明灯要安装防爆灯,灯头与商品的平行距离不少于 50 厘米。

柱距:一般留 10～20 厘米。

墙距:外墙 50 厘米,内墙 30 厘米。

垛距:通常留 10 厘米(对易燃物品还应留出适当防火距离)。

4)控制好仓库的温度和湿度

适当采取密封、通风、吸潮和其他控制与调节温度与湿度的办法。具体做法可以把出版物用纸张、纸箱或塑料薄膜按标准包装规格密封起来,以隔绝外界湿空气的影响;也可以采取通风措施,使库内外空气对流,利用自然风降湿、减潮;还可以用吸湿剂或除湿机去湿。

【技能提示】

常用吸湿剂及性能

①生石灰,即氧化钙。吸湿性较强,速度较快。使用时捣成小块,放在小木箱中,不要装满,以免膨化后溢出。

②氯化钙。一种白色多孔的颗粒固体,吸湿效果显著,有无水(含 3%)和有水(含水 23%)两种。氯化钙吸湿到饱和状态后融化为液体,吸湿后的溶液加热蒸发水分后仍可用。

③硅胶,又叫矽酸。一种白色多孔的颗粒固体,性能与氯化钙基本相同,但颗粒小一些,也可反复使用。

表 4.4　各种吸湿剂的吸湿性能

吸湿剂	投放量/(千克·立方米$^{-1}$)	吸湿率/%	
		47 小时	70 小时
生石灰	0.2～0.25	13	25
无水氯化钙	1.2	49	54
有水氯化钙	0.8	14	40
硅胶	0.4～0.7	87	93

5）认真进行商品在库检查

观察外观、堆垛状态是否变形。搞好仓库卫生,防止虫鼠。

【技能提示】

鼠虫的防治

①清洁卫生防治法。库内保持清洁,孔洞缝隙密封,库外不留杂草、污水、垃圾,适时喷洒防虫药剂。

②物理机械防治法。以自然或人为的高、低温作用于害虫,温度必须超过害虫生命极限;对鼠的防治可采用捕鼠机械。

③化学药剂防治法。利用化学药剂预防和杀灭仓库害虫。目前经常用于仓库防治虫害的药剂主要有:敌百虫、磷化铝、磷化锌、溴甲烷等。

6）严格执行操作规程,防止各种人为的损失

4.3.4　出版物盘点

出版物盘点是在一定时期内对库存出版物实物与账卡之间在数量上的核对。

1）出版物盘点方式

盘点方式通常有两种:一是定期盘点;另一种是临时盘点。

定期盘点一般是指每季、半年或年终财务结算前,由货主派人会同仓库保管员、会计人员一起进行全面的盘点对账。

临时盘点一般是当仓库发生出版物缺失事故,或保管员更换,或仓库与货主认为有必要进行盘点时,可根据具体情况,组织一次局部性或全面的盘点。

2）盘点前的准备

为保证出版物盘存迅速、准确,必须做好以下几个方面的准备工作:①定期截止实物流与票证流,出版物盘存要有一个绝对的时间界限,即盘点出截至某一日期的实际库存数和账面应存数。②整卡结账,商品账除记全、准外,还要注意"在途出版物"账及"应付货款"账核对。③库存出版物归类、归堆:以使清点快而准。

3）内容

数量盘点、账实核对、账卡核对、账账核对。

在盘点对账中如发现问题，要做好记录，并应逐一进行分析，及时与货主联系，找出原因，协商对策，并纠正账目中的错误。

4）处理

对库存物品盘点中出现的盈亏，必须及时作出处理。

凡是盘盈、盘亏的数额不超出国家主管部门规定或合同约定的保管损耗标准的，可由仓储保管企业核销；对超出损耗标准的，则必须查明原因，作出分析，写出报告，承担责任；根据处理结果，应及时调整账、卡数额，使账、实物、卡数额保持一致。

〖技能提示〗

图书的分年核价

结合全年终盘点，往往有一项重要的工作同时进行，即图书分年核价。出版企业在经营活动中，难免形成一定的滞销书，通过核价可以准确地进行存货计值。所谓分年核价是按出版物出版（印刷）年度分年提取提成差价。纸质图书分三年提取，当年不提，前一年按图书总价提取 10% ~20%；前二年按图书总价提取 20% ~30%；前三年按图书总价提取 30% ~40%；提成差价累计提取不得超过实际成本。分年核价可促进滞销书的推销，又能提供各类存书结构的信息，分析存书构成，进行信息反馈，发现问题，研究制订措施，促进经营管理。

4.3.5　仓储经济指标

1）吞吐量

它反映仓储工作强度量，并影响和决定其他指标，取决于面积、设备、劳动力。

$$吞吐量 = 总入库量 + 总出库量$$

2）库存量

库存量通常指平均库存量，反映储存能力及利用情况。

$$月平均库存量 = （月初 + 月末)/2$$

$$年平均库存量 = 各月平均库存量之和 /12$$

3）库存物资周转率

库存物资周转率取决于平均库存量和出库量。

库存物流周转率 = 期内物资出库量／期内平均库存量

4）储运质量：收发质量

收发差错率 = 期内收发差错量／期内吞吐量 × 100%

收发正确率 = 1 - 收发差错率

5）仓容利用率

仓库面积利用率 =（仓库可利用面积／仓库建筑面积）× 100%

仓容利用率 =（库存商品实际数量或容积／仓库应存数量或容积）× 100%

6）储运成本

单位吞吐量平均平均作业成本 = 期内总成本／期内吞吐量

【实训环节】

一、实训项目

物流企业的仓储业务实训。

二、实训目的

增强学生对仓储入库、保管及出库作业的实际操作技能，加深对理论知识的理解，明确仓储管理的功能及重要性。

三、实训内容

学生分成4人一小组，到物流企业进行出版物收货、发货、退货处理、保管的顶岗实训。

四、实训组织

1. 前期准备

在下企业实训前，学生应先掌握以下必要理论知识：

①仓储入库、保管及出库作业流程；

②仓储企业的机械设备；

③主要仓储经济指标；

④出版物盘点工作流程。

2. 具体实训项目

①出入库及保管作业流程的处理;

②仓储企业仓库布局简图绘制;

③出版物盘点工作流程的处理。

3. 实训成果评定

要求学生完成实训报告,由企业带教老师评价其实训表现。

五、其他

由于该实训环节需时较长,建议放在集中实训教学(如暑期实训)环节完成。

【课后练习】

一、单项选择题

1)仓库在整个物流系统中扮演着极其重要的角色,仓库一个最基本的功能是( )。

A. 储存功能   B. 移动功能

C. 信息传递功能   D. 预测功能

2)关于出版物货位布置方式,下列说法错误的是( )。

A. 根据货物特性分区分类储存,将特性相近的货物集中存放

B. 将单位体积大、单位重量大的货物存放在货架底层,并且靠近出库区和通道

C. 将周转率高的货物存放在仓库靠里的位置

D. 将同一供应商或者同一客户的货物集中存放,以便于进行分拣配货作业

3)反映仓储工作强度量,并影响和决定其他指标的仓储经济指标是( )。

A. 周转率   B. 吞吐量

C. 仓容利用率   D. 收发质量

4)在图书的分年核价中,前两年的出版物一般提取图书总价的( )。

A. 不提   B. 10%   C. 20%~30%   D. 30%~40%

5)下列哪项不是控制仓库的温度和湿度采用的方法?( )

A. 通风   B. 密封   C. 吸潮   D. 机械法

6)出版物堆码时,灯距应不少于( )厘米。

A. 20   B. 50   C. 80   D. 30

二、判断题

1)出库必须由业务部门的出库通知或货主请求驱动,不论在任何情况下,仓库都不得擅自动用、变相运用或者外借库存。 ( )

2)出版物核单备货后,即可包装等待发运。 ( )

3)一般来讲,固定型管理季节性货物或物流量变化剧烈的货物。 ( )

4)将单位体积大、单位重量大的出版物存放在货架底层,并且远离出库区和通道。   （   ）

5)出版物盘点是在一定时期内对库存出版物实物与账卡之间在数量上的核对。   （   ）

三、名词解释

1)仓库

2)出版物盘点

3)分年核价

4)账卡管理

5)发货单

四、简述题

1)出版物收货的作业流程是什么?

2)出版物发货的作业流程是什么?

3)库存出版物的保护可采取哪些措施?

五、论述题

出版物盘点应该有哪些准备工作? 对于盘点的盈亏应如何处理?

第5章

出版物库存管理

教学目的和要求

1. 了解出版物库存管理的基本概念。

2. 了解出版物库存管理的基本内容及库存管理方法。

3. 掌握库存管理 ABC 法。

4. 掌握库存管理成本分析法。

5. 具备处理出版物库存管理基本问题的能力。

主要概念(原理)与技能

库存管理　出版物编码　ABC 分类法　库存成本费用
库存控制方法

教学重点和难点

重点:以出版物为实际案例阐述库存管理方法,包括出版物编码和
　　　ABC 分类法。

难点:培养学生运用库存成本分析法来控制出版物库存量。

【开篇案例】

高库存制约中国出版业发展

早在 2007 年,由中国社科院文化研究中心与上海交大国家文化产业创新与发展研究基地联合编撰的《2007 年:中国文化产业发展报告》蓝皮书就指出,高库存已成为制约中国图书出版业发展的重大问题。

2009 年,全国书号使用量突破 20 万,而销售码洋却没有明显增加,这说明图书品种增加了,但每种书的印数却下降了。与此同时,年库存码洋高达近 800 亿元,出版社的经营风险进一步加大。

虽然有业内人士质疑这组数字的准确性,但谁都无法否认中国出版业库存居高不下的事实。我国目前图书销售的增长主要靠增加品种、提高定价来拉动。图书总价格上涨,实物量没有相应增加。我国现有图书出版产业产品结构不合理,成为制约行业发展的重大问题。

资料来源:中国网《2009 年:中国文化产业发展报告》
http://www.china.com.cn/culture/zhuanti/09whcy/

5.1　库存管理概述

无论是制造业还是销售业,生产运营过程中的物资存储现象由来已久,但是,把存储问题作为一门专门的学科进行研究,还是进入 20 世纪以后的事情。1915年,美国学者哈里斯首次提出了"经济批量"问题,研究如何从经济的角度确定最佳的库存管理,成为现代库存理论的奠基石。随着运筹学、数理统计、系统工程等理论与方法的发展和应用,以及计算机面世后的广泛普及,库存管理逐渐成为一门比较成熟的学科。

5.1.1　库存的概念

当物资或产品沿供应链运动时,不同的供应链环节会储存一些物资、半成品和成品,从而形成库存(Inventory)。库存具有狭义与广义两种含义。狭义而言,库存仅仅指仓库中处在暂时停滞流动的物资或商品。而从一般意义上来说,库存是为了满足未来需要而暂时闲置的资源。因为许多未来的需求变化是无法及时预测或全部预测到的,所以,为了防止短缺的现象,一般企业都会设置一定量的库存。

资源的闲置就是库存,与这种资源所处的地点和位置没有关系,即,是否存放在仓库中、是否处于运动状态都不对库存的属性造成影响。比如,汽车运输的货物处于运动状态,但这些货物是为了未来需要而暂时闲置的,是一种在途库存。再比如,堆放在书店店堂和书架上尚未出售的书籍,也是一种库存。在出版行业中,凡是处在这些储存状态中的出版物,都可以称作出版物库存。

5.1.2 库存的作用

库存的必要性主要体现在以下几个方面:第一,顾客的需求变化无法准确预测,企业需要有一定量的库存来应付各种突变或突发顾客的需求。比如对于一个书店,它无法准确预测下一位光临的读者所要购买的图书种类、名称和数量,所以它必须保证相当的库存来满足顾客可能的需要。第二,顾客要求的供货期与制造周期不一致,企业需要有一定量的库存来及时满足顾客的需求。对于图书销售商而言,在进货与销售期间存在着时间差,就需要一定量的库存来填补两者间的差异。第三,供应商的供货成本和能力及供货的数量和质量是不确定的,而库存有助于降低这些因素带来的风险。第四,物流服务的经营规模鼓励库存。比如对于图书而言,成批印刷装订和整车运输的图书能够降低出版及运输成本。

5.1.3 库存的分类

库存可以按照不同的标准进行多种分类,以下简要介绍一些分类。

1)按照性质和功能分类

可以分为储备库存、周转库存和中转库存。

储备库存是为了防备意外事故而储备的库存,平时不动用。这种库存的目的是为了应对灾害或其他意外,需要保证一定的数量和质量并且长期储存,因此不存在库存控制问题。

周转库存是为了生产或流通的进行、在生产和流通的各个环节上暂存待用的临时性储备,它们不断地投入生产和销售,又不断地补充进来,提供生产供应,保障生产需要。

中转库存是指正在转移或者已经装载在运输工具上尚未转移的货物。中转库存为实现补给订货提供了保证,在生产经营过程中一般以小批量、高频率运输传递。

2）**按照经营过程分类**

可分为经常库存、安全库存、生产加工库存、季节性库存、积压库存和投资库存。

经常库存是企业为满足日常经营需要而建立的库存，也是库存管理的重点项目。

安全库存，又称缓冲库存，是为了减少不确定因素对正常经营的影响而准备的库存。比如某畅销图书因为出版社开展了作者签售活动，突然销量激增，发货量增加，就需要图书发行企业提前准备安全库存才不会影响销售。零售行业中的安全库存占总库存量的近三分之一，图书销售行业也是如此。

生产加工库存是为生产需要而暂时储存的零部件、半成品或成品。

季节性库存是企业为满足特定"季节"中出现的特定需要而建立的库存。比如每年开学时教辅类出版物销售量大幅增加，就需要提前准备季节性库存来满足当季的需要。

积压库存是指因为产品损毁而丧失价值的无效库存，以及没有市场销路的滞销产品。图书或其他出版物因为不满足市场需求，不符合读者的需要，就会成为出版企业的积压库存。

投资库存的出现不是为了满足企业目前的运营需求，而是出于其他原因，如物价上涨、原材料短缺等准备的库存。

库存还有其他分类办法，在此不一一赘述。企业库存具有二重性——库存既是企业正常生产运营的必备条件，又是企业经营的一项负担，占用了大量资金成本，提高了成本和经营风险。所以库存不能缺少，但也不是越多越好，需要进行科学地管理。

5.1.4 库存管理的宗旨

出版企业库存管理的核心，就是在保证正常经营活动顺利进行的基础上，使资金占用额达到最小，降低库存成本，减低企业风险。库存管理的核心是库存控制，要防止缺货和超储，以最合理的成本为客户提供服务。库存管理的宗旨，就是要实现库存成本最低、库存保证程度最高、限定资金占用、保证方便快捷。

5.2 出版物库存管理方法

库存管理是企业物流管理的重要环节,库存管理方法对企业物流成本有决定性的影响。合理的库存能节省订货费用,防止生产中断,改善企业服务质量,降低企业运营成本;过高的库存会占用企业流动资金,导致库存管理成本和人工成本上升,同时过高的库存会掩盖企业生产经营中存在的某些问题,而有些库存积压物品将产生贬值或报废现象。

出版物库存管理方法与普通企业库存管理办法略有不同,以下着重介绍两种出版物在库数量和品种管理办法。

5.2.1 出版物编码

出版物库存管理,首先是对出版物的品种数量的管理,需要建立出版物类别品种的体系结构,将库存出版物分成若干个大类和小类,并通过归类,确定各大小类中产品的规格、价值、特点。其次,做好调查登记及出版物编码工作,为精确计量库存品种和数量奠定基础。第三,明确保管要求,以达到规范科学的出版物库存服务标准。

出版物编码是在对出版物的品种类别进行整理的基础上,形成类别品种体系,并进系统化的编码标识工作。编码由英文字母与数字组合而成。

1)条形码

条形码是将宽度不等的多个黑条和空白,按照一定的编码规则排列,以表达一组信息的图形标识符。常见的条形码是由反射率相差很大的黑条(简称条)和白条(简称空)排列的平行线图案。条形码可标出物品的生产国、制造商、商品名称、生产日期、图书分类号、类别等信息,因而在商品流通、图书管理等许多领域广泛应用。

要将按一定规则编译出来的条形码转换成有意义的信息,需要经历扫描和译码两个过程。物体的颜色是由其反射光的类型所决定,白色物体能反射各种波长的可见光,黑色物体则吸收各种波长的可见光。条形码扫描器光源发出的光通过条形码反射到光电转换器;转换器转换成相应的电信号后进行放大;放大后的信号送到整形电路使模拟信号转换成数字信号。由于白条、黑条的宽度不同,相应的电信号持续时间长短也不同。译码器就可通过测量脉冲数字信号 0,1 来判别条和空的数目及宽度,并转换成相应的数字、字符信息,最后由计算机系统进行数据处理与管理,物品的详细信息便被识别了。

无论是采取何种规则印制的条形码,都由静区、起始字符、数据字符与终止字符组成。有些条码在数据字符与终止字符之间还有校验字符。

静区,也叫空白区。顾名思义,是不携带任何信息的区域,在扫描中起提示作用。

起始字符是条形码的第一位字符,具有特殊结构,当扫描器读取到该字符时,便开始正式读取代码。

数据字符是条形码的主要内容。通过扫描数据字符就可以得到产品的各种信息。

校验字符用来检验读取到的数据是否正确。不同编码规则可能会有不同的校验规则。

终止字符是条形码的最后一位字符,同样具有特殊结构,用于告知代码扫描完毕,同时还起到进行校验计算的作用。

通过条形码可以判断库存出版物的品种、数量,甚至出版物本身携带的信息,如出版社、图书分类号等,都可以通过条形码的读取识别出来。同时,结合仓储管理标示可以清楚地了解出版物存储的区域和位置,方便出版物的流通和销售,更可以及时判断是否需要增加或减少进货量。因此,条形码对于出版物的库存管理而言不可或缺。

图 5.1　条形码示例

2) ISBN 码

国际标准书号(International Standard Book Number, ISBN)是国际通用的图书或独立出版物(除了定期出版的期刊)代码。出版社可以通过 ISBN 清晰地辨识所有非期刊类书籍。一个 ISBN 只有一个或一份相应的出版物与之对应。

国际标准书号简称"ISBN-13",由 13 位数字组成,以 4 个连接号或 4 个空格加以分割。每组数字有固定含义。

第一组为前缀码,号码为 978 或 979,前缀码 979 将作为 ISBN-13 备用的新系列号码,在 978 系列号码用尽后开始启用。

第二个号码段是地区号,又叫组号(Group Identifier),最短的是一位数字,最长的达五位数字,大体上兼顾了文种、国别和地区。ISBN 系统把全世界自愿申请参加国际标准书号体系的国家和地区,划分成若干地区,各有固定的编码。其中 0、1 代表英语,使用这两个代码的国家有澳大利亚、加拿大、爱尔兰、新西兰、波多黎各、南非、英国、美国、津巴布韦等;2 代表法语,法国、卢森堡以及比利时、加拿大和瑞士的法语区使用该代码;3 代表德语,德国、奥地利和瑞士德语区使用该代码;4 是日本出版物的代码;5 是俄罗斯出版物的代码。我国出版物使用的代码为 7。国家领域段最长可能为 5 位数字,如不丹为 99936,但相对剩下能使用分配的位数就大大减少了。

第三段号码是出版社代码(Publisher Identifier),由其隶属国家或地区 ISBN 中心分配,允许取值范围为 2~5 位数字。出版社规模越大,各类出版物数量越多,其号码就越短。

第四个号码段是书序号(Title Identifier),由出版社自己给出,且每个出版社的书序号是定长的。最短的一位,最长的六位。出版社规模越大,各类出版物数量越多,序号越长。

最后一段为校验码,只有一位,只能为数字 0 至 9 之一。

我国使用的条形码为 EAN-13 条形码。EAN 代表 European Article Number,是隶属于欧共体的"欧洲物品编码协会"。该协会于 1997 年更名为"国际物品编码协会"。使用 EAN 条形码的成员国除欧洲外,亚洲多国也使用此码,我国于 1991 年 7 月参加该协会。

在使用 ISBN-13 时,EAN-13 条码与 ISBN-13 数字码需同时排列,且ISBN-13数字码应排在 EAN-13 物品条码上方,它包括国际标准书号的标识符"ISBN"、数字号码以及数字号码各标识组间的连字符"-"。而与物品条码编码相同的 13 位数字则应连续排列(无连字符和空格)在物品条码下方,其前也无须添加国际标准书号的标识符"ISBN"。

ISBN 978-7-5624-5555-4

9 787562 455554 >

图 5.2　ISBN 示例

【技能提示】

ISBN 的校验码是通过计算获得的,计算办法介绍如下:

首先,用 1 分别乘书号的前 12 位中的奇数位,用 3 乘以偶数位(位数从左到右为 13 位到 2 位);其次,将各乘积相加,求出总和;然后将总和除以 10,得出余数;最后用 10 减去余数后,即得到校验位。如过相减后的数值为 10,则校验位为 0。

例:根据 ISBN 的前 12 位计算此 ISBN 的校验位。

	前缀号	国别语种识别代号	出版社识别代号	书名代号	校验位
ISBN	978	7	5624	5555	?

1. 计算加权和 $= (9\times1)+(7\times3)+(8\times1)+(7\times3)+(5\times1)+(6\times3)+(2\times1)+(4\times3)+(5\times1)+(5\times3)+(5\times1)+(5\times3)=136$

2. 计算加权和除以 10 的余数 $136\bmod10=6$

3. 校验位 $=10-6=4$

有效的 ISBN 是 ISBN 978-7-5624-5555-4

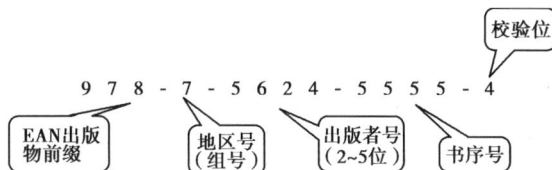

9 7 8 - 7 - 5 6 2 4 - 5 5 5 - 4

校验位

EAN出版物前缀　地区号(组号)　出版者号(2~5位)　书序号

5.2.2　ABC 分析法

经济学家帕累托在研究社会财富的分配问题时发现,80%的财富掌握在20%的人手中,即"关键的少数和次要的多数"规律。而后人们发现,这一规律普遍存在于社会各个领域中,称为帕累托现象。帕累托现象也存在于企业的经营管理当中,表现为企业多数的利润来源于少数品种产品的贡献。因此,如何对这些少数产品进行管理是企业保证利润的关键。

ABC 分析法又称帕累托分析法,是根据事物在技术或经济方面的主要特征,进行分类排序区分重点和一般,从而有区别地确定管理方式的一种分析方法。ABC分析的应用,在储存管理中比较容易地取得以下成效:第一,压缩了总库存量;第二,解放了被占压的资金;第三,使库存结构合理化;第四,节约了管理力量。因此在企业管理中广为应用。

1)ABC 分析法的原理

一般来说,企业的存货品种较多,出版发行企业更是如此,需求量和单价各不相同,年占用金额也不同。有些存货在整个库存存货中的品种和数量都占了很大比例,但价值在全部存货中所占的比重反而小,而有些存货则恰恰相反。如果采用平均控制的办法,既不经济也不够科学。所以,对于占用企业资金金额大的库存品,应该特别重视,严谨管理;而占用资金不大的存货,进行一般控制即可。ABC 分析法就是在此基础上产生的,通过分析,将"关键的少数"找出来,并确定与之适应的管理方法。

ABC 分析法根据库存产品占用企业资金金额的大小,把产品划分为 A,B,C 3 类,分别实行重点控制、一般控制和简单控制。其中,A 类存货占用金额达到总库存金额的 60% ~80% ,而品种数只占总库存品种数的 5% ~15% ;B 类存货占用金额达到总库存金额的 20% ~30% ,品种数占总库存品种数的 20% ~30% ;C 类存货占用金额达到总库存金额的 5% ～15% ,品种数则占总库存品种数的 60% ~80% 。针对这 3 种不同的存货分类,在库存管理中应采用不同的管理方法。

A 类存货虽然库存量少,但占用资金额大,应该作为库存管理的重点严格管理。对这类存货应保证库存记录完整、存盘制度完善,存货的收、发、结存情况都能即时反映,严格控制库存水平。

B 类存货属于一般品种,管理介于 A 类与 C 类之间,不必像 A 类那样严格,以避免耗费过多物力财力及人力,通常可以将若干 B 类货品合并订购。

C 类存货虽然品目数多,但占用资金额少,管理办法简单。无需专门计算存货量,可以视具体情况规定存货量的上下限,实行简单控制。

表 5.1　ABC 分析法控制库存

项目、类别	A 类	B 类	C 类
控制程度	重点控制	一般控制	简单控制
进出记录	详细记录	一般记录	简单记录
存货检查频度	密集	一般	低
安全库存量	低	较大	大量

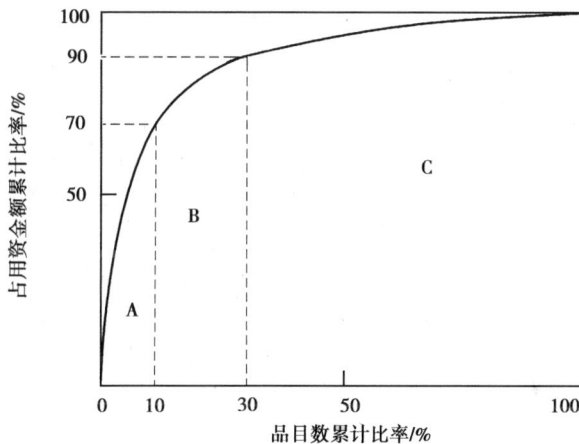

图 5.3　ABC 分析法

2）ABC 分析法的一般步骤

在进行 ABC 分析划分存货之前，首先要进行统计分析，选定合适的统计期来进行 ABC 分析。统计期的时间应当比较靠近当前，同时企业的运营处在正常情况（销售正常）。

ABC 分析的一般步骤如下：

①收集数据。按分析对象和分析内容，收集有关数据。

对库存物品的平均资金占用额进行分析，以了解哪些物品占用资金多，以便实行重点管理。应收集的数据为：每种库存物资的平均库存量、每种物资的单价等。

②处理数据。对收集来的数据资料进行整理，按要求计算和汇总。以平均库存乘以单价，计算出各种物品的平均资金占用额。按照大小顺序进行排列。

③计算各种存货占用资金金额与全部库存金额的比例，并进行累计。

④制订 ABC 分析表。

ABC 分析表栏目构成如下:第一栏物品名称;第二栏品目数累计,即每一种物品皆为一个品目数,品目数累计实际就是序号;第三栏品目数累计百分数,即累计品目数对总品目数的百分比;第四栏物品单价;第五栏平均库存;第六栏是第四栏单价乘以第五栏平均库存,为各种物品平均资金占用额;第七栏为平均资金占用额累计;第八栏平均资金占用额累计百分数;第九栏为分类结果。

制表按以下步骤进行:将第 2 步已求算出的平均资金占用额,以大排队方式,由高至低填入表中第六栏。以此栏为准,将相当物品名称填入第一栏、物品单价填入第四栏、平均库存填入第五栏、在第二栏中按 1,2,3,4…编号,则为品目累计。此后,计算品目数累计百分数,填入第三栏;计算平均资金占用额累计,填入第七栏;计算平均资金占用额累计百分数,填入第八栏。

⑤根据 ABC 分析表确定分类。按 ABC 分析表,观察第三栏累计品目百分数和第八栏平均资金占用额累计百分数,将累计品目百分数为 5% ~ 15% 而平均资金占用额累计百分数为 60% ~ 80% 的前几个物品,确定为 A 类;将累计品目百分数为 20% ~ 30%,而平均资金占用额累计百分数也为 20% ~ 30% 的物品,确定为 B 类;其余为 C 类,C 类情况正和 A 类相反,其累计品目百分数为 60% ~ 80%,而平均资金占用额累计百分数仅为 5% ~ 15%。如表5.2 所示:

表5.2　ABC 分析表

物品名称	品目数累计	品目数累计百分数	物品单价	平均库存	物品单价乘以平均库存	平均资金占用额累计	平均资金占用额累计百分数	分类结果
(1)	(2)	(3)	(4)	(5)	(6)	(7)	(8)	(9)

⑥绘 ABC 分析图。以累计品目百分数为横坐标,以累计资金占用额百分数为纵坐标,按 ABC 分析表第三栏和第八栏所提供的数据,在坐标图上取点,并联结各点曲线,绘成 ABC 曲线。

按 ABC 分析曲线对应的数据,按 ABC 分析表确定 A,B,C 3 个类别的方法,在图上标明 A,B,C 3 类,制成 ABC 分析图。在管理时,如果认为 ABC 分析图直观性仍不强,也可绘成直方图。根据分析结果进行存货的分类管理。

ABC 分析法能够帮助企业实行更加准确的预测和更完善的生产运营控制,同时也降低了保险库存,节省了库存投资额。

ABC 分类法并不局限于分成 3 类,可以在此基础上增加类别。但最多不要超过 5 类。过多的种类反而会增加控制成本。

【技能提示】

ABC 分析法应用举例

假设某书店为了解图书占用资金情况进行重点管理,将其经营的图书的平均库存及平均单价等数据统计成下表,试用 ABC 分析方法找出应重点管理的类别。

表 5.3 书店库存统计表

类别名	品目数累计百分数/%	平均单价/元	平均库存/册	物品单价乘以平均库存/元	平均资金占用额百分数/%	分类结果
少儿	36	8	1 000			
计算机	4	40	1 500			
文艺	6	24	500			
外语	18	15	1 000			
经济	36	20	250			

解答:

根据题目中所给出的数据,得到图书占用资金百分比如下,并依据此表格对于各类图书做了 ABC 分析归类。

表 5.4 计算表

类别名	品目数累计百分数/%	平均单价/元	平均库存/册	物品单价乘以平均库存/元	平均资金占用额百分数/%	分类结果
少儿	36	8	1 000	8 000	8	C
计算机	4	40	1 500	60 000	60	A
文艺	6	24	500	12 000	12	B
外语	18	15	1 000	15 000	15	B
经济	36	20	250	5 000	5	C

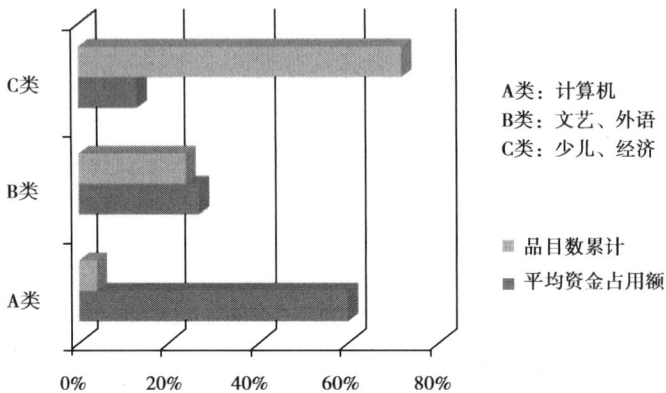

图 5.4　ABC 分析直方图

5.3　库存成本分析

　　库存理论中可以依据物品需求的重复程度,将库存分为单周期库存和多周期库存。

　　单周期需求也叫一次性订货,比如情人节人们购买玫瑰,而不是节日过后。这样的订货货品生命周期短,重复订货的情况也很鲜见。多周期需求是在长时间内需求反复发生,需要不断补充库存的情况。由于多周期库存的需求数量和需求时间在一定程度上存在相关性,可以通过一定的方法进行测算,从而预测出库存管理的各项成本费用。

　　库存成本一般包括订货费、保管费、缺货费、补货费、进货费和总费用。

5.3.1　订货费

　　订货费是指订货过程中发生的一切与订货相关的费用,包括差旅费、订货手续费、通信费、招待费和订货人员有关费用。订货费用的多少与订货量的大小无关,而与订货次数的多少有关。订货次数越多,则总订货费用越高。

　　假设单次订货费为 c_0 且每次订货费相等,假如在 T 期间内共订货 n 次,每次订货量为 Q_0, T 期间内总需求量,即 T 期间内总订货量,为 D,则 T 期间内总订货费为：

$$C_0 = nc_0 = \frac{D}{Q_0} \times c_0$$

如果平均单位时间需求量为 R，则 T 期间内的平均订货费为：

$$\overline{C}_0 = \frac{C_0}{T} = \frac{D}{Q_0 T} \times c_0 = \frac{R}{Q_0} \times c_0$$

所以如果 T 期间的总需求量 D 确定不变，平均订货费的大小与订货批量成反比。

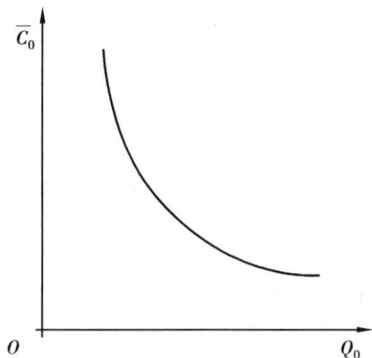

图 5.5　订货费与订货批量呈反比

5.3.2　保管费

保管费是指保管过程中所发生的一切费用，包括入库和出库时的装卸、搬运、堆码、检验费用，保管用具、用料费用，仓库房租、水电费，保管人员有关费用，保管过程中的损失，保管物资资金的银行利息。保管费用与保管数量的多少及保管时间的长短有关。需要保管的存货数量越大，时间越长，承担的保管费用就越高。

假设单位存货单位时间的保管费为 c_1，平均库存量为 $\overline{Q}$，则 T 期间内平均保管费用 $\overline{C}_1$ 为：

$$\overline{C}_1 = \overline{Q} \times c_1$$

如果每次订货时所订的货物立刻全部到达，那么库存量会突然增加一个订货批量。如果订货量太高会导致库存量迅速增加，从而也导致平均保管费用的增加，所以要注意选择合适的订货批量。

5.3.3　缺货费

缺货是客户来购买时因仓库没有现货供应而丧失销售机会的现象。缺货对不同对象造成的缺货损失不同。对于销售方而言，丧失了销售机会，减少了赢利；对于购买方而言则增加了进货的成本。

缺货费用可能与缺货量、缺货次数以及缺货时间有关。当缺货费用只与缺货次数有关时,单位时间平均缺货费用$\overline{C_2}$为:

$$\overline{C_2} = \frac{\overline{R}}{Q_0} \times c_2$$

其中,Q_0为订货批量,$\overline{R}$为需求速率,c_2是单次的缺货费。

当缺货费用既与缺货量有关,又与缺货时间有关时,单位时间的平均缺货费用$\overline{C_2}$为:

$$\overline{C_2} = \overline{Q_2} \times c_2$$

其中,$\overline{Q_2}$为期间内平均缺货量。

5.3.4　补货费

补货是客户来购买时仓库没有现货供应,但希望客户订货,进行欠账经营,进货后立刻补货给客户。在补货销售的情况下,库存量可以下降为负值,进货后再上升为正值。

补货费可能与补货量、补货次数及补货时间有关。当补货费与补货量和补货时间有关时,单位时间的平均补货费用$\overline{C_4}$为:

$$\overline{C_4} = \overline{Q_4} \times c_4$$

当补货费用只与补货次数有关时,单位时间的平均补货费用$\overline{C_4}$为:

$$\overline{C_4} = \frac{\overline{R}}{Q_0} \times C_4$$

其中,C_4是单次的补货费用,Q_0为订货批量,$\overline{R}$为需求速率。

5.3.5　进货费

进货费指进货途中的全部费用,包括运费、包装费、装卸费、租赁费、延时费、货损、货差等。

进货费与订货批量无关,所以被称为固定费用。而订货、保管费、缺货费、补货费都是可变费用,随着订货批量的变化而变化。

5.3.6　总费用

各项费用的总和就是总费用。需要注意的是,加总费用时,缺货和补货的情况是互相排斥的。如果发生了缺货,就不会产生补货费用,反之亦然。

【技能提示】

在对各项库存费用记录并核算的基础上,可以计算出库存成本,进而进行科学的成本分析及管理。库存成本管理是一个系统工程,各种费用的大小应当采取一定的比例,才能使得总费用最低。比如,订货批次增多则订货费用会升高,但减少订货批次而增大每次批量值则会增加保管费用。所以两者间必须互相协调,采用适当比例,才能使订货费与保管费均衡,降低总费用。出版行业企业尤其如此。如果加大了单位批次的订货量,会导致库存的出版物数量大大增加,既增加了保管负担的费用,又占用了大量资金,还可能造成存货滞销,加大企业经营的风险;但减低订货批量会增加订货费用,同时造成缺货的风险,比如顾客买不到需要的书转而投向其他的销售终端或销售渠道。所以,需要通过库存成本分析控制库存费用,才能较为准确地预测并管理库存。

5.4　出版物库存控制

库存控制是一个庞大的系统,可以分为多种模型进行计算。但大体上可以把库存控制系统归为两个:定量订货系统和定期订货系统。

定量订货法与定期订货法的共同点,就是根据用户需求量的大小制定订货进货政策,以此来控制订货进货的过程。既满足用户的需求,又控制库存水平,使得库存总费用最小化。因此这些库存控制方法,实际是企业的订货策略,主要用来解决订货的3个关键问题:

第一,什么时候订货? 即订货点。

第二,订多少? 即订货批量。

第三,怎么订? 即订货方法。

5.4.1　定量订货法

定量订货法是指当库存量下降到预定的最低库存量(订货点)时,按规定数量(一般以经济批量 EOQ 为标准)进行订货补充的一种库存控制方法。在整个系统运行过程中,订货点和订货批量都是固定的。订货点和订货批量的确定取决于库存成本和需求特性。

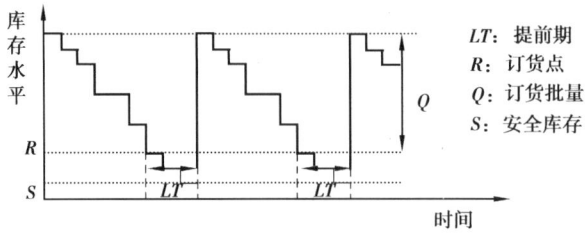

图5.6　定量订货法

定量订货法的基本原理:定量订货法是依靠控制订货点 R 和订货批量 Q 两个参数来控制进货的。因而必须预先确定订货点和订货批量。当库存量下降到订货点 R 时,就按照预先确定的订购量 Q 发出订货单,经过交纳周期(订货至到货间隔时间)LT,库存量继续下降,到达安全库存量 S 时,收到订货 Q,库存水平上升。

该方法通过控制订货点和订货批量来控制订货,满足库存需求的同时,又能使总费用最低。在需要为固定、均匀和订货交纳周期不变的条件下,订货点 R 这样确定:

$$R = \frac{D}{365} \times LT + S$$

其中,D 是每年的需要量。

订货量的确定依据条件不同,可以有多种确定的方法。

1)基本经济订货批量(Economic Order Quantity,EOQ)

基本经济订货批量是简单、理想状态的一种。通常订货点的确定主要取决于需要量和订货交纳周期这两个因素。在需要是固定均匀、订货交纳周期不变的情况下,不需要设安全库存,这时订货点:

$$R = \frac{D}{365} \times LT$$

但在实际工作中,常常会遇到各种波动的情况,如需要量发生变化,交纳周期因某种原因而延长等,这时必须要设置安全库存 S,这时订货点则应用下式确定:

$$R = \frac{D}{365} \times LT + S$$

订货批量 Q 依据经济批量(EOQ)的方法来确定,即总库存成本最小时的每次订货数量。通常,年总库存成本的计算公式为:

年总库存成本 = 年购置成本 + 年订货成本 + 年保管成本 + 缺货成本

假设不允许缺货的条件下，年总库存成本＝年购置成本＋年订货成本＋年保管成本

$$TC = DP + \frac{DC}{Q} + \frac{QH}{2}$$

TC 是年总库存成本；D 是年需求总量；P 是单位商品的购置成本；C 是每次订货成本，单位为元/次；H 是单位商品年保管成本，单位为元/年；（$H = PF$，F 为年仓储保管费用率）；Q 是批量或订货量。

经济订货批量就是使库存总成本达到最低的订货数量，它是通过平衡订货成本和保管成本两方面得到。其计算公式为：

经济订货批量 $EOQ = \sqrt{\dfrac{2CD}{H}} = \sqrt{\dfrac{2CD}{PF}}$

此时的最低年总库存成本 $TC = DP + H(EOQ)$

年订货次数 $N = \dfrac{D}{EOQ} = \sqrt{\dfrac{DH}{2C}}$

平均订货间隔周期 $T = \dfrac{365}{N} = \dfrac{365EOQ}{D}$

【技能提示】

计算经济订购批量、最低总库存成本、年订货次数及平均订货间隔。

甲书店 A 图书年需求量为 30 000 册，单位图书的购买价格为 20 元，每次订货成本为 240 元，单位商品的年保管费为 10 元，求：该商品的经济订购批量，最低年总库存成本，每年的订货次数及平均订货间隔周期。

计算方法如下：

经济批量 $EOQ = \sqrt{\dfrac{2 \times 240 \times 30\ 000}{10}} = 1\ 200$（册）

每年总库存成本 $TC = (30\ 000 \times 20 + 10 \times 1\ 200) = 612\ 000$（元）

每年的订货次数 $N = \dfrac{30\ 000}{1\ 200} = 25$（次）

平均订货间隔周期 $T = \dfrac{365}{25} = 14.6$（天）

2）批量折扣购货的订货批量

供应商为了吸引顾客一次购买更多的商品，往往会采用批量折扣购货的方法，对于一次购买数量达到或超过某一数量标准时给予价格上的优惠。这个事先规定

的数量标准,称为折扣点。在批量折扣的条件下,由于折扣之前购买的价格与折扣之后购买的价格不同,因此,需要对原经济批量模型做必要的修正。

在多重折扣点的情况下,先依据确定条件下的经济批量模型,计算最佳订货批量(Q^*),而后分析并找出多重折扣点条件下的经济批量。如下所示:

多重折扣价格表						
折扣区间	0	1	$\cdots$	t	$\cdots$	n
折扣点	Q_0	Q_1	$\cdots$	Q_t	$\cdots$	Q_n
折扣价格	P_0	P_1	$\cdots$	P_t	$\cdots$	P_n

计算步骤如下:

①用确定型经济批量的方法,计算出最后折扣区间(第 n 个折扣点)的经济批量 Q_n^* 与第 n 个折扣点的 Q_n 比较,如果 $Q_n^* \geq Q_n$,则取最佳订购量 Q_n^*;如果 $Q_n^* < Q_n$,就转入下一步骤。

②计算第 t 个折扣区间的经济批量 Q_t^*。

若 $Q_t \leq Q_t^* < Q_{t+1}$ 时,则计算经济批量 Q_t^* 和折扣点 Q_{t+1} 对应的总库存成本 TC_t^* 和 TC_{t+1},并比较它们的大小,若 $TC_t^* \geq TC_{t+1}$,则令 $Q_t^* = Q_{t+1}$,否则就令 $Q_t^* = Q_t$。

如果 $Q_t^* < Q_t$,则令 $t = t + 1$ 再重复步骤②,直到 $t = 0$,其中:$Q_0 = 0$。

【技能提示】

出版物的营销中经常会出现折扣销售的情况。试在折扣条件下计算经济订购批量。

A 图书供应商为了促销,采取以下折扣策略:一次购买 1 000 册以上打 9 折;一次购买 1 500 册以上打 8 折。若单位商品的仓储保管成本为单价的一半,求在这样的批量折扣条件下,甲书店的最佳经济订货批量应为多少?(根据上例的资料:$D = 30\,000$ 册,$P = 20$ 元,$C = 240$ 元,$H = 10$ 元,$F = H/P = 10/20 = 0.5$)。

多重折扣价格表			
折扣区间	0	1	2
折扣点(个)	0	1 000	1 500
折扣价格(元/个)	20	18	16

根据折扣条件：

①计算折扣区间 2 的经济批量：

经济批量 $Q_2^* = \sqrt{\dfrac{2CD}{PF}} = \sqrt{\dfrac{2 \times 240 \times 30\,000}{16 \times 0.5}} = 1\,342(\text{册})$

因为 $1\,342 < 1\,500$

②计算折扣区间 1 的经济批量：

经济批量 $Q_1^* = \sqrt{\dfrac{2CD}{PF}} = \sqrt{\dfrac{2 \times 240 \times 30\,000}{18 \times 0.5}} = 1\,265(\text{册})$

因为 $1\,000 < 1\,265 < 1\,500$

所以还需计算 TC_1^* 和 TC_2 对应的年总库存成本：

$TC_1^* = DP + HQ_1^* = 30\,000 \times 18 + 20 \times 0.5 \times 1\,265 = 551\,385(\text{元})$

$TC_2 = DP_2 + \dfrac{DC}{Q_2} + \dfrac{Q_2 PF}{2}$

$\qquad = 30\,000 \times 16 + 30\,000 \times \dfrac{240}{1\,500} + 1\,500 \times 16 \times \dfrac{0.5}{2} = 496\,800(\text{元})$

由于 $TC_2 < TC_1^*$，所以在批量折扣的条件下，最佳订购批量 Q^* 为 1 500 册。

定量订货法需要在订货前详细检查和盘点库存，所以能够及时准确地了解和掌握库存动态。由于每次订货批量固定，操作运用也比较简便。但由于需要经常对库存进行盘点，工作量大，增加了库存保管成本和持有成本。同时，定量法时针对每个品目单独进行订货作用，增大了订货成本。

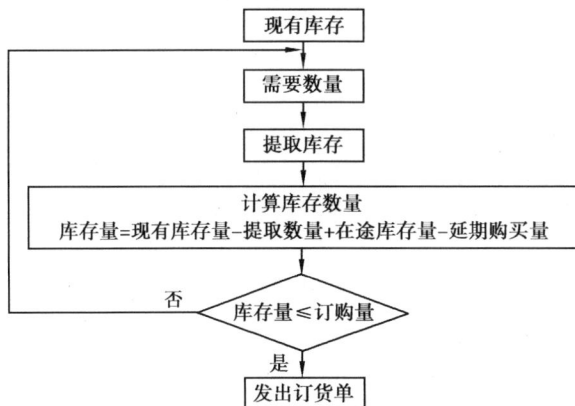

图 5.7　定量订货法流程

5.4.2　定期订货法

定期订货法是按预先确定的订货时间间隔按期进行订货,以补充库存的一种库存控制方法。企业根据过去经验或经营目标预先确定一个订货间隔期,每经过一个订货间隔期就进行订货,每次订货数量都不同。

定期订货法需要每隔一个固定时间周期检查库存项目的储备量。根据盘点结果与预定的目标库存水平的差额确定每次订购批量。假设需求为随机变化,那么每次盘点时的储备量都是不相等的,同时,为达到目标库存水平 Q_0 而需要补充的数量也是随机变化的。所以,在定期订货系统中,决策变量是检查时间周期 T 和目标库存水平 Q_0。

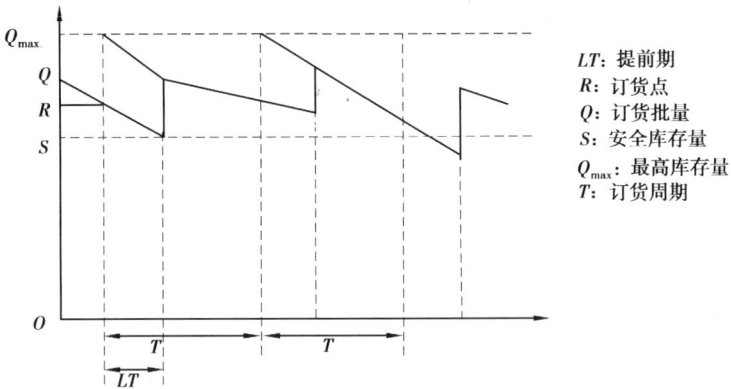

LT: 提前期
R: 订货点
Q: 订货批量
S: 安全库存量
Q_{max}: 最高库存量
T: 订货周期

图 5.8　定期订货法

1)订货周期的确定

订货周期的确定一般是根据企业实际运营中积累的经验,考虑制订生产或销售计划的周期时间,常以月或者季度作为库存检查周期,但也可以借用经济订货批量的计算公式确定使库存成本最有利的订货周期。

$$订货周期 = \frac{1}{订货次数} = \frac{Q}{D}$$

2)目标库存水平的确定

目标库存水平是满足订货期加上提前期的时间内的需求量。它包括两部分:一部分是订货周期加提前期内的平均需求量,另一部分是根据服务水平保证供货概率的保险储备量。

$$Q_0 = (T + L)r + ZS_2$$

其中，T 为订货周期；L 为订货提前期；r 为平均日需求量；Z 为服务水平保证的供货概率查正态分布表对应的 t 值。S 是订货期加提前期内的需求变动的标准差。若给出需求的日变动标准差 S_0，则：

$$S_2 = S_0 \times \sqrt{T + L}$$

依据目标库存水平可得到每次检查库存后提出的订购批量：

$$Q = Q_0 - Q_t$$

Q_t 指在第 t 期检查时的实有库存量。

【技能提示】

定期订货法的计算方法

某印刷材料的需求率服从正态分布，其日均需求量为 200 件，标准差为 25 件，订购的提前期为 5 天，要求的服务水平为 95%，每次订购成本为 450 元，年保管费率为 20%，货品单价为 1 元，企业全年工作 250 天，本次盘存量为 500 件，经济订货周期为 24 天。计算目标库存水平与本次订购批量。

①$(T+L)$ 期内的平均需求量 $= (24+5) \times 200 = 5\ 800$（件）

②$(T+L)$ 期内的需求变动标准差 $= 135$（件）

③目标库存水平：$Q_0 = 5\ 800 + 1.96 \times 135 = 6\ 065$（件）

④订购批量：$Q = 6\ 065 - 500 = 5\ 565$（件）

从计算结果可以看出，在同样的服务水平下，定期订货系统的保险储备量和订购批量都要比定量订货系统的保险储备量和订购批量大得多。这是由于在定期订货系统中需满足订货周期加提前期内需求量以及防止在上述期间发生缺货所需的保险储备量。这就是为什么一些关键物品、价格高的物品不用定期订货法，而用定量订货法的原因。

由于订货间隔期间确定，所以在定期订货系统下，多种货品可以同时进行采购，降低了订货费用。在定期订货系统下也无须进行大量的盘点工作，节省了费用。但如果需求突然增大，那么就需要调用较大的库存，这时定期订货法就显得捉襟见肘了。

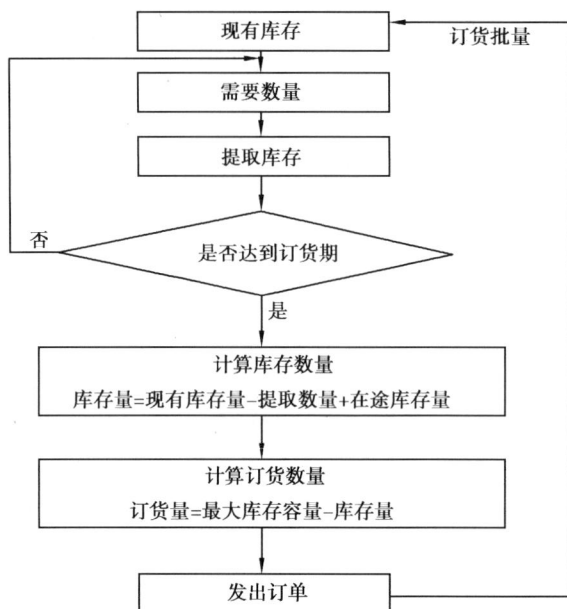

图 5.9　定期订货法流程

【实训环节】

一、实训项目

掌握 ABC 分析法。

二、实训目的

增强学生对出版物编码分类、库存控制管理的实际操作技能,加深对理论知识的理解,明确库存管理的功能及重要性。

三、实训内容

学生分成 4 至 5 人一小组,深入企业调查出版物的库存现状、管理办法和库存控制方法。结合理论掌握库存管理的实际应用。

四、实训组织

1. 前期准备

在下企业实训前,学生应先掌握以下必要理论知识:

①库存的概念和目的;

②库存管理办法;

③出版物编码原则;

④ABC 分析法;

⑤ABC 分析图的制作。

2. 具体实训项目

①参与出版物盘点工作流程,收集出版物的品名、数量、单价等信息;

②根据所收集的资料制作 ABC 分析表;

③根据 ABC 分析表的结果,将存货划分为 A,B,C 3 类进行管理。

3.实训成果评定

要求学生完成实训报告,由企业带教老师评价其实训效果。

【课后练习】

一、单项选择题

1)库存在企业中的作用之一是可以平衡(　　　)。

A.价格和订货周期的波动　　　　　B.订货量和订货点的波动

C.采购和运输的波动　　　　　　　D.供应与需求的波动

2)在定量订货法中,库存控制的关键因素是(　　　)。

A.订货点与订货批量　　　　　　　B.补货期间的库存水平

C.两次订货间的时间间隔　　　　　D.订货提前期和安全库存量

3)在 ABC 分类的库存策略中,A 类存货的库存控制策略是(　　　)。

A.严密控制,每月检查一次　　　　B.一般控制,每三个月检查一次

C.严密控制,实时记录,频繁检查　 D.自由处理

4)ABC 分析法包括的步骤如下,下面正确的步骤是(　　　)。

(1)将物品按占用资金金额从大到小进行排序

(2)计算各种存货占用资金金额占全部库存占用资金额的百分比,进行累计

(3)按照分类标准进行分类,确定 ABC 三类物品

A.(2)-(3)-(1)　　B.(3)-(1)-(2)　　C.(1)-(2)-(3)　　D.(1)-(3)-(2)

5)某企业年需求量是 14 400 件,该物资的单价为 0.40 元,存储费率为 25%,每次的订货成本为 20 元,那么经济订货批量是(　　　)件。

A.1 800　　　　　B.2 000　　　　　C.1 500　　　　　D.2 400

二、简答题

1)ABC 分类法的标准是什么?

2)什么是 ISBN? 新的 ISBN-13 可以分成几个部分? 每部分代表什么涵义?

3)定量订货法和定期订货法各有什么优点和缺点?

三、计算题

计算经济订购批量、最低总库存成本、年订货次数及平均订货间隔。

甲书店 A 图书年需求量为 45 000 册,单位图书的购买价格为 20 元,每次订货成本为 250 元,单位商品的年保管费为 10 元,求:该商品的经济订购批量,最低年总库存成本,每年的订货次数及平均订货间隔周期。

第6章

出版物运输

教学目的和要求

1. 了解出版物运输的相关基本概念。
2. 掌握出版物常用运输方式及其基本特点。
3. 掌握不合理运输的表现以及实现运输合理化的途径。
4. 掌握影响运输成本的因素,进行运输决策。
5. 掌握运输合同的主要内容及运输合同的履行。

主要概念(原理)与技能

运输　规模经济　合理运输　运输成本　运输合同

教学重点和难点

重点:掌握出版物常用运输方式、影响运输成本的因素以及运输合同
　　的主要内容。

难点:掌握结合各自运输方式的特点以及运输成本进行运输决策的
　　技能。

6.1　出版物运输基础知识

6.1.1　出版物运输的概念

出版物运输就是通过运输手段使出版物在物流结点之间流动。它是在不同地域范围间(如两个城市、出版社与书店、出版物批发机构与零售机构等两个物流结点之间),以改变出版物的空间位置为目的的活动,对出版物进行空间位移。

【技能提示】

运输与搬运、配送

相对于出版物搬运而言,运输是较大范围的活动,搬运是在同一地域内的活动。运输与配送中"送"的主要区别在于,配送更倾向于短距离、小批量的运输。

表6.1　运输与配送的区别

运　　输	配　　送
长距离大量货物的移动	短距离少量货物的移动
节点间的移动	企业送交客户
地区间货物的移动	地区内部货物的移动
一次向一地单独运送	一次向多处运送,每处只获得少量货物

6.1.2　出版物运输的功能

运输提供两大功能:出版物转移和出版物储存。

1）出版物资转移

实物形式的出版物,从生产方到消费者手中,运输是必不可少的,因此,运输是产品产生价值的重要环节。

出版企业的价值创造是通过一系列活动构成的,这些活动可分为基本活动和辅助活动两类。基本活动包括出版物编辑、复制、发行、后勤服务等,而辅助活动则包括原材料采购、技术开发、人力资源管理和企业基础设施等。这些互不相同但又相互关联的生产经营活动,构成了一个创造价值的动态过程,即价值链。价值链在经济活动中是无处不在的,上下游关联的企业与企业之间存在行业价值链,企业内部各业务单元的联系构成了企业的价值链,即使企业内部各业务单元之间也存在着价值链联结。价值链上的每一项价值活动都会对企业最终能够实现的价值造成影响。运输的主要功能就是使出版物在价值链中来回地移动。

2）出版物存储

出版物的运输过程,实际上就是临时存放的过程,可称为中途库存或中转库存。

一般情况下,出版物通过运输应尽快进入仓库存放,将运输车辆作为长时间的储存设施是不经济的。但若存放时间短,很快要进行再次转移或同一车货中要送不同目的地等情况时,则可综合考虑搬运、装卸、时间、损耗、库位是否满足要求等因素而将运输车辆作为临时储存设施;也可根据实际情况将其中一些货进行迂回运输,以达到临时存储的目的。

6.1.3 出版物运输的原理

指导运输运营管理与实务的基本原理有两个:规模经济和距离经济。

1）规模经济

【技能提示】

规模经济

规模经济又称"规模利益",指随生产能力的扩大,使单位成本下降的趋势,即长期费用曲线呈下降趋势。通常,规模经济分为两类:一是从设备、生产线、工艺过程等角度提出的,称为工厂规模经济。其形成的原因有:①采用先进工艺,设备大型化、专业化,实行大批量生产,可降低单位产品成本和设备投资;②实行大批量生产方式,有利于实现产品标准化、专业化和通用化(通常称产品的"三化"),提高产品质量,降低能耗和原材料消耗等各种物耗,促进技术进步,取得显著的经济效果。二是企业规模经济,指若干工厂通过水平和垂直联合组成的经营实体。不仅可带来单位产品成本、物耗降低,取得"全产品生产线"的效益,降低销售费用,节省大量管理人员和工程技术人员,还可使企业有更多的资金用于产品研制与开发,使其具有更强的竞争能力。在实际生产中,两种规模经济具有同等重要意义。

在运输业,规模经济是指随装运规模的增长,每单位重量的运输成本下降。因为转移一票货物有关的固定费用①可以按整票货物的重量分摊,一票货物越重,每单位重量的成本就越低。例如,整车装运(即利用整个车辆的能力进行装运)每吨成本低于零担装运(即利用部分车辆能力进行装运)。

2)距离经济

距离经济的特点是每单位距离的运输成本随距离的增加而减少。例如,800千米的一次装运成本要低于400千米的两次装运。运输距离也可以分摊固定成本,距离越长,平均每千米的总费用越低。

在评估各种运输战略方案或营运业务时,这些原理是重点考虑因素。其目的是要使装运的规模和距离最大化,同时还要满足顾客的服务期望。

6.1.4 运输管理业务流程

1)制订货运计划

根据出版物的供求状况以及出版物运输的客观规律,编制出版物的运输计划。

2)选择运输公司与运输方式

综合考虑运输时间、计划安排的一致性、运价、设备可利用性、货差和货损、互惠合作等因素确立合适的出版物运输方式,并选择运输公司。

3)安排运输服务工作

通报出版物订货单位的名称、接货地点、出版物品种数量、到站等信息,以便使车辆一到就可开始各项装货作业。

---

① 这里的固定费用包括接受运输订单的行政管理费、定位运输工具装卸的时间、开票以及设备费用等。

4）验货和确立运费

托运人在运输公司填写货单前会同承运人验货,这样可以避免或减少纠纷或少收运费情况的发生。

5）审验和付费

审验是检查运单的计费是否准确,这项工作在运输公司提出运单或付费后进行,运单一般要经发运部门核实后,再交给负责支付的部门付费。

6）延期或滞留

由于装卸超过规定的时间而使运输工具耽搁,运输公司向出版物托运方或收货方收取的费用是延期费。承运方一般要对延期和滞留进行监控、管理。

7）索赔

运输公司在出版物运输过程中,可能发生货差和货损。承运方要负责办理索赔,以补偿部分或全部损失。但托运方对出版物包装不当造成的货损,承运方无须负责。

6.2　出版物运输方式

大部分出版物运输要借助于交通运输部门的运力,不同运输方式的服务质量、技术性能、管理水平,会影响出版物托运方对运输方式的选择。目前,适用于出版物发运的主要有铁路运输、公路运输、水路运输和航空运输这4种基本方式。

6.2.1　铁路运输

铁路运输主要承担长距离、大数量的货运,在没有水运条件地区,几乎所有大批量货物都是依靠铁路,是在干线运输中起主力运输作用的运输方式。其优点在于:

①运量大,运价低廉且运距长。一列火车可运两三千吨,中长距离运货运费低

廉,其单位成本低于航空与公路运输,有的低于内河运输。

②自动控制性强,运输安全。铁路运输按照计划进行,运输稳定、安全。

③污染性较低。铁路运输废气排放少,噪声污染低且是间断性,对空气和地面的污染低于公路及航空运输。

④受气候限制小。

铁路运输也有其缺点,主要表现在:

①货损较高。

②缺乏弹性。公路可随货源或客源所在地变更营运路线,但铁路只能按照既定的路线运营。

③近距离运输费用较高。

其他如,资本密集,固定资产庞大,设备不易维修,战时容易破坏等。

【技能提示】

铁路托运方式

整车运输——根据被运输出版物的数量、体积,选择合适的车辆,以车厢为单位的运输方式。其运价低,速度快,待运时间长,适于大批量出版物的发运。

零担运输——这种运输方法多在因待运少而不够一个整车装载量时采用。由于出版物收货单位各包件零星,所以,在实践中这种方式较为普遍。

集装箱运输——采用集装箱专用列车运输物资。它可使每次发运量由一个整车作为一个发运单位降至一个集装箱,可缩短出版物集装待运时间,加速出版物流转。

铁路客运包裹——通常称为"铁路快件",铁路承运到同一到站(列车终点站除外)的直通包裹,每一发货单位只能托运一批,每批不能超过20件,每个包裹不能超过60千克,最小体积不能小于0.01立方米。包裹运输费用较高,可用于发运书展中紧急需要的出版物。

在数量上,零担运输一批货物的重量须不超过30吨,一件货物的体积最小不得小于0.02立方米,每批货物不得超过300件。使用集装箱运输的货物重量,每箱不得超过集装箱的最大装载量,即一吨箱810千克、五吨箱4 200千克。

在货物运送的单位上,整车运输以每车为一批,而零担或集装箱运输的货物,则以每张运单为一批。

在货物运费的核收上,整车货物与零担货物的运价都不同。集装箱运输时,一整车集装箱按货车标重及其适用的整车运价率计费;零担集装箱按货物重量(低于起码重量的按起码重量)及其适用的零担运价率计算。

6.2.2 公路运输

公路运输在所有的运输方式中是影响面最为广泛的一种运输方式,其优势在于:

①全运程速度快。公路运输可以实现"门对门"运输,可以减少转换运输工具所需要的等待时间,对限时运送的货物,或为适应市场临时急需货物,公路运输服务优于其他运输工具。

②运用灵活。随时调拨,不受时间限制,可到处停靠。

③受地形气候限制小。较飞机、船舶受影响小。

④原始投资少。

公路运输的缺点表现在:

①载运量小。普通可载运 3 ~ 5 吨,即使使用全拖车,也不过数十吨。无法与铁路或轮船的大容量相比。

②安全性差。其安全性受到路况、车的质量、驾驶员等诸多因素的影响。

③燃耗大,污染较严重。

公路运输适合于短距离、小批量的运输。

【技能提示】

公路托运方式

公路托运有自备车运输和外包汽车运输两种类型。

①自备车运输。受运输能力的限制,一般只用于短途和急需出版物的直送。

②外包运输。发送单位无自备车或自备车运力不足或使用自备车不经济时,使用营业性汽车运输。它运用整车、零担和客车捎带 3 种形式:

整车发运——凡托运一批重量或体积能装满重量为 1 吨以上汽车的,以整车发运。

零担发运——在托运的一批出版物不够整车运输条件的,以零担发运。

6.2.3 水路运输

水路运输的优点是:

①运输量大。海上运输一般是几千吨以上的轮船,大的可达几十万吨。长江等内河航运一般也可载三百至几千吨。

②能源消耗量低。它是多种运输方式中耗能最少的。

③单位运输成本低。水运的最大特点是利用天然的航道,投资少,见效快,运营成本低。因此,运价一般比铁路公路便宜。

其缺点是:

①受气候影响严重。

②受自然水域条件和商港限制大,可及性不高。

③速度慢。发、到港的停留和作业时间较长,上水阻力大。内河航运是多种运输方式中最慢的一种。

6.2.4 航空运输

航空运输的优点表现在:速度快;受地形限制小;机动性大;舒适安全;用途广;基本建设周期短、投资少。(若载客能力相同,修建铁路的投资是开辟航线的1.6倍。铁路建设周期是5~7年,而开辟航线只需2年。)

其缺点主要是装运量小,成本高,运价高。

因此,航空运输适于远距离运送急需、贵重、时间性很强的货物。

【技能提示】

表6.2 各种运输方式的比较

优缺点 \ 运输方式	铁路	公路	水运		航空
			内河	海运	
线路基建投资	5	4	3	1	2
运输工具基建投资	1	4	3	2	5
运输能力	3	4	2	1	5
最高速度	2	3	5	4	1
通用性	2	1	3	3	4
机动性	3	1	4	5	2
运输成本	3	4	2	1	5
固定资产效率	3	4	2	1	5
劳动生产率	3	4	2	1	5
安全性	2	5	3	4	1

注:表中数字从小到大表示从优到劣。

6.3　出版物运输管理

6.3.1　运输管理的特殊性

运输交易与一般的交易不同,一般的商品交易只涉及买方和卖方,而运输交易往往受到五方的影响。他们是托运人(起始地)、收货人(目的地)、承运人、政府和公众。

1) 托运人和收货人

托运人和收货人的共同目的就是要在规定的时间内以最低的成本将货物从起始地转移到目的地。运输服务中应包括具体的提货和交货的时间、预计转移的时间、零灭失损坏以及精确和适时地交换装运信息和签发单证。

2) 承运人

承运人作为中间环节,他期望以最低成本完成所要完成的运输任务,同时获得最大运输收入。因此,承运人希望按托运人或收货人愿意支付的最高费率收取运费,而使转移货物所需要的劳动、燃料和运输工具的成本保持最低,并且期望在提取和交付时间上有灵活性,以便能够使个别的装运整合成经济运输批量。

3) 政府

由于运输是一种经济行业,所以政府要维持交易中的高效率。形成稳定的运输环境,促使经济持续增长,使产品有效地转移到全国各市场中去,并以合理的成本获得产品。为此,许多政府比一般企业更多地干预了承运人的活动,这种干预往往采取规章管制、政策促进、拥有承运人等形式。

4) 公众

公众关注运输的可达性、费用和效果,以及环境上和安全上的标准。公众按合理价格产生对周围商品的需求并最终确定运输需求。尽管最大限度地降低成本对于消费者来说是重要的,但与环境和标准有关的交易代价也需加以考虑。尽管目前在降低污染和消费安全方面有了重大进展,但空气污染和石油溢出所产生的问题仍是影响运输的一个大问题。

6.3.2　运输方式的选择

1)影响运输方式选择的因素

运输方式的选择受到各种运输方式的运营特点及主要功能、出版物的特性以及收发货人的要求等因素的影响,需要权衡多种因素,这些因素主要包括:

(1)出版物品种

出版物的种类、形状应在包装中加以说明,选择适合出版物特性的运输方式。如在时间性要求不高的情况下,运用铁路运输图书是合理的选择,但由于铁路运输货损率较高,一些高价值的礼品书最好不要采用铁路发运。

(2)运输时间

运输时间通常指出版物从起点运输到终点所有耗费的平均时间。这个时间的长短从两方面影响运输费用:由于时效性可能带来出版物价值的损失;出版物在运输过程中由其价值表现的资本占用费用。

在考虑运输时间时,要注意运输时间的变化。相同的起止点每一次运输的出版物的在途时间可能不一样。一般说时间变化,仍然是飞机小、公路次之、铁路大。但从变化率和平均运输时间的比值来看,飞机最不可靠,而公路运输最可靠。

(3)运输成本

如果是使用外包运输,运输服务的总成本就是出版物在两点间运输的运费加上所有的附加费,如保险费,装卸费,终点的送货费等。如果是自用运输,运输服务成本就是分摊到该次运输中的相关成本,燃油成本、人工成本、维修成本、设备折旧和管理成本等。

【技能提示】

运输成本

影响运输成本的因素很多,它因货物种类、重量、容积和运输距离的不同而不同。运输成本的内容包括以下几个方面:

①变动成本——指在一段时间内,由于运输工具使用所发生的费用。开动工具要花费劳动力、燃料、维修保管费等。运输数量越多,运输路程越长,费用就越

高。这些随运输数量、里程而变动的费用就是变动成本。

②固定成本——指在短期内不随运输水平的变化而变化的成本。它主要包括基础设施建设(通道、机器设备)的成本以及管理费用的成本。这些成本的大小不受营运量大小的直接影响,因此叫做固定费用。

③联合成本——指决定提供某种特定的运输服务而产生的不可避免的费用。如:回空费用。

④公共成本——如过路费、过桥费等。

运输成本因出版物的种类、重量、运距不同而不同。不同的运输方式,运输成本相差很大。之前说的航空最贵、水运最便宜,是使用运费除以所运货物的总吨数得到的比值。在实际运营中,不能只考虑运输费用来决定运输方式,而要由全部总成本来决定。

【技能提示】

运输费用与物流总费用

虽然货物运输费用的高低是选择运输方式时要重点考虑的内容,但在考虑运输费用时,不能仅从运输费用本身出发,必须从物流总成本的角度联系物流的其他费用综合考虑。除了运输费用外,还有包装费用、保管费用、库存费、装卸费用以及保险费用等,而这些费用之间存在着"效益背反"关系。在选择最为适宜的运输方式的时候,应该保证总成本最低。当然,在具体选择运输方式的时候,往往要受到当时特定的运输环境的制约,因而必须根据运输货物的各种条件,通过综合判断来加以确定。

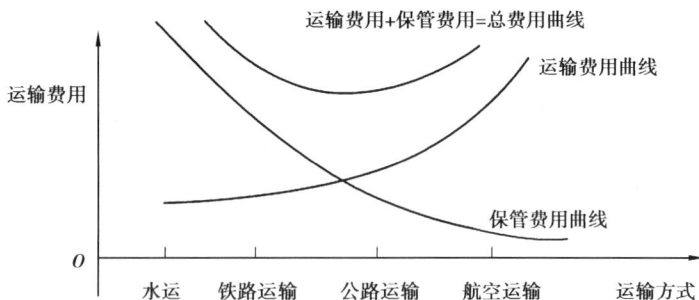

图6.1　运输方式与运输费用关系

(4)运输距离

在实践中,根据运输距离可以依照以下原则来决定运输方式:300千米以内,用汽车运输;300~500千米的区间用铁路运输;500千米以上尽量采用水运。

(5)运输批量

一般,15~20吨以下的出版物用汽车运输;15~20吨以上用铁路运输。

2)运输方式选择的定量分析法

运输方式选择的定量方法有很多,如综合评价法、成本分析法、竞争因素法等。这里主要介绍综合评价法。

(1)综合评价法操作步骤

综合评价法的步骤如下:

第一,确定可供选择的运输方式集合。

第二,确定运输方式选择评价因素,如时间、成本、速度、服务等。

第三,根据各评价因素对运输方式所起的作用,给予评价因素不同的权重。

第四,根据各种运输方式的实际情况,给各评价因素打分。

第五,最终确定每种运输方式的综合评价值。具体方法是用各评价因素的权重 B_n 乘以对应分值 F_n 再求和,计算公式如下:

$$F = F_1 B_1 + F_2 B_2 + \cdots + F_n B_n$$

(2)评价因素的选择

运输方式的选择应满足运输的基本要求,即经济性、迅速性、安全性和便利性。在选择评价因素时也要从这几个方面考虑。

经济性:主要表现为费用(运输费、装卸费、管理费等)的节省。

迅速性:批发出版物从发货地到收货地所需要的时间,通常用在途时间与时间变化来衡量。

安全性:安全程度通常指出版物的完好程度,以出版物的破损率表示,出版物运输过程中破损与灭失的情况越少,安全性越好。

便利性:体现便利性的实际因素很多,如换装次数、办理手续的时间、发货人所在地与装运地距离等。

(3)综合评价法运用举例

假设某出版物有铁路和公路两种运输方式,表6.3列出了影响运输方式选择的评价因素。

铁路运输的综合评价值为:

$$F(T) = 7 \times 8 + 5 \times 5 + 8 \times 8 + 6 \times 6 + 7 \times 4 + 5 \times 6 = 239$$

公路运输的综合评价值为:

$$F(G) = 5 \times 8 + 7 \times 5 + 4 \times 8 + 2 \times 6 + 7 \times 5 + 9 \times 5 = 199$$

铁路运输的分值高于公路运输,最终选择铁路运输。

表 6.3　某出版物运输方式评价表

评价因素	权重	各因素评分	
		铁路运输	公路运输
运输时间	8	7	5
时间变化	5	5	7
运输费用	8	8	4
运输能力	6	6	2
货损货差	7	4	5
用户服务	5	6	9

【技能提示】

货物灭失、损坏与索赔

由于出版物灭失或损坏,托运人可能承受的最严重的潜在损失是客户服务水平的下降。因为运输出版物目的是为了客户能立即使用或者补足客户的库存,运输延迟或迟到的出版物无法使用就意味着给客户带来不便,造成库存成本上升。由于承运人的原因导致货物灭失或损坏给托运人带来损失的,承运人应当赔偿,但索赔程序比较复杂,应当尽量选择货损率货差率较少,且安全性高的运输方式。

目前,我国解决运输纠纷、索赔一般有 4 种途径:当事人自行协商解决、调解、仲裁和诉讼。其中诉讼和仲裁是司法或准司法途径。大多数情况下,当事人会考虑到多年的或良好的合作关系和商业因素,在索赔问题上互相退一步,争取友好协商解决。但也有纠纷双方产生较大分歧,无法友好协商解决的情况,双方可以寻求信赖的行业协会或组织进行调解。若仍无法达成一致意见,双方只能寻求司法或准司法途径。

若索赔问题必须诉诸于司法或准司法机构,则会涉及诉讼时效问题。规定时效是为了促进当事人及时行使自己的权利,早日消除不确定的法律关系,如果一方当事人超过时效才行使自己的索赔和诉讼请求权,则通常会丧失胜诉权。

因公路运输的纠纷要求赔偿的时效,为从运抵到达地点的次日起 180 日;发货人或收货人根据铁路运输合同向铁路提出赔偿请求,可在 9 个月期间内提出,货物运到逾期的赔偿请求,应在 2 个月内提出;航空运输货物损害索赔时效为 14 天,货物延迟的索赔为 21 天。

6.3.3 出版物运输合理化

出版物合理运输,就是力求实现出版物运量、运程、流向等各个环节的科学性,以最小的运费、最快的速度、质量完好地完成出版物运输任务。

1) 不合理运输的表现形式

(1) 对流运输

同一种出版物,在同一条运输路线或平行的两条运输路线上,互相向对方方向运输,与对方发生全部或部分运程的对流。前者为明显对流,后者为隐含对流。

(2) 倒流运输

倒流运输指出版物从销地向发运地或转运地方向回流的一种现象,是对流运输的一种派生形式,只是隔了一段时间,由于出版物销售领域订量过大后的退货非常普遍,这种不合理运输方式在实践中很常见。

(3) 迂回运输

迂回运输指出版物从甲地到乙地,有两条或两条以上的运输路线时,没有选择一条最直、最近的路线,而是绕道运输。

(4) 重复运输

一批出版物本来一次能直运目的地,因多种原因(并非必要的转运作业),却使出版物落地,又第二次起运,增加装卸搬运环节的消耗。

(5) 运量亏吨

车船装载量没有达到标准重量、体积、浪费运力,多支出了运费。运量亏吨多是由于货源组织不力使运输计划落空造成。

2) 组织合理运输的措施

(1) 分区产销平衡

调整印制生产力布局,使出版物的生产区尽量接近一定的消费区。根据产销情况和交通运输条件,在产销平衡的基础上组织运输,使出版物走最少的里程。

【技能提示】

租 型

租型是指出版单位从其他出版单位租入型版自己印制、发行出版物,并按出版定价的一定比例向出租单位支付专有出版权再许可权使用费。

"租型"这个出版界的特有说法起源于1999年以前,是计划经济的产物。当时,全国中小学教材是国家投资并由人民教育出版社独家编写出版。每逢开学,数千万册教材要从北京运往全国十分困难,为了解决大规模出版中印制难、运输供货难、发行难的问题,同时为了保证国家规定的"课前到书,人手一册"任务的顺利完成,国家安排人教社将印刷教材的胶片(型版)"租型"给各省市新闻出版部门印刷发行,各省市新闻出版部门按教材总价的3%向人教社支付"租型"费用。这就是通常所说的"租型"。

而让"租型"这个专业名词进入公众视线的契机,则来源于一两年来国内一些地方出版集团,通过行政机关陆续出台"红头"文件,鼓励使用本省教材,而对外省市教材则采取强制"租型"的办法,规定各中小学教材原创单位只有把教材印刷胶片交予地方出版集团"租型"并由地方出版集团印刷后,才能在当地出版发行。对不同意"租型"的外省教材不得进入本省使用。

很多法学专家认为教材"租型"侵犯了原创单位的著作权,诱发地方保护,加剧市场垄断,阻碍公平竞争,但从合理运输的角度上说,我国对中小学课本、主要著作以及某些需要量大的出版物,实行分省租型印制,能使出版物产地接近销地,缩短运输距离,降低运费。

(2)拼装整车运输

即物流企业在组织货运中,将由同一发货人发往同一到站、同一收货人的不同品种零担托运出版物,组配成整车,托运到目的地。

(3)提高运输工具的使用效率

最大限度地利用车、船的载重吨位,充分使用其装容积,提高整车发运比重。加强货源组织的准确性,注重运输计划的落实,消除和减少空驶里程,提高运输工具的使用效率。

(4)标准化运输

实现出版物包装的规格化、标准化,改进堆码方法,提高技术装载量,无形中扩大了装载容积,提高运输效率。

6.4 出版物运输合同

6.4.1 运输合同基础知识

1)概念

出版物运输合同是指承运人将托运人交付运输的出版物运送到约定地点,托运人支付运费的合同。

2)特征

①运输合同是提供劳务的合同,合同标的为运输劳务。

②运输合同是双务、有偿合同。在运输合同中,承运人运输出版物,托运人或收货人支付运费,当事人双方的权利义务具有对等关系。

③出版物运输合同为诺成性合同。出版物运输合同一般以托运人提出运输货物的请求为要约,承运人同意运输为承诺,合同即告成立。因此,出版物运输合同为诺成性合同。

④运输合同多为格式合同。一般地,货运合同的条件是由承运人预先明确的,作为运输合同具体表现形式的货运单或者提单也都是统一印制的,符合格式合同的特点。

【技能提示】

货运合同范本

托运方:_____;　　　　　承运方:_____。

托运方详细地址:_____　　收货方详细地址:_____

根据国家有关运输规定,经过双方充分协商,特订立本合同,以便双方共同遵守。

第一条　货物名称、规格、数量、价款

编号	书名	规格	单位	定价	数量	码洋/元

第二条　包装要求　托运方必须按照国家主管机关规定的标准包装;没有统一规定包装标准的,应根据保证货物运输安全的原则进行包装,否则承运方有权拒绝承运。

第三条　货物起运地点＿＿＿＿＿＿＿

　　　　货物到达地点＿＿＿＿＿＿＿

第四条　货物承运日期＿＿＿＿＿＿＿

　　　　货物运到期限＿＿＿＿＿＿＿

第五条　运输质量及安全要求＿＿＿＿＿＿＿＿＿＿＿＿＿＿＿＿

第六条　货物装卸责任和方法＿＿＿＿＿＿＿＿＿＿＿＿＿＿＿＿

第七条　收货人领取货物及验收办法＿＿＿＿＿＿＿＿＿＿＿＿＿＿

第八条　运输费用、结算方式＿＿＿＿＿＿＿＿＿＿＿＿＿＿＿＿＿

第九条　各方的权利义务

一、托运方的权利义务

1.托运方的权利:要求承运方按照合同规定的时间、地点,把货物运输到目的地。货物托运后,托运方需要变更到货地点或收货人,或取消托运时,有权向承运方提出变更合同的内容或解除合同的要求。但须在货物未运到目的地之前通知承运方,并付所需费用。

2.托运方的义务:按约定向承运方交付运杂费。否则,承运方有权停止运输,并要求对方支付违约金。托运方对托运的货物,应按照规定的标准进行包装,遵守有关危险品运输的规定,按照合同中规定的时间和数量交付托运货物。

二、承运方的权利义务

1.承运方的权利:向托运方、收货方收取运杂费用。如果收货方不交或不按时交纳规定的费用,承运方对其货物有扣压权。查不到收货人或收货人拒绝提取货物,承运方应及时与托运方联系,在规定期限内负责保管并有权收取保管费用,对于超期仍无法交付的货物,承运方有权按有关规定予以处理。

2.承运方的义务:在合同规定的期限内,将货物运到指定的地点,按时向收货人发出货物到达的通知。对托运的货物要负责安全,保证货物无短缺、无损坏、无人为的变质,如有上述问题,应承担赔偿义务。在货物到达以后,按规定的期限,负责保管。

三、收货人的权利义务

1. 收货人的权利:在货物运到指定地点后有以凭证领取货物的权利。必要时,收货人有权向到站、或中途货物所在站提出变更到站或变更收货人的要求,签订变更协议。

2. 收货人的义务:按时提取货物,缴清费用,超过规定提货时,应付保管费。

第十条　违约责任

一、托运方责任

1. 未按合同规定的时间和要求提供托运的货物,托运方应按其价值的____%偿付给承运方违约金。

2. 由于在普通货物中夹带、匿报危险货物,错报笨重货物重量等而招致吊具断裂、货物摔损、吊机倾翻、爆炸、腐蚀等事故,托运方应承担赔偿责任。

3. 由于货物包装缺陷产生破损,致使被污染腐蚀、损坏,伤亡的,托运方应赔偿。

4. 在托运方专用线或在港、站公用线、专用铁道自装的货物,在到站卸货时,发现货物损坏、缺少,在车辆施封完好或无异状的情况下,托运方应赔偿收货人的损失。

5. 罐车发运货物,因未随车附带规格质量证明或化验报告,造成收货方无法卸货时,托运方应偿付承运方卸车等存费及违约金。

二、承运方责任

1. 不按合同规定的时间和要求配车(船)发运的,承运方应偿付托运方违约金____元。

2. 承运方如将货物错运到货地点或接货人,应无偿运至合同规定的到货地点或接货人。如果货物逾期达到,承运方应偿付逾期交货的违约金。

3. 运输过程中货物灭失、短少、变质、污染、损坏,承运方应按货物的实际损失(包括包装费、运杂费)赔偿托运方。

4. 联运的货物发生灭失、短少、变质、污染、损坏,应由承运方承担赔偿责任的,由终点阶段的承运方向负有责任的其他承运方追偿。

5. 在符合法律和合同规定条件下的运输,由于下列原因造成货物灭失、短少、变质、污染、损坏的,承运方不承担违约责任:

①不可抗力;

②货物本身的自然属性;

③货物的合理损耗；

④托运方或收货方本身的过错。

本合同正本一式两份,合同双方各执一份;合同副本一式____份,送……等单位各留一份。

托运方：＿＿＿＿＿＿＿＿＿　　　承运方：＿＿＿＿＿＿＿＿＿

代表人：＿＿＿＿＿＿＿＿＿　　　代表人：＿＿＿＿＿＿＿＿＿

地址：＿＿＿＿＿＿＿＿＿　　　　地址：＿＿＿＿＿＿＿＿＿

开户银行：＿＿＿＿＿＿＿＿　　　开户银行：＿＿＿＿＿＿＿＿

账号：＿＿＿＿＿＿＿＿＿　　　　账号：＿＿＿＿＿＿＿＿＿

　　　　　　　　　　　　　　　　____年____月____日订

6.4.2　托运人的义务

①如实申报的义务。托运人在将出版物交付运输时,有对法律规定或当事人约定的事项进行如实申报的义务。因托运人申报不实或者遗漏重要情况,造成承运人损失的,托运人应当承担损害赔偿责任。

②托运人有按规定向承运人提交审批、检验等文件的义务。

③托运人的包装义务。合同中对包装方式有约定的,托运人有按照约定方式包装出版物的义务。合同中对包装方式没有约定或者约定不明确时,可以协议补充,不能达成补充协议的,按照合同有关条款或者交易习惯确定。仍不能确定的,应当按照通用的方式包装,没有通用方式的,应当采取足以保护出版物的包装方式。所谓按照通用的方式包装,主要是指按照某种运输工具运输出版物的惯常方式包装。所谓足以保护出版物的包装方式,主要是指足以保证出版物在运输过程中不致发生损坏、散失等情形的包装方式。托运人违反约定的包装方式的,或者不按通用的包装方式或足以保护运输出版物的包装方式而交付运输的,承运人有权拒绝运输。

④托运人托运危险物品时的义务。托运人托运易燃、易爆、有毒、有腐蚀性、有放射性等危险物品的,应当按照国家有关危险物品运输的规定对危险物品妥善包装,作出危险物标志和标签,并将有关危险物品的名称、性质和防范措施的书面材料提交承运人。托运人违反规定的,承运人可以拒绝运输,也可以采取相应措施以避免损失的发生,因此产生的费用由托运人承担。

⑤支付运费、保管费以及其他运输费用的义务。在承运人全部、正确履行运输义务的情况下,托运人或者收货人有按照规定支付运费、保管费以及其他运输费用

的义务。这是托运人应负担的主合同义务。托运人或者收货人不支付运费、保管费以及其他运输费用的,承运人对相应的运输货物享有留置权,但当事人另有约定的除外。出版物在运输过程中因不可抗力灭失,未收取运费的,承运人不得要求支付运费;已收取运费的,托运人可以要求返还。

6.4.3　承运人的义务

①安全运输义务。承运人应依照合同约定,将托运人交付的出版物安全运输至约定地点。运输过程中,货物毁损、灭失的,承运人应承担损害赔偿责任。如果承运人证明出版物的毁损、灭失是因不可抗力、出版物本身的自然性质或者合理损耗以及托运人、收货人的过错造成的,不承担损害赔偿责任。

②承运人的通知义务。出版物运输到达后,承运人负有及时通知收货人的义务。当然,承运人只有在知道或应当知道收货人的通信地址或联系方法的情况下,方负有上述通知义务,如果因为托运人或收货人的原因,如托运人在运单上填写的收货人名称、地址不准确,或者收货人更换了填写地址或联系方式而未告知承运人的,承运人免除上述通知义务。

6.4.4　收货人的义务

①及时提货的义务。收货人虽然没有直接参与出版物运输合同的签订,但受承运人、托运方双方签订的货物运输合同约束,收货人应当及时提货,收货人逾期提货的,应当向承包人支付保管费等费用。收货人不及时提货的,承运人有提存货物的权利。根据《合同法》第316条的规定,在货物运输合同履行中,承运人提存货物的法定事由有两项:一是收货人不明。这主要包括无人主张自己是收货人,通过现有证据,主要是货物运输合同也无法确认谁是收货人;以及虽有人主张自己是收货人,但根据现有证据,包括货物运输合同及主张人提供的证据,无法认定其即是收货人等情形。二是收货人无正当理由拒绝受领货物,主要是指虽有明确的收货人,但其没有正当理由而拒绝受领货物。承运人提存运输的货物后,运输合同关系即告消灭,该货物毁损、灭失的风险由收货人承担。提存期间,货物的孳息归收货人所有,提存所生费用也均由收货人承担。

②支付托运人未付或者少付的运费以及其他费用。一般情况下,运费由托运人在发站向承运人支付,但如果合同约定由收货人在到站支付或者托运人未支付的,收货人应支付。在运输中发生的其他费用,应由收货人支付的,收货人也必须支付。

③收货人有在一定期限内检验出版物的义务。出版物运交收货人后,收货人

负有对出版物及时进行验收的义务。收货人应当按照约定的期限检验出版物。对检验出版物的期限没有约定或者约定不明确,当事人可以协议补充,不能达成补充协议的,按照合同有关条款或者交易习惯确定。仍不能确定的,应当在合理期限内检验。收货人在约定的期限或者合理期限内对出版物的数量、毁损等未提出异议的,视为承运人已经按照运输单证的记载交付的初步证据。

【实训环节】

一、实训项目

出版物托运。

二、实训目的

增强学生对几种基本运输方式优缺点的认识,使学生熟悉出版物运输作业流程,掌握出版物托运的实际操作技能。

三、实训内容

学生4人一组,到出版企业调查某种出版物定价、数量、种类、发货数量等信息,结合相关信息做运输方式的决策,并模拟安排托运。

四、实训组织

1. 前期准备

学生应先掌握以下必要理论知识:

①4种基本运输方式的优缺点;

②运输方式选择的量化分析法;

③运输合理化的组织;

④运输合同的内容。

2. 具体实训项目

①运用综合评价法选择适合所调查出版物情况的运输方式;

②进行出版物托运流程的模拟;

③拟订出版物运输合同。

3. 实训成果评定

要求学生完成实训报告,由带实习老师评分。

【课后练习】

一、单项选择题

1)下列哪项不是出版物运输与配送的区别?(　　　)

A. 运输是长距离大量货物的移动,配送是短距离少量货物的移动

B. 运输是较大范围的活动,配送是在同一地域内的活动

C. 运输是地区间货物的移动,配送是地区内部货物的移动

D. 运输是往往是一次向一地单独运送,配送是一次向多处运送

2)关于出版物运输下列说法正确的是(　　)。

A. 一般来说,出版物运输量越大,运输距离越远,运输的高速率都会使运输成本升高

B. 一般来说,出版物运输量越大,运输距离越远,运输的高速率都会使运输成本降低

C. 一般来说,出版物运输量越大运输成本越高

D. 一般来说,出版物运输距离越远运输成本越高

3)公路运输方式(　　)。

A. 能实现"门对门"运输　　　　B. 运量大,运价低廉且运距长

C. 货损较高　　　　　　　　　D. 受气候限制大

4)当选择某种运输方式能实现运输费用的节省时,它体现了这种运输方式的(　　)。

A. 安全性　　　B. 便利性　　　C. 经济性　　　D. 迅速性

5)下列哪项不是收货人的义务?(　　)

A. 及时提货　　　　　　　　B. 支付运费

C. 检验出版物　　　　　　　D. 包装出版物

二、多项选择题

1)出版物运输的功能包括(　　)。

A. 出版物编辑　　　　　　　B. 出版物印制

C. 出版物转移　　　　　　　D. 出版物存储

E. 出版物销售

2)出版物运输的成本包括(　　)。

A. 变动成本　　　　　　　　B. 固定成本

C. 联合成本　　　　　　　　D. 保管成本

E. 公共成本

3)影响运输方式选择的因素包括(　　)。

A. 出版物品种　　　　　　　B. 运输时间

C. 运输距离　　　　　　　　D. 运输批量

E. 运输成本

4)不合理运输的表现形式有(　　)。

A. 逾期到货　　　　　　　　B. 对流运输

C. 倒流运输　　　　　　　　D. 运量亏吨

E. 重复运输

5)运输合同主要涉及(　　)。

A. 收货人　　　B. 政府　　　C. 托运人　　　D. 公众

E. 承运人

三、判断题

1)出版物延期或滞留,由发货人向运输公司收取延期费。　　　　　　(　　)

2)铁路运输方式受气候限制小。　　　　　　　　　　　　　　　　(　　)

3)一般而言,运距在500千米以上,采用公路运输最合适。　　　　　(　　)

4)运输方式的选择应满足运输的基本要求,即经济性、迅速性、安全性和便利性。　　　　　　　　　　　　　　　　　　　　　　　　　　　　　(　　)

5)由于合同具有相对性,第三人一般不受合同条款的约束,因此在运输合同中,收货人无需承担义务。　　　　　　　　　　　　　　　　　　　　(　　)

四、名词解释

1)出版物运输

2)规模经济

3)运输的变动成本

4)倒流运输

5)运输合同

五、简述题

1)请分析出版物运输的功能。

2)影响出版物运输方式选择的因素有哪些?

3)出版物运输合同的托运人应当承担哪些义务?

六、论述题

1)不合理运输的表现形式有哪些? 如何实现出版物运输的合理化?

2)请分析运输管理的业务流程。

七、案例分析题

假设某出版物有铁路和公路两种运输方式,影响运输方式选择的评价因素评分及权重如下表,请分析应该出版物应采取哪种方式运输。

评价因素	权重	各因素评分	
		铁路运输	公路运输
运输时间	3	2	3
时间变化	1	2	1
运输费用	3	3	2
可及性	2	2	3
安全性	2	2	3
用户服务	1	1	3

第7章

出版物配送

教学目的和要求

1. 了解配送的含义和特点。

2. 掌握配送的作用。

3. 掌握出版物配送的各个基本环节及具体操作技能。

4. 掌握出版物配送中心的定位、作用及其功能。

主要概念(原理)与技能

配送　备货　理货　送货　出版物配送中心

教学重点和难点

教学重点:掌握出版物配送环节和出版物配送中心的功能。

教学难点:出版物配送备货、理货和送货环节。

【开篇案例】

出版物配送是一个系统工程,高效的配送中心建设的目的就是利用有效的分拣、配货等理货工作,使送货达到一定的规模,以利用规模优势取得较低的送货成本,同时配送需要网络技术来实现。如:上海新华传媒配送中心占地面积38亩,建筑面积36 000平方米,总投资1.3亿元,物流系统及设备投资4 000万元。在系统设计能力的年配送40亿码洋中,一般图书26亿码洋,一般图书退货4亿码洋,教材4亿码洋,音像制品3亿码洋,文教用品3亿码洋。

资料来源:上海新华传媒的新一代图书物流配送中心. http://www. all56. com/www/34/2009-05/30896. html.

7.1 配送的基本知识

7.1.1 配送及出版物配送的定义

配送的定义有许多种,日本1991年版《物流手册》的表述:生产厂到配送中心之间的物品空间移动叫"运输",从配送中心到顾客之间的物品空间移动叫"配送"。美国《物流管理供应链过程的一体化》表述:实物配送这一领域涉及特指将成品交给顾客的运输。实物配送过程,可以使对顾客服务的时间和空间的需求成为营销的一个整体组成部分。我国2001年国家标准《物流术语》(GB/T 18354—2001)定义:在经济合理区域范围内,根据用户要求,对物品进行拣选、加工、包装、分割、组配等作业,并按时送达指定地点的物流活动。我国出版的《现代物流学》的表述:配送是以现代送货形式实现资源最终配置的经济活动;按用户订货要求,在配送中心或其他物流结点进行货物配备并以最合理方式送交用户。

从上述定义中,可以看出,配送是一项物流活动,配送是"配"和"送"有机结合的形式。配送与一般送货是有区别的,配送利用有效的分拣、配货等理货工作,送货具有一定的规模,以利用规模优势取得较低的送货成本。

本书所界定的出版物配送的定义参照我国国标《物流术语》的定义,是指在经济合理区域范围内,根据用户要求,对出版物进行相关备货、理货及送货等作业,并按时送到指定地点的物流活动。

7.1.2 配送的特点

配送不同于运输,也不同于一般意义上的旧式送货,配送是物流的一个缩影或是一个特定范围物流活动的体现,它的特点主要包括以下几方面。

1)配送是多种业务活动构成的有机结合体

配送是备货、理货、送货等多种业务活动有机结合的整体,这些活动内容中具体包括组织物资订货、签约、进货、分拣、包装、配装等内容,是"配"和"送"的有机结合体。

2)配送是一种高水平的送货方式

配送在规模、水平、效率、速度、质量等方面远远超过旧的送货形式,和过去的送货形式或现货装备存在显著的差异。在配送过程中,大量采用了各种传输设备及识码、挑选等先进设备,形成了一种固定的形态,甚至是一种有确定组织、确定渠道,有一套装备和管理力量、技术力量,有一套制度的体制形式。所以,配送是高水平送货形式。

3)配送是服务于客户的专业化分工活动

一般的送货是企业所提供的一种服务方式,送企业固有的产品,是企业有什么送什么,而配货是一种从用户利益出发、按用户要求进行的一种活动,是用户需要什么送什么,是一种物流体制形式,因此,在观念上必须明确"用户第一",配送企业的地位是服务地位,因此不能从本企业利益出发而应从用户利益出发,在满足用户利益基础上取得本企业的利益。

4)配送是在合理区域范围内的送货

配送不宜在大范围内实施,通常仅局限在一个城市或地区范围内进行。

7.1.3 配送的形式

1)按配送组织者分类

(1)配送中心配送

配送的组织者是专职配送中心,其专业性强、规模较大,与用户之间存在着较为固定的业务关系,配送中心配送的商品具有一定的库存量,一般在自己经营范围内经营自身业务。

(2)仓库配送

配送一般是以仓库为据点进行配送,可以是将仓库改造成配送中心,也可在保持仓库原有功能的前提下,以仓库功能为主,增加配送功能。这种配送,一般规模较小、专业化程度低。

(3)生产企业配送

配送的组织者是生产企业,企业直接进行配送,不需将产品发给其他服务组织进行配送。这种配送避免了一次物流的中转,具有一定的优势,但是对于现代企业而言,无法取得像配送中心那样靠凑整运输而取得优势。

(4)商店配送

配送的组织者是商业或物资的门市网点,网点主要承担商品的零售业务,规模较小,经营品种较多,除日常的零售业务外,这种配送方式可根据用户的需求,将商品经营的品种配齐,或可代用户外购本商店不常经营的商品,具有较强的灵活性,但是配送的组织者实力有限,只是商品的小量配送,是配送中心配送的辅助及补充形式。

2)按配送商品的种类及数量分类

(1)单(少)品种大批量送货

一般而言,对于企业需要量较大的商品,由于品种为一个或几个品种就可以达到较大运输量,在这种情况下,就可由专业性较强的配送中心实行配送,配送的成本也较低。但是,如果可以从生产企业将这种产品直接运抵用户,同时又不至于使用户的库存效益下降,采用直接送货方式效果更好。

(2)多品种,少批量配送

多品种,少批量配送是根据用户要求,将所需的各种物品配备齐全,凑整装车后由配送点送达用户。这种配送作业水平要求高,配送中心设备要求复杂,配送计划难度大,因此需要高水平的组织工作保证和配合。

(3)配套成套配送

这种配送方式是根据企业生产的需要,尤其是装配企业的生产需要,把生产每一台件所需要的全部零部件配齐,按照生产节奏定时送达企业,企业即可随时将此成套零部件送入生产线以配装产品。

3)按配送时间及数量分类

(1)定时配送

定时配送就是按规定时间间隔进行配送,每次配送的品种及数量可以根据计划执行,也可以在配送前以商定的联络方式通知配送的品种及数量。这种配送时间固定、易于安排工作计划。

①日配。日配是接到订货要求之后,在 24 小时之内将货物送达的配送方式。日配是定时配送中实行较为广泛的方式,尤其在城市内的配送,日配占绝大多数比例。一般而言,日配的时间要求大体上是,上午的配送订货,下午可送达;下午的配送订货,第二天早上送达。这样就可以使用户获得在实际需要的前半天得到送货服务的保障,如果是企业用户,这可使企业的运行更加精密化。

日配方式广泛而稳定开展,就可使用户基本上无须保持库存,不以传统库存为生产和销售经营的保障,而以配送的日配方式实现这一保证,也即实现用户的"零库存"。

②准时-看板配送方式。按照双方协议时间,准时将货物配送到用户的一种方式。这种方式和日配的主要区别在于:日配是向社会普遍承诺的配送服务方式,针对社会上不确定的、随机性的需求。准时方式则是两方面协议,往往是根据用户的生产节奏,按指定的时间将货送达。这种方式比日配方式更为精密,可以利用这种方式,连"暂存"的微量库存也可以取消,绝对地实现零库存,准时配送的服务方式,可以通过协议计划来确定,也可以通过看板方式来实现。

准时配送方式要求有很高水平的配送系统来实施。由于用户的要求独特,因而不大可能对多用户进行周密的共同配送计划。这种方式适合于装配型、重复、大量生产的企业用户,这种用户所需的配送物资是重复、大量而且没有太大变化的,因而往往是一对一的配送。

③快递方式配送。一种快速配送服务的配送方式。快递服务一般而言覆盖地区较为广泛,所以,服务承诺期限按不同地域会有所变化,这种快递方式,综合利用"小时配""日配"等在较短时间实现送达的方式,但不明确送达的具体时间,所以一般用作向社会广泛服务的方式,而很少用作生产企业"零库存"的配送方式。

快递配送面向整个社会企业型和个人型用户,日本的"宅急便"、美国的"联邦快递"、我国邮政系统的 EMS 快递都是运作得非常成功的快递配送企业。

(2)定量配送

按规定的批量在一个指定的时间范围内进行配送。由于数量固定,配货工作较为简单,可按托盘、集装箱等集装方式,也可做到整车配送,其配送效率较高。由于时间没有严格规定,可将本用户所需物资集化零为整后配送,可提高其运力利用效率。其次对用户来讲每次接货都是同等数量,有利于仓位、人力、物力的准备。

(3)定时定量配送

即按规定时间和数量进行配送。它兼有上述两种方式的优点,组织的难度大,适合采用的用户不多,不会成为普遍方式。

(4)定时定路线配送

在规定运行路线上制订到达时间表,按运行时间进行配送,用户在规定的路线及规定时间接货和提出配送要求。这种方式有利于安排车辆和人员,在配送用户较多的地区,亦可免于复杂的组织工作。

(5)即时配送

完全按用户要求的时间和数量进行配送的方式。它要求在充分掌握需要量和品种的前提下,及时安排最佳配送路线和相应车辆实现配送。显然,即时配送是水平较高的配送方式,但组织难度更大,需事前作出计划。

7.1.4　出版物配送的作用

出版物的出版发行具有品种多,更新快,商品流转、添配、调配频繁的特点,这样也就决定了出版物配送在整个出版物物流活动中发挥着重要作用,其作用主要体现在以下几方面内容:

1)出版物配送有利于出版物物流活动实现规范化、合理化

出版物配送不仅能促进出版物流的专业化、社会化发展,还能以其特有的形态和优势调整流通结构,促使出版物的物流活动向规模化发展。从组织形态上看,它是以集中的、完善的送货取代分散性、单一性的取货。在资源配置上看,则是以专业组织的集中库存代替社会上的零散库存,衔接了产需关系,打破了流通分割和封锁的格局,很好地满足了社会化大生产的发展需要,有利于实现出版物物流社会化和合理化。

2)完善了出版物运输和整个物流系统

出版物配送环节处于支线运输、二次运输和末端运输的位置,配送的距离较短,灵活性、适应性、服务性都比较强,通过配送将支线运输与小搬运统一起来,使运输过程得以优化和完善,从而使得出版物物流系统更加便利、迅速。

3)提高了出版物末端物流的效益

如果在供应链接近客户末端进行实体分配,则面临的是分散、多样的需求,尤其是出版物的书籍、报刊、杂志以及音像制品,批量小、品种多、运输距离短、物流效率低,而采取配送方式,通过增大经济批量来达到经济的进货批量。配送是采取将各种商品配齐集中起来向用户发货和将多个用户小批量商品集中在一起进行发货

等方式,大大降低了出版物物流的成本,从而达到提高末端物流的经济效益的目的。

4)简化各出版物销售网点、出版物发行企业事务,提高供应保障程度、方便用户

采用配送方式,用户只需要从配送中心一处订购就能达到向多处采购的目的,只需组织对一个配送单位的接货便可替代现有的高频率接货,因而大大减轻了用户工作量和负担,也节省了订货、接货等的一系列费用开支。

各出版物销售网点企业、出版物发行企业受库存费用的制约,使得企业自己保持库存、供应保证程度较难,采取配送方式,配送中心可以比任何企业的储备量更大,因而对每个企业而言,中断供应、影响生产的风险便相对缩小,使用户免去短缺之忧。

7.2 出版物配送的基本环节

出版物配送是按照用户的基本要求,将出版物进行分拣,按时按量发送到指定地点的过程,其中配送作业是配送的核心内容,了解配送作业的基本环节,对提高整个出版物配送合理性及提高配送的效率具有重要的作用。

出版物配送作业的基本流程包括以下几个作业流程:备货、理货和送货。本节将对这几个基本环节进行说明。

7.2.1 备货

备货是配送的准备工作或基础工作,备货工作包括筹集货源、订货或购货、集货、进货及有关的质量检查、结算、交接等,综合而言,包括两项活动:筹集货物和存储货物。

配送的优势之一,就是可以集中用户的需求进行一定规模的备货。备货是决定配送成败的初期工作,如果备货成本太高,会大大降低配送的效益。

在筹集出版物货源的过程中,组织货源和筹集货物的工作会出现两种情况:其一,由提供配送服务的配送企业直接承担。一般是通过向出版企业订货或购货完成此项工作。其二,选择商流、物流分开的模式。配送、订货、购货等筹集货物的工作由出版企业自己去做,配送企业只负责进货和集货等工作,货物所有权属于出版生产企业。然而,无论具体做法怎样不同,总的来说,筹集货物由订货、进货、集货和相关的验货、结算等一系列活动组成。出版物筹集货物中进货或购货过程:第一,要注重出版物的质量,择优订进;第二,根据需要选择订货,进销结合;第三,在订货过程中,要注重选择适销对路的出版物商品,以免造成积压;第四,坚持统筹兼顾、突出重点、讲求核算、注重效益的原则。在出版物进货过程中,要掌握出版物商品到达的品种、数量、日期等信息,同时配合停泊信息,协调进出货车的交通问题,制订卸货和搬运计划及出版物商品存储地点等。

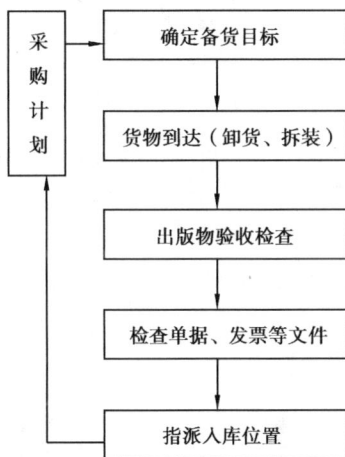

图7.1 备货作业流程

备货的另一项活动是存储货物,它是购货、进货活动的延续。在配送活动中,货物存储有两种表现形态:一种是暂存形态;另一种是储备形态。

1)暂存形态的存储

暂存形态的存储是指按照分拣、配货工序的要求,在理货场地储存少量货物。这种形态的货物存储是为了适应"日配""即时配送"需要而设置的。其数量多少对下一个环节的工作方便与否会产生很大影响。但一般来说,不会影响储存活动的总体效益。

2)储备形态的存储

储备形态的存储是按照一定时期配送活动要求和根据货源的到货情况(比如到货周期)有计划地确定的。它是使配送持续运作的资源保证。用于支持配送的货物储备有两种具体形态:周转储备和保险储备。无论是哪种形态的储备,相对来说,数量都比较多。因此,货物储备合理与否,会直接影响配送的整体效益。

出版物交易有期货、现货之分。由于经营场地受到条件限制和对出版物品种的甄选,任何一家发行企业都不可能做到全品种备货。在出版物备货环节中,由于出版物产品品种不同,所采取的备货环节也是有差异的。对于教材备货,由于各基层书店为降低经营风险都采取的是较谨慎的态度,期货报订数量减少,追加添订品种增加,而且教材及教辅资料的开发受政策影响较大,同时具有一定的垄断性及季节性,且教材及教辅产品表现出多样性和地域性的特点,所以在备货中要提前对备货品种、需求量等进行预测;对一般图书音像制品,分销商大多采取"少进勤添"的进货方式,实行"零库存"管理;连锁经营总部的批销中心,其功能、作用是"蓄水池",批销中心备货较充分,储备形态的存储较多,目的是为满足"下游"零售书店的需求。在实际运作中,批销中心对常备品种要有较充足的备货,或者具有较强的调剂能力;对畅销品种要敢于进货,及时添货以保证供应;对包销品种要积极促销,争取在较短的时间内收回进货成本,形成效益,提前做好消化呆滞损失的准备;对一些把握不大的品种可以通过各种载体推荐书目,让分销商和消费者及时了解到购物信息,采取限时供货方式满足市场需求。

图 7.2　货架图

图 7.3　托盘式货架

【技能提示】

出版物备货中卖方应注意的问题

在备货工作中,以下各点应引起卖方的注意:

①所备出版货物的品质、规格、品种应符合合同的规定,图书、报刊的纸张、印刷质量等都必须符合合同要求。

②备货数量要多于合同规定的数量,以防不测;实际交货数量应符合合同规定。凡按重量计量的货物而在买卖合同或信用证中均未规定按何种方法计量者,

按惯例应以净重计量。

③货物的包装必须符合合同规定和运输要求。

④备货时间按距离启运地点远近,提前进行,严防脱节。

资料来源:http://wiki.mbalib.com/wiki/%E5%A4%87%E8%B4%A7.

7.2.2　理货

理货是配送的一项重要内容,也是配送区别于一般送货的重要标志。理货包括货物分拣、配货和包装等经济活动。

1)货物分拣作业

货物分拣采用适当的方式和手段,从储存的出版物中分出(或拣选)用户所需要的货物,此活动称为分拣。拣货作业是配送作业的中心环节,拣货作业是依据顾客的订货要求或配送中心的送货计划,尽可能迅速、准确地将出版物从其储位或其他区域拣取出来,并按一定的方式进行分类、集中,等待配装送货的作业流程。

在配送中心搬运成本中,拣货作业的搬运成本约占90%;在劳动密集型的配送中心,与拣货作业直接相关的人力占50%;拣货作业时间约占整个配送中心作业时间的30%~40%。因此,在配送作业的各环节中,拣货作业是整个配送中心作业系统的核心。合理规划与管理拣货作业,对配送中心作业效率的提高具有决定性的影响。

(1)拣货作业的基本过程

①拣货信息的形成。拣货作业开始前,指示拣货作业的单据或信息必须先行处理完成。虽然一些配送中心直接利用顾客订单或公司交货单作为拣货指示,但此类传票容易在拣货过程中受到污损而产生错误,所以多数拣货方式仍需将原始传票转换成拣货单或电子信号,使拣货员或自动拣取设备进行更有效的拣货作业。但这种转换仍是拣货作业中的一大瓶颈。

②行走与搬运。拣货时,拣货作业人员或机器必须直接接触并拿取货物,这样就形成了拣货过程中的行走与货物的搬运。这一过程有两种完成方式:

人——物方式,即拣货人员以步行或搭乘拣货车辆方式到达货物储位。这一方式的特点是物静而人动。拣取者包括拣货人员、自动拣货机、拣货机器人。

物——人方式,与第一种方式相反,拣取人员在固定位置作业,而货物保持动态的储存方式。这种方式的特点是物动而人静,如轻负载自动仓储、旋转自动仓储等。

③拣货。无论是人工或机械拣取货物都必须首先确认被拣出版物产品的品

名、规格、数量等内容是否与拣货信息传递的指示一致。这种确认既可以通过人工目视读取信息,也可以利用无线传输终端机读取条码,由电脑进行对比。后一种方式可以大幅度降低拣货的错误率。拣货信息被确认后,拣取的过程可以由人工或自动化设备完成。

④分类与集中。配送中心在收到多个客户的订单后,可以形成批量拣取,然后再根据不同的客户或送货路线分类集中,分类完成后,经过查对、包装便可以出货了。另外,有些需要进行流通加工的商品还需根据加工方法进行分类,加工完毕再按一定方式分类出货。

提高拣货作业效率主要是缩短以上四个作业时间。此外,防止发生拣货错误,提高储存管理账物相符率及顾客满意度,降低拣货作业成本也是拣货作业管理的目标。

(2) 货物分拣的主要方式

分拣货物一般采取两种方式来操作:其一是摘取式,其二是播种式。

①摘取式分拣。所谓的摘取式分拣,就像在果园中摘果子那样去拣选货物。即作业人员拉着集货箱(或称分拣箱)在货架间走动,按照配送单上所列的品种、规格、数量等将所需的货物拣出并装入集货箱内。一般情况下,每次拣选只为一个客户配装。特殊情况下,也可以为两个以上的客户配装。目前,由于推广和应用了自动化分拣技术设备,大大提高了分拣作业的劳动效率。在出版物理货中,针对一书多店的情况下,往往采用摘取式分拣方法。

②播种式分拣。播种式分拣货物类似于在田野中的播种操作。其做法是:将数量较多的同种货物集中运到发货场,然后,根据每个货位货物的发送量分别取出货物,并分别投放到每个代表用户的货位上,直至配货完毕。为了完好无损地运送货物和便于识别配备好的货物,有些经过分拣、配备好的货物尚需重新包装。并且要在包装物上贴上标签,记载货物的品种、数量、收货人的姓名、地址及运抵时间等。在出版物理货中,一书一店主要采取的是播种式分拣方法。

图7.4　自动分拣系统

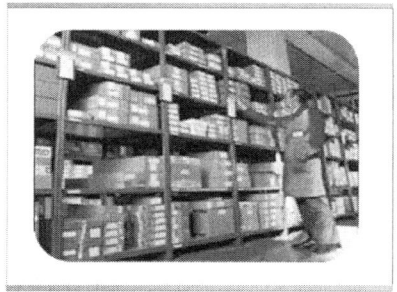

图7.5　立卡

【技能提示】

拣货作业的优化

（1）优化的基本思路

拣货作业优化的基本思路是先分析拣货作业中各个环节所需要的时间，然后尽量缩短这些时间的占用。通常一项拣货作业花费的时间包括行走时间、寻找时间、取出货物的时间及将货物搬运到指定地点的时间。

（2）优化方法

通过应用条形码、射频等信息技术、分区技术以及自动拣货系统等，可以降低寻找时间。借助一些机械及自动化设备。如应用台车、叉车、传送带、旋转货架、自动拣货系统等，可以减少行走或货物搬运时间，应用重力式货架比较容易取出货物，可缩短货物取出时间。采用有利于拣取作业的货物存放方法。如将一些单品货物直接放在平台上存储，将拣取频率高的货物存放在靠近拣货区及通道的货位上等。

2）补货作业

补货作业是将货物从仓库保管区域搬运到拣货区的工作，其目的是保证拣货区有货可拣。

（1）补货的方式

①整箱补货。由货架保管区补货到流动货架的拣货区，这种补货方式的保管区为料架储放区，动管拣货区为两面开放式的流动棚拣货区，拣货员拣货之后把货物输送并运到发货区，当动管区的存货低于设定标准时，则进行补货作业。这种补货方式由作业员到货架保管区取货箱，用手推车载箱至拣货区。这种补货方式较适合于体积小且少量多样出货的货品。

②托盘补货。这种补货方式是以托盘为单位进行补货。托盘由地板堆放保管区运到地板堆放动管区，拣货时把托盘上的货箱置于中央输送机送到发货区。当存货量低于设定标准时，立即补货。使用堆垛机把托盘由保管区运到拣货动管区，也可把托盘运到货架动管区进行补货。这种补货方式适合于体积大或出货量多的货品。

③货架上层——货架下层的补货方式。此种补货方式保管区与动管区属于同一货架，也就是将同一货架上的中下层作为动管区，上层作为保管区，进货时将动管区放不下的多余货箱放到上层保管区。当动管区的存货低于设定标准时，利用堆垛机将上层保管区的货物搬至下层动管区。这种补货方式适合于体积不大、存货量不高，且多为中小量出货的货品。

（2）补货时机

补货作业的发生与否主要看拣货区的货物存量是否符合需求，因此究竟何时补货要看拣货区的存量，以避免出现在拣货时才发现拣货区货量不足需要补货的问题，而造成影响整个拣货作业。通常，可采用批次补货、定时补货和随机补货3种方式。

①批次补货。在每天或每一批次拣取之前，经电脑计算所需货品的总掠取量和拣货区的货品量，计算出差额并在拣货作业开始前补足货品。这种补货原则比较适合于一天内作业量变化不大、紧急追加订货不多，或是每一批次拣取量需事先掌握的情况。

②定时补货。将每天划分为若干个时段，补货人员在时段内检查拣货区货架上的货品存量，如果发现不足，马上予以补足。这种"定时补足"的补货原则，较适合分批拣货时间固定且处理紧急追加订货的时间也固定的情况。

③随机补货。随机补货是一种指定专人从事补货作业方式，这些人员随时巡视拣货区的分批存量，发现不足随时补货。此种"不定时补足"的补货原则，较适合于每批次拣取量不大、紧急追加订货较多，以至于一天内作业量不易事前掌握的场合。

3）配货和包装作业

配货作业是指把拣取分类完成的货品经过配货检验过程后，装入容器和做好标识，再运到配货准备区，等待装车后发运。配货作业主要包括分货作业、配货检查作业和包装、打捆作业。

①分货作业是指将拣货完毕的出版物等商品按用户或配送路线进行分类。分类方式一般有以下两种。

a.人工分货。人工分货是指分货作业过程全部由人工根据订单或其他传递过来的信息进行，而不借助任何电脑或自动化的辅助设备。

b.自动分类机分货。自动分类机分货是指利用电脑和自动分类系统完成分货工作。这种方式不仅快速省力，而且准确，尤其适用于多品种、业务繁忙的配送中心。

②配货检查作业是指根据客户信息和车次对拣送物品进行商品号码和数量的核实，以及对商品状态、品质的检查。分类后需要进行配货检查，以保证发运的货物品种、数量、质量无误。

配货检查比较原始的做法是人工检查，即将货品一个个点数并逐一核对出货单，进而查验货物的品质及状态情况。目前，配货检查常用的方法有：

a.商品条形码检查法。这种方法要导入条形码,条形码是随货物移动的,检查时用条形码扫描器阅读条形码内容,计算机再自动把扫描信息与发货单对比,从而检查商品数量和号码是否有误。

b.声音输入检查法。声音输入检查法是当作业员发声读出商品名称、代码和数量后,计算机接受声音并自动判识,转换成资料信息与发货单进行对比,从而判断是否有误。此方法的优点在于作业员只需用嘴读取资料,手脚可做其他工作,自由度较高;缺点是发音要准确,且每次发音字数有限,否则电脑辨识困难,可能产生错误。

c.重量计算检查法。重量计算检查法是把货单上的货品重量自动相加起来,再与货品的总重量相对比,以此来检查发货是否正确的方法。

③包装作业是指在流通过程中保护产品、方便储存、促进销售,按一定技术方法而采用的容器、材料及辅助物等总体名称,包括为了达到上述目的而进行的操作活动。具体出版物包装内容参考本书第8章。

【技能提示】

常用的包装策略

(1)相似包装策略

相似包装策略指企业生产经营的各种产品,在包装上采用相同或相似的图案、颜色等共同的特征,使消费者通过相似的包装联想到这些商品是同一企业的产品。

(2)差别包装策略

差别包装策略指企业为不同等级或满足不同顾客需要的产品设计不同的包装。

(3)配套包装策略

配套包装策略指将有关联性的一些产品装在同一包装物里。

(4)附赠包装策略

附赠包装策略指在包装物里附有赠送的赠品,吸引顾客购买或重复购买。

(5)再使用包装策略

再使用包装策略指包装物在被包装的产品消费完毕后,还可另做他用。

(6)更新包装策略

更新包装策略指改变产品现在的包装,使用更有吸引力的包装。

7.2.3 送货

送货是配送活动的核心,也是备货和理货工序的延伸。在物流运动中,送货实际上就是货物的运输(或运送),因此,常常以运输代表送货。但是,组成配送活动的运输与通常所讲的"干线运输"是有区别的。前者多表现为"末端运输"和短距离运输,并且运输的次数比较多;后者多为长途运输。由于配送中的货物要面对众多客户,而且运动是多方向的,因此在送货过程中,要进行运输方式、运输路线和运输工具的三种选择。按照配送合理化的要求,在全面配送计划指导下,需制订科学经济的运输路线和运输方式。配好的货运输到用户还不算配送工作的完结,这是因为送达货和用户接货往往还会出现不协调,使配送前功尽弃,因此,要圆满地实现运到之货的移交,并有效地、方便的处理相关手续并完成结算,还应注意卸货地点、卸货方式等,送达服务也是配送独具的特殊性。

1)送货作业流程

(1)划分基本送货区域

首先将用户做区域上的整体划分,再将每一用户分配在不同的基本送货区域中,作为配送决策的基本参考。例如,按行政区域或按交通条件划分为不同的送货区域,然后在区域划分的基础上再做弹性调整来安排送货顺序。

(2)车辆配载

由于配送货物的品种、特性各异,为提高送货效率,确保货物质量,必须首先对特性差异大的货物进行分类。在接到订单后,将货物按特性进行分类,以便分别采取不同的送货方式和运输工具,如按图书、音像制品、报刊及散装出版物、箱装出版物等货物类别进行分类配载。其次,配送货物也有轻重缓急之分,必须初步确定哪些货物可配于同一辆车上,哪些货物不能配于同一辆车上,以做好车辆的初步配装工作。

(3)暂定送货的先后顺序

在考虑其他影响因素,做出最终送货方案前,应先根据用户订单的送货时间将送货的先后次序进行大致预定,为后面车辆配载做好准备工作。预先确定基本送货顺序可以有效地保证送货时间,提高运作效率。

(4)车辆安排

车辆安排要解决的问题是安排什么类型、多大吨位的配送车辆进行最后的送货。一般企业拥有的车型有限,车辆数量也有限。当本公司车辆无法满足需求时,可以考虑外雇车辆。在保证送货质量的前提下,是组建自营车队,还是以外雇车辆为主,则须视经营成本而定。无论选用自有车辆还是外雇车辆,都必须事先掌握有哪些车辆可供调派并符合要求,即这些车辆的容量和额定载重量是否满足要求。安排车辆之前,还必须分析订单上的货物信息,如体积、重量、数量、对装卸的特殊要求等,综合考虑多方面因素的影响后,再做出最合理的车辆安排。

(5)选择送货路线

确定了每辆车负责的具体用户后,如何以最快的速度完成对这些货物的配送,即如何选择配送距离短、配送时间短、配送成本低的线路,还需要根据用户的具体位置、沿途的交通情况等做出优先选择和判断。除此之外,还必须考虑有些用户或其所在地点对送货时间、车型等方面的特殊要求,如有些用户不在中午或晚上收货,有些道路在车辆高峰期实行特别的交通管制等。送货路线的选择可以建立有关的运筹学模型以进行辅助决策。

(6)确定每辆车的送货顺序

做好车辆安排及选择好最佳的送货路线后,就可以确定每辆车的送货顺序,从而估出货物送到用户的大致时间并通知用户。

(7)完成车辆配载

明确了用户的送货顺序后,就可以按一定的次序将货物装车,完成车辆的配载。

2)送货作业的影响因素

影响送货效果的因素很多,既有动态因素也有静态因素。动态因素如车流量的变化、道路施工、配送客户的变动、可供调动的车辆变动等;静态因素如配送客户的分布区域、道路交通网络、车辆运行限制等。各种因素互相影响,很容易造成送货不及时、配送路径选择不当、贻误交货时间等问题。因此,需要对送货进行有效的管理,否则不仅会影响配送效率和信誉,而且将直接导致送货成本的上升。

【案例】

新华传媒配送作业流程——以一般图书类为例

一般图书配送是图书物流中心的工作重点和难点。新华传媒物流中心一般图书配送分为入库翻理作业区、图书到货直接配送区、图书储存区、大宗图书储存区和图书分拣打包复核区。一般图书储存区设计各种规格货位 12.25 万个,可以满足 40 万个品种,共 2.5 亿码洋的储存要求。

(1)入库翻理

每天到货量通常为 700 万~850 万码洋(35 万~45 万册),种次将达到 6 000 个以上,其中新书约 600 种。最大的订单一次送货可达 400 个种次,约 30 万码洋。

入库翻理就是将图书按类分开,对新书进行编目注册,完成上架、直配拆分等工作,是图书物流的关键内容。而新书在线编目是本系统设计的关键技术之一,将整体翻理速度提高了一倍以上,使单本图书的翻理时间至少缩短了3个小时。

(2)直配

对于一书多店情形,采用电子标签辅助的摘果方式处理,大大提高了拣选速度。系统设计了8个区域共1 050组电子标签,可以完成每天约3 000件的直配任务。

对于一书一店情形,采用RF辅助按门店和按班组播种方式,设计了4个区域共480个播种点,大大提高了播种的效率,取得了很好的效果。

(3)上架

上架区域包括二段式货架区域、播种区域、摘果区域、一般图书储存区、大宗图书储存区。整个系统的上架操作均采用RF技术支持,使上架简单而准确。

RF操作要求扫描周转箱号获得目标地址系列,扫描书号获得对品种的确认,扫描货位号获得最后确认。

(4)拣选

系统的发货是按照批次进行的,这样可以更加有效地提高服务水平,并减少对资源(如暂存区域、分拣路线)的需求。

拣选的主要操作是按区域拣货,全部储存区域设计了23个拣选区域。一次拣选可以对多个周转箱,并采用模糊成件算法,可以使拣选路径达到最短。

(5)分拣

分拣采用POP UP型自动分拣设备,设计了13个出口,对应13条路线。每小时最大可完成1 200件图书的分拣。

(6)打包复核

打包复核是拣选作业的最后复核环节。采用重量复核技术解决拣选自动复核问题。重量复核分为图书标定、周转箱标定、动态测量和模糊判定等几个环节,最后系统根据实际测量结果完成对拣选正确性的判断。此外,系统还设计了人工复核程序,以满足特定情况下图书人工复核的需要。

包装分为周转箱包装和纸包装两种情况,由系统自动确定。

(7)发货

拣选完成的订单经过检查无误后即可以进入发运程序。发运是按照路线进行的。

资料来源:上海新华传媒的新一代图书物流配送中心. http://www. all56. com/www/34/2009-05/30896. html.

7.3 出版物配送中心

配送是一种高效率的现代物流形式,随着电子商务的普及已显得越发重要。配送中心是物流配送活动的主要基础设施,也是现代物流以后的发展方向。

7.3.1 出版物配送中心的定义

对配送中心的定义主要包括以下两种:《物流手册》对配送中心的定义为配送中心是从供应者手中接受多种大量的货物,进行倒装、分类、保管、流通加工和情报处理等作业,然后按照众多需要者的订货要求备齐货物,以令人满意的服务水平进行配送的设施。日本《市场用语词典》对配送中心的解释认为配送中心是一种物流结点,它不以储藏仓库的这种单一的形式出现,而是发挥配送职能的流通仓库,也称作基地、据点或流通中心。配送中心的目的是降低运输成本、减少销售机会的损失,为此建立设施、设备并开展经营、管理工作。

参考上述对配送中心的相关定义并结合出版物配送的特点,本教材认为出版物配送中心是接受并处理末端用户的出版物的订货信息,对上游运来的各类出版货物进行分拣,根据用户订货要求进行拣选、加工、组配等作业,并进行送货的设施和机构。

7.3.2 出版物配送中心的定位

1)层次定位

配送中心在整个物流系统中,流通中心定位于商流、物流、信息流、资金流的综合汇集地,具有非常完善的功能;物流中心定位于物流、信息流、资金流的综合设施,其涵盖面较流通中心为低,属于第二个层次的中心;配送中心如果具有商流职能,则属于流通中心的一种类型,如果只有物流职能则属于物流中心的一个类型,可以被流通中心或物流中心所覆盖,属于第三个层次的中心。

2) 横向定位

从横向来看,与配送中心作用大体相当的物流设施有仓库、货栈、货运站等。这些设施都可以处于末端物流的位置,实现资源的最终配置。不同的是,配送中心是实行配送的专门设施,而其他设施可以实行取货、一般送货,而不是按照配送要求有完善组织和设备的专业化流通设施。

3) 纵向定位

配送中心在物流系统中纵向的位置应该是:如果将物流过程按纵向顺序划分为物流准备过程、首端物流过程、干线物流过程、末端物流过程,配送中心是处于末端物流过程的起点。它所处的位置是直接面向用户的位置,因此,它不仅承担直接对用户服务的功能,而且根据用户的要求,起着指导全物流过程的作用。

4) 系统定位

在整个物流系统中,配送中心在系统中的位置,是提高整个系统的运行水平。尤其是现代物流出现了利用集装方式,在很多领域中实现了"门到门"的物流,将可以利用集装方式提高整个物流系统效率的物流对象作了很大的分流,所剩下的主要是多批量、多品种、小批量、多批次的货物,这种类型的货物是传统物流系统难以提高物流效率的对象。在包含着配送中心的物流系统中,配送中心对整个系统的效率提高起着决定性的作用。所以,在包含了配送系统的大物流系统中,配送中心是处于重要的位置。

5) 功能定位

配送中心的功能是通过配货和送货完成资源的最终配置。配送中心的主要功能是围绕配货和送货而确定的。例如有关的信息活动、交易活动、结算活动等虽然也是配送中心不可缺的功能,但是他们必然服务和服从于配货和送货这两项主要的功能。

7.3.3 出版物配送中心的作用

配送中心是连接生产与生产、生产与消费的流通场所或组织,在现代物流中的作用十分明显,出版物配送中心在现代出版物物流中发挥着重要作用,其作用表现在以下几方面。

1）适应出版物市场需求变化，增强出版物供货能力

出版物配送中心不是以单纯的储存为目的,但是通过出版物配送中心可保持适当的库存,各种图书出版物种类多、图书市场需求在时间、需求量方面存在一定的差异和随机性,而各个出版印刷企业无法在工厂、出版社满足和适应这种情况,必须依靠出版物配送中心的作用的进货、送货快速的周转,来解决这之间的产销不平衡,缓解供应商的压力,减少客户库存,提高库存保证程度,增强出版物供货能力。

2）减少出版物交易次数和流通环节

目前许多的出版物配送中心都建设有出版社图书出版销售展区,各图书采购商可在出版物配送中心进行一站式购物,享受图书看样、采购、配送和结算等一条龙式服务,这样可大大减少出版物交易次数和流通环节。

3）实现出版物储运的经济高效

产品从企业到销售市场要经过复杂的储运环节,要依靠多种交通、运输、库存手段才能满足市场的需求。配送中心的建立,能形成批量进发货物、组织成组、成批直达运输和集中储运,提高流通社会化水平,实现规模效益。出版物配送中心可通过电子订货系统,将各门店的零星要货汇总,由供应商集中汇总,通过配送中心,集中配送到各大书店和门店,实现储运的经济高效。

4）实现出版物物流的系统化和专业化

出版物配送中心可提供专业的保管、包装、加工、配送、信息等系统服务,出版物品种多,有些出版物在保管、运输中有一定的要求,而出版物配送中心能提高此类的系统化的专业服务,同时通过配送中心的信息管理建设,出版供应商可与配送中心建立业务合作关系,通过配送中心有效而迅速的信息反馈,控制商品质量。

7.3.4　出版物配送中心的功能

1）出版物采购功能

出版物配送中心必须首先采购所要供应配送的图书等产品,才能及时准确无误地为其用户供应物资。出版物配送中心应根据市场的供求变化情况,制订并及时调整统一的、周全的采购计划,并由专门的人员与部门组织实施。

2）出版物存储功能

出版物配送中心的服务对象是为数众多的图书销售网点（新华书店和图书门店及大型书城），配送中心需要按照用户的要求及时将各种配装好的出版物送交到用户手中，满足读者需要。为了顺利有序地完成向用户配送商品的任务，为了能够更好地发挥保障生产和消费需要的作用，出版物配送中心通常要兴建现代化的仓库并配备一定数量的仓储设备，存储一定数量的商品。某些区域性的大型配送中心和开展代理交货配送业务的配送中心，不但要在配送货物的过程中存储货物，而且它所存储的货物数量更大，品种更多。由于配送中心所拥有的存储货物的能力使得存储功能成为配送中心中仅次于组配功能、分送功能的一个重要功能之一。比如北京的大型出版物流中心拥有目前国内最大的仓储物流配送中心，中心分为北京图书配送中心和代储代发服务中心两部分。存储的图书达 50 多万个品种、1 500 万册，设计年出版物发货能力达 80 亿元，可实现 24 小时不间断地为遍布京城的图书销售网点、6 000 多家图书发行公司以及展销大厅现场采购的团购客户及时进行配送服务，并逐步实现向华北等周边地区乃至全国的大型书城、网上书店实现辐射配送功能。代储代发服务中心主要为各出版社、图书发行公司的出版物提供仓储和配送物流服务。

3）出版物配组功能

由于每个图书销售网点对商品的品种、规格、型号、数量、质量送达时间和地点等的要求不同，出版物配送中心就必须按用户的要求对商品进行分拣和配组。配送中心的这一功能是其与传统的仓储企业的明显区别之一。这也是配送中心的最重要的特征之一，可以说，没有配组功能，就无所谓配送中心。

4）出版物分拣功能

作为物流节点的配送中心，其为数众多的客户中，彼此差别很大。不仅各自的性质不同，而且经营规模也大相径庭。因此，在订货或进货时，不同的用户对于货物的种类、规格、数量会提出不同的要求。针对这种情况，为了有效地进行配送，即为了同时向不同的用户配送多种货物，出版物配送中心必须采取适当的方式对组织来的货物进行拣选，并且在此基础上，按照配送计划分装和配装货物。这样，在商品流通实践中，配送中心就又增加了分拣货物的功能，发挥分拣中心的作用。

5）出版物分装、集散功能

从出版物配送中心的角度来看，它往往希望采用大批量的进货来降低进货价格和进货费用,但是用户企业为了降低库存,加快资金周转,减少资金占用,则往往要采用小批量进货的方法。为了满足用户的要求,即用户的小批量、多批次进货,出版物配送中心就必须进行分装。出版物配送中心可凭借其特殊的地位以及拥有的各种先进的设施和设备能够将分散在各个生产企业的产品集中到一起,然后经过分拣、配装向多家用户发运。

【实训环节】

一、实训项目

出版企业如何进行配送管理。

二、实训目的

增强学生对出版企业备货、理货和送货实际操作技能训练,加深对理论知识的理解,明确出版物配送中心功能及重要性。

三、实训内容

学生分成4人一小组,到出版物配送中心进行出版物备货、理货、发货处理的顶岗实训。

四、实训组织

1.实训前的准备

为保证实训效果,需要学生复习掌握以下内容:

①配送的各种形式;

②配送的作业流程;

③配送中心的功能。

2.具体的实训项目

①总体了解该配送企业所采用的配送方式;

②了解备货作业流程的处理;

③了解订单的处理;

④了解拣货和补货方式和流程;

⑤了解企业是如何配货和送货的;

⑥分析该配送企业在规划和设计方面的合理性。

3.实训成果

要求学生完成实训报告,由企业带教老师评价其实训表现。

五、其他

由于该实训环节需时较长,建议放在集中实训教学(如暑期实训)环节完成。

【课后练习】

一、单项选择题

1)配送的组织者是生产企业,企业直接进行配送,不需将产品发给其他服务组织进行配送,这种配送属于(   )。

A.配送中心配送   B.生产企业配送

C.仓库配送   D.商店配送

2)(   )是配送活动的核心,也是备货和理货工序的延伸。

A.物流   B.储运   C.送货   D.装卸

3)按客户的要求分拣并进行必要的组合和集装,并送入指定发货区的作业成为(   )。

A.集货   B.配货   C.配装   D.分拣

4)(   )作业是将货物从保管区域运至拣货区的工作。

A.理货   B.分拣   C.补货   D.配装

5)拣货策略要解决的核心问题是(   )。

A.拣货流程   B.分区拣货

C.分类拣货   D.拣货效率

二、多项选择题

1)配送按组织者不同分类分为(   )。

A.配送中心配送   B.仓库配送

C.生产企业配送   D.商店配送

2)定时配送包括(   )。

A.日配   B.准时配送

C.即时配送   D.快递式配送

3)下列属于备货环节的是(   )。

A.筹集货源   B.补货

C.订货   D.进货

4)按补货时机分类,补货的3种方式包括(   )。

A.批次补货   B.定时补货

C.随即补货   D.整箱补货

5)以下属于出版物配送中心功能的是(   )。

A.出版物采购   B.出版物存储

C.出版物配组   D.出版物分拣

三、判断题

1）配送中心的业务活动是以内部订单发出的订货信息作为驱动源。　（　　）

2）配送中心在物流系统中处于干线物流过程。　（　　）

3）定时配送的时间固定、易于安排工作计划。　（　　）

4）备货的货物存储表现为暂存形态和储备形态两种形态。　（　　）

5）补货是配送活动的核心，也是备货和理货工序的延伸。　（　　）

四、名词解释

1）出版物配送

2）暂存形态存储

3）储备形态存储

4）出版货物分拣

5）出版物配送中心

五、简答题

1）简述配送的含义和特点。

2）出版物配送的作用表现在哪些方面？

3）简述理货的作业流程。

六、论述题

出版物配送中心功能及作用。

七、案例分析题

7-11 连锁便利店的配送中心系统

每一个成功的零售企业背后都有一个完善的配送系统支撑，在美国电影新片《火拼时速Ⅱ》（RushHourⅡ）中，唠叨鬼詹姆斯·卡特有一个绰号叫7-11，意思是他能从早上7点钟起床开始一刻不停地唠叨到晚上11点钟睡觉。其实7-11这个名字来自于遍布全球的便利名店7-11，名字的来源是这家便利店在建立初期的营业时间是从早上7点到晚上11点，后来这家70多年前发源于美国的商店是全球最大的便利连锁店，在全球20多个国家拥有2.1万家左右的连锁店。到2003年，光在中国台湾地区就有2 690家7-11店，美国5 756家，泰国1 521家，日本是最多的，有8 478家。

一家成功的便利店背后一定有一个高效的物流配送系统，7-11从一开始采用的就是在特定区域高密度集中开店的策略，在物流管理上也采用集中的物流配送方案，这一方案每年大概能为7-11节约相当于商品原价10%的费用。

配送系统的演进一间普通的7-11连锁店一般只有100～200平方米大小，却要提供23 000种食品，不同的食品有可能来自不同的供应商，运送和保存的要求也各有不同,每一种食品又不能短缺或过剩,而且还要根据顾客的不同需要随时能调整货物的品种,种种要求给连锁店的物流配送提出了很高的要求。一家便利店的成功,很大程度上取决于配送系统的成功。

7-11 的物流管理模式先后经历了 3 个阶段 3 种方式的变革。起初,7-11 并没有自己的配送中心,它的货物配送是依靠批发商来完成的。以日本的 7-11 为例,早期日本 7-11 的供应商都有自己特定的批发商,而且每个批发商一般都只代理一家生产商,这个批发商就是联系 7-11 和其供应商间的纽带,也是 7-11 和供应商间传递货物、信息和资金的通道。供应商把自己的产品交给批发商以后,对产品的销售就不再过问,所有的配送和销售都会由批发商来完成。对于 7-11 而言,批发商就相当于自己的配送中心,它所要做的就是把供应商生产的产品迅速有效地运送到 7-11 手中。为了自身的发展,批发商需要最大限度地扩大自己的经营,尽力向更多的便利店送货,并且要对整个配送和订货系统作出规划,以满足 7-11 的需要。

渐渐地,这种分散化的由各个批发商分别送货的方式无法再满足规模日渐扩大的 7-11 便利店的需要,7-11 开始和批发商及合作生产商构建统一的集约化的配送和进货系统。在这种系统之下,7-11 改变了以往由多家批发商分别向各个便利点送货的方式,改由一家在一定区域内的特定批发商统一管理该区域内的同类供应商,然后向 7-11 统一配货,这种方式称为集约化配送。集约化配送有效地降低了批发商的数量,减少了配送环节,为 7-11 节省了物流费用。

配送中心的好处特定批发商(又称为窗口批发商)提醒了 7-11,何不自己建一个配送中心?与其让别人掌控自己的经脉,不如自己把自己的脉。7-11 的物流共同配送系统就这样浮出水面,共同配送中心代替了特定批发商,分别在不同的区域统一集货、统一配送。配送中心有一个电脑网络配送系统,分别与供应商及 7-11 店铺相连。为了保证不断货,配送中心一般会根据以往的经验保留 4 天左右的库存,同时,中心的电脑系统每天都会定期收到各个店铺发来的库存报告和要货报告,配送中心把这些报告集中分析,最后形成一张张向不同供应商发出的订单,由电脑网络传给供应商,而供应商则会在预定时间之内向中心派送货物。7-11 配送中心在收到所有货物后,对各个店铺所需要的货物分别打包,等待发送。第二天一早,派送车就会从配送中心鱼贯而出,择路向自己区域内的店铺送货。整个配送过程就这样每天循环往复,为 7-11 连锁店的顺利运行修石铺路。

配送中心的优点还在于 7-11 从批发商手上夺回了配送的主动权,7-11 能随时掌握在途商品、库存货物等数据,对财务信息和供应商的其他信息也能握于股掌之中,对于一个零售企业来说,这些数据都是至关重要的。

有了自己的配送中心,7-11 就能和供应商谈价格了。7-11 和供应商之间定期会有一次定价谈判,以确定未来一定时间内大部分商品的价格,其中包括供应商的运费和其他费用。一旦确定价格,7-11就省下了每次和供应商讨价还价这一环节,少了口舌之争,多了平稳运行,7-11为自己节省了时间也节省了费用。

配送的细化随着店铺的扩大和商品的增多,7-11的物流配送越来越复杂,配送时间和配送种类的细分势在必行。以台湾地区的7-11为例,全省的物流配送就细分为出版物、常温食品、低温食品和鲜食食品4个类别的配送,各区域的配送中心需要根据不同商品的特征和需求量每天作出不同频率的配送,以确保食品的新鲜度,以此来吸引更多的顾客。新鲜、即时、便利和不缺货是7-11的配送管理的最大特点,也是各家7-11店铺的最大卖点。

与中国台湾地区的配送方式一样,日本7-11也是根据食品的保存温度来建立配送体系的。日本7-11对食品的分类是:冷冻型(零下20℃),如冰激凌等;微冷型(5℃),如牛奶、生菜等;恒温型,如罐头、饮料等;暖温型(20℃),如面包、饭食等。不同类型的食品会用不同的方法和设备配送,如各种保温车和冷藏车。由于冷藏车在上下货时经常开关门,容易引起车厢温度的变化和冷藏食品的变质,7-11还专门用一种两仓式货运车来解决这个问题,一个仓中温度的变化不会影响到另一个仓,需冷藏的食品就始终能在需要的低温下配送了。

除了配送设备,不同食品对配送时间和频率也会有不同要求。对于有特殊要求的食品如冰激凌,7-11会绕过配送中心,由配送车早中晚3次直接从生产商门口拉到各个店铺。对于一般的商品,7-11实行的是一日三次的配送制度,早上3点到7点配送前一天晚上生产的一般食品,早上8点到11点配送前一天晚上生产的特殊食品如牛奶,新鲜蔬菜也属于其中,下午3点到6点配送当天上午生产的食品,这样一日三次的配送频率在保证了商店不缺货的同时,也保证了食品的新鲜度。为了确保各店铺供货的万无一失,配送中心还有一个特别配送制度来和一日三次的配送相搭配。每个店铺都会随时碰到一些特殊情况造成缺货,这时只能向配送中心打电话告急,配送中心则会用安全库存对店铺紧急配送,如果安全库存也已告罄,中心就转而向供应商紧急要货,并且在第一时间送到缺货的店铺手中。

资料来源:http://info.10000link.com/newsdetail.aspx? doc=2010092990050.

总结7-11连锁便利店的配送流程? 有什么特点?

第8章

出版物包装

教学目的和要求

1. 了解出版物包装的分类。

2. 掌握出版物包装的作用。

3. 了解出版物包装所用的材料。

4. 掌握出版物包装所应遵循的基本原则。

主要概念(原理)与技能

出版物包装　电子出版物　绿色包装　价值分析法

教学重点和难点

重点:出版物包装的分类、出版物包装的作用。

难点:掌握出版物包装所应遵循的基本原则、包装价值分析方法。

8.1 包装的定义和分类

当今,世界经济迅猛发展,市场竞争日趋激烈,包装已成为刺激消费、扩大销售、使产品增值的有力武器,成为与经济发展、科技进步和提高人们生活质量密切相关的重要因素。

8.1.1 包装的定义

关于包装的定义,世界各国都有不同的理解,表述方式也各有不同,但就其内涵来讲大同小异。美国包装学会对包装的定义:符合产品之需求,以最佳的成本,便于货物的传送、流通、交易、储存与贩卖,而实施的统筹整体系统的准备工作。日本包装协会对包装的定义:包装是便于物品的输送及保管,并维护商品的价值及保持其状态,而以适当的材料或容器,对物品所实施的技术与状态。我国国家标准"包装术语基础"(GB/T 4122.1—1996)中指出:"包装是为在流通中保护产品,方便储运,促进销售,按一定技术方法而采用的容器、材料及辅助物等的总称。"

在出版物流中出版物包装是指为了保护出版物,便于运输及储存,方便识别、管理,而以适当的方法和材料,对出版物所实施的一定技术的操作活动。

从上述定义可以看出,包装的目的性很强,都是为产品的运输和销售而做的一系列准备工作,都是为了实现保护产品、方便储运以及促进产品销售的目的。从某种意义上说,包装是生产的终点,同时也是社会物流的起点。出版物包装的选择不仅要考虑包装在运输、储存过程中对产品的保护,还要考虑包装的便利性、美观性以及对包装废弃物的回收和处理等因素。

8.1.2 出版物包装的分类

当今出版物的种类琳琅满目,千差万别,而出版物的包装是综合各种技术和艺术手段,包含不同材料和工艺的集合体。将出版物包装进行科学的分类,对包装的设计、生产、应用和管理都具有重要的意义。

出版物包装的分类是按一定目的,选择合适的标准,并将出版物总体逐一划分为若干个特征更趋一致的部分。根据包装所选的标准不同,可将包装按以下方法加以分类：

1）按出版物的种类分类

按照出版物的种类不同，一般分为光盘等电子出版物的包装、书籍和小册子的包装、硬书皮书刊和配帖小册子的包装、期刊的包装。

2）按出版物包装形态、顺序分类

按出版物包装的形态和包装物与内装物的顺序，一般可以把包装分为内包装（小包装）、中包装和外包装。这对应于日本的内包装、外包装和个体包装。美国则把包装分为原包装、二次包装和三次包装。

内包装指直接与出版物接触的包装，是保护出版物最基本的包装形式。内包装的标识、图案和文字应起到指导消费、便于流通的作用。

中包装是将一定数量和内包装或小包装进行集装。在流通过程中主要起方便搬运、计量、陈列和销售的作用，如图8.1所示。

图8.1 书籍中包装

外包装是以运输、储运为目的的包装，它能容纳一定数量的中包装或小包装，起保护出版物、简化物流环节等作用。外包装对外观设计的要求不高，但必须有清晰的出版物标识。如图8.2所示的集装箱可以保护出版物、方便装载，可以用叉车

图8.2 书籍外包装

方便地装卸、短距离运输。外包装一般又叫大包装,有的场合也称之为运输包装。

3)按运输方式分类

按照运输方式可以将包装分为铁路运输包装、公路运输包装、船舶运输包装、航空运输包装四大类。分类的主要依据是各种运输条件下的冲击加速度、振动频率和振幅等。因此,这也是进行出版物运输包装设计的流通环境条件之一。

4)按出版物包装目的分类

按出版物包装目的可以将包装分为销售包装和物流包装两大类。这两类包装在设计时的侧重点不一样,前者以销售为主要目的,侧重于出版物包装的外观设计,具有保护、美化、宣传出版物,促进销售的作用,有时又叫出版物商业包装。后者以运输储存为主要目的,侧重于解决出版物在运输过程中的冲击、振动防护等问题,具有保护出版物,方便储运装卸,加速交接、点验等作用,又叫出版物工业包装。

(1)销售包装在设计时重点考虑的是包装结构、造型和装潢

由于销售包装与出版物直接接触,因此包装材料的性质、形态、式样等因素都要为保护出版物服务。图案、文字、颜色及装饰能吸引消费者,能刺激读者购买,为出版物的畅销创造良好条件,同时还具有保护和方便的功能。

(2)物流包装主要包括运输包装、托盘包装和集合包装

运输包装是指以满足运输储存要求为主要目的的包装。它具有保障出版物的安全,方便储运装卸,加速交接和检验的作用。

托盘包装是指以托盘为承载物,将包装件或出版物堆码在托盘上,通过捆扎包或胶贴等方法加以固定,形成一个搬运单位,以便使用机械设备搬运的包装。

集合包装是指将一定数量的包装或出版物装入具有一定规格、强度、适宜长期周转使用的大包装器内,形成一个合适的装卸搬运单位的包装。例如集装箱、集装托盘、集装袋等。集合包装将零散小包装集合成大的包装单元,利于装卸搬运的机械化、自动化。集合包装容器可以反复周转使用,降低运输费用。另外集合包装要求单个出版物的外包装尺寸必须适合于集装箱或托盘及其他包装容器的尺寸,这也促进了出版物包装的标准化、规格化和系列化。

5)按包装使用次数分类

出版物包装按使用次数分一次性使用包装和多次使用包装两种。其中多次使用包装又叫复用包装或可回收使用包装,其常用的方法有:

(1)通用包装

按标准模数尺寸制造的瓦楞纸、纸板及木质、塑料质的通用外包装箱不需专门安排回返使用,其通用性强,在任何地方,可转用于其他包装。

(2)梯级利用

一次使用后的包装物,用完转做他用或简单处理后转做他用。如瓦楞纸箱部分损坏后,切成较小纸板再制成小箱,或将纸板用于垫衬。有的包装物设计成多用途,一次使用完毕之后,可用于其他功能。如设计成装饰物等,这就使资源利用更充分、更合理。

6)按出版物包装材料的柔软性分类

出版物包装按包装材料的柔软性可以分为软包装、硬包装。软塑、纸包装多属前者,硬塑、纸板、木质包装等为后者。

综上所述,出版物包装的分类可以按不同要求、从不同角度进行。包装的生产部门、管理部门、科研部门和教学部门等,可以选择适合自身特点和要求的分类方法,以便于相关工作的有序进行。

8.2 出版物包装的地位及作用

8.2.1 出版物包装在物流中的地位

在再生产过程中,出版物包装处于生产过程的结尾和物流过程的开头,它既是生产的终点,又是物流的起点。作为物流的起点,包装完成后,出版物便具有物流的可能,在整合整个物流的过程中,包装可以保护出版物,最后实现销售,因而包装对出版物流起决定性的作用。

8.2.2 出版物包装在物流中的作用

要使出版物在物流中通过运输、储存环节顺利到达消费者手中,必须保证出版物的使用价值完好无损。合适的包装可以维护出版物的内在质量和外观质量,使出版物在一定条件下不会因外在的因素影响而被破坏,以保证物流活动的顺利进行。包装质量的优劣关系到商品能否完好无损地送达消费者手中,包装的装潢和造型水平,影响到商品的竞争力。包装也是运输、储存职能发挥作用的条件。通过分析,包装的主要作用有以下几点。

1) 保护出版物

保护出版物是包装的最基本功能,即保护出版物不受各种外界因素影响而损坏,这也是包装的主要目的。

出版物在流通过程中,可能会遇到各种严酷的气候条件(潮湿、温度变化、光照等)、物理条件(机械损伤、冲击、压力等)、生物条件和化学条件(灰尘、油脂等)而受到损害。包装最主要的作用之一就是保护出版物、减少损失。例如,防潮包装可以使出版物在潮湿的大气环境中不会受潮、霉变和腐蚀;缓冲包装可以保护出版物在运输装卸过程中,不会因振动、冲击、压缩和摩擦等而损坏,还可以防止有害生物对出版物的破坏。

2) 方便储运与使用

合理的包装可以为物流全过程的各个环节提供操作上的方便,从而提高物流的效率和降低物流成本。绝大多数出版物在物流过程中都要进行合适的包装,包装的规格、质量、形态应适合仓储作业。例如将出版物用纸箱包装、托盘集装和集装箱装载等之后,才能便于搬运、装卸、运输、堆码和储存。尺寸与运输车辆、船、飞机等运输工具的容积相吻合,能提高装载能力和运输效率(有关出版物运输的内容详见本书第六章)。包装物的各种标志、条码应便于仓库管理的识别、存取、盘点、验收,通过包装使出版物形成一定的单位,作业时便于处置。

包装的大小、形态、包装材料、包装重量、包装标志等能使出版物便于运输、保管、验收和装卸,并使其容易区分及计量,同时也使包装及拆装作业更加简便、快速。

【案例】

华联印刷厂在物流管理过程中规范产品包装

华联印刷厂所有产品在制造加工的同时,均加工完成具有明确标志且与产品规格相匹配的成品包装箱,包括产品名称、每箱数量等要素。如属国内运输,则按国内运输的标准制作;如是发往国际,则包装箱、卡板按国际标准制作。

清晰的标志提高了出版物查找的准确率,对成品出版物运输体积和重量的估算更为准确,为成品运输提供可靠资料,使运输车辆的准备有据可依。

资料来源:http://www.chinawuliu.com.cn/cflp/newss/content1/201102/768_34576.html.

3）促进销售

包装是提高出版物竞争能力、促进销售的重要手段。我们可以通过形状、颜色、材料、重量以及能刺激消费者视觉的包装设计元素和别具一格的包装设计来影响消费者，刺激其购买欲望。包装可用来对出版物做介绍、宣传，便于人们了解出版物，最终使消费者下决心购买，因此包装有"无声的推销员"之称，许多促销活动都可以通过包装来实现。美国最大的化学工业公司杜邦公司曾经有一项调查表明：63%的消费者是根据商品的包装来选购商品的。这一发现就是著名的"杜邦定律"。另据英国市场调查公司报告，在超级市场购物的妇女，一般由于受精美包装的吸引，所购物品通常是进门时打算购物数的45%。

同样，在出版物营销中，良好的保护性能、方便适用的结构形式也是使出版物赢得消费者的重要因素。另外，规格适宜的包装，方便批量交易，方便零售中一次性购买。因此，出版物包装的促销功能在出版物销售活动中越来越重要。

8.3 出版物包装材料及其包装原则

8.3.1 常用出版物包装材料

包装的材料与包装功能密切联系，包装材料的物理性能与化学性能千差万别，包装材料不同对保护出版物的作用也不同，常用的出版物包装材料有主要材料和辅助材料。

1）出版物包装的主要材料

主要材料有塑料、包装纸、木箱。其中纸的应用最广泛，它的品种最多，消耗量也最大。由于纸具有价格低、质地细腻均匀、耐冲击、容易黏合、不受温度影响、无毒、无味、适于包装生产的机械化等优点。但是纸的防潮、防湿性能差，这是纸质包装材料的最大弱点。包装纸又可分为包装用原纸和包装加工纸两大类。在包装原纸中按定量不同又分为纸张和纸板，凡定量在 150 g/m^2 以下的纸称为纸张，定量在 200 g/m^2 以上的称为纸板，介于 150～200 g/m^2 的称为卡纸。

（1）包装纸原纸分类

①纸张：普通包装纸、纸袋纸、中性包装纸、羊皮纸、鸡皮纸、半透明玻璃纸等。

②纸板：包装纸板、标准纸板、牛皮纸箱纸板等。

（2）包装加工纸分类

①防潮纸：石蜡纸、油纸、沥青纸等。

②防锈纸：接触防锈纸、气相防锈纸等。

③多层铝塑复合纸。

④瓦楞纸板等。

为了满足不同出版物的需要，往往需要对原纸进行加工，制成各种特殊性能的包装纸。目前生产的包装用纸品种很多，主要的包装用纸有白卡纸、胶版印刷纸、胶版印刷涂料纸、铸涂纸（又称高光泽铜版纸，俗称玻璃卡纸）、羊皮纸（有动物羊皮纸和植物羊皮纸两种，植物羊皮纸又叫硫酸纸）、中性包装纸、鸡皮纸、玻璃纸和防油纸、牛皮纸、纸袋纸、防锈纸；包装用纸板主要有标准纸板、厚纸板、白纸板、瓦楞原纸、牛皮箱纸板、箱纸板、瓦楞纸板。

（3）**木材包装材料**

几乎所有的木材都可以成为包装材料，特别是作为出版物的外包装材料，更显示出其抗压、抗震等优点。但由于木材资源有限，具有易受环境温度、湿度的影响而变形，易腐朽，易燃等缺点，将逐渐被塑料、复合材料、胶合板等取代。木材包装材料一般有木箱、木桶、木笼等。

（4）**透明塑料膜**

在工业装订中，透明塑料膜是主要的包装材料。薄膜包装在产品的外面，并封合后形成外壳，使用收缩薄膜时，经过热收缩过程，使包装达到合适的尺寸。这种薄膜包装的优点是能形成紧密的包裹，使出版物能够很好地免于气候的影响。包装后，出版物外表仍可见，用其设计的护封可作为产品的广告。与纸包装和瓦楞纸盒包装相比，这种包装技术简单，并容易联接到生产线上，成本比较低。缺点是如果购买者不拆开包装，就不能检查出版物的质量，强度较小、防冲击的能力小，另外废弃物的处理困难，易产生公害。

总之，由于出版物的种类不同，所使用的包装材料也有所不同，如书籍和小册子可用塑料膜、捆扎带和可折叠的硬纸盒包装。塑料膜用于单件产品、多件产品和批量产品的包装；捆扎带用于单件产品和散页堆；可折叠的硬纸盒用于多件产品的瓦楞纸折叠纸盒。

2）**出版物包装的辅助材料**

辅助材料有黏合剂、黏合带、捆扎材料等。

（1）**黏合剂**

黏合剂用于材料的制造、制袋、制箱及封口作业。分别有水型、溶液型、热融型和压敏型几种。目前由于普遍采用高速制箱及封口的自动包装机，所以大量使用短时间内能够黏结的热融黏合剂。

（2）**黏合带**

黏合带有橡胶带、热敏带、黏结带3种。橡胶带遇水可直接溶解，结合力强，黏结后完全固化，封口很结实；热敏带一经加热活化便产生黏结力，一旦结合，不好揭开且不易老化；黏结带是在带的一面涂上压敏性结合剂，如纸带、布带、玻璃纸带、乙烯树脂带等，也有两面涂胶的双面胶带，这种带子用手压便可结合，十分方便。

（3）**捆扎材料**

捆扎的作用是打捆、压缩、缠绕、保持形状、封口防盗、便于处置和防止破损等，现在多用聚丙烯绳、纸带、聚丙烯带等进行捆扎。

【技能提示】

某出版社包装材料采购标的、质量要求及规格

标　的	质量要求	规格/毫米	备　注
牛皮纸	QB/T 3516—1999B级，每平方米80克，全木浆制造。	787×1 092	平板
复合牛皮纸	以每平方米80克全木浆牛皮纸为基纸，加塑料膜，加PP塑料编织布，三合一。	787×1 092	平板印字
茶板纸	GB/T 13023—1991《瓦楞原纸》，D级。每平方米280克。	1 100×860	平板
PP机用打包带	QB/T 3811—1999，一等品。	12或13×1（±0.1）	印字
PP手工捆扎绳	SG 281—83，合格品，全透明。	双层宽度100	

3）**出版物绿色包装材料**

绿色包装，是指完全以天然植物或有关矿物为原料制成的，能循环和再生利用、易于降解、可促进持续发展的，且在产品的整个生命周期中对生态环境、人体和

牲畜的健康无害的一种环保型包装。绿色包装材料是指环境负担最小而再循环利用率最高的新型包装材料。它除了具有一般包装材料的共性外,还需要具有良好的环境性能、资源性能、减量化性能以及回收处理性能。下面列举几种新型绿色包装材料:

(1)蜂窝纸板制品及纸浆模塑制品

蜂窝纸板在物流运输过程中,完全可作为缓冲、隔板和衬垫包装,也可作为包装箱和托盘来替代木箱和木托盘包装。蜂窝纸板在生产过程中无污染,蜂窝纸芯复合板的材料可以完全回收作纸浆,如果弃之不用,在自然界会完全腐烂分解,是满足 3R1D(即减量化 reduce,回收再使用 reuse,回收循环再生 recycle,可降解腐化 degradable)要求的,真正的绿色包装材料。

纸浆模塑是一种立体造纸技术。它是以废纸浆或植物纤维浆为原料,在模塑机上用带滤网的模具在压力、时间等条件下,通过纸浆脱水、纤维成型而生产出所需产品的一种加工方法。纸浆模塑制品的体积比发泡塑料小、可重叠。且抗压耐折、材质轻,易于保存和运输,将其置于自然环境中,也可自行腐烂降解。

(2)纳米技术是 21 世纪三大科学技术之一

采用纳米技术对传统包装材料进行改性后,材料具有高强度、高硬度、高韧性、高阻隔性、高降解性以及高抗菌能力的特点。使其最有利于在实现包装功能的同时,实现绿色包装材料的环境性能、资源性能、减量化性能以及回收处理性能等。纳米复合包装材料、纳米抗菌包装材料、纳米基板包装材料、纳米阻隔性包装材料都为包装材料的绿色化提供了良好的应用前景。

此外,还有一些诸如绿色包装胶黏剂、绿色包装印刷油墨等绿色包装辅助材料对包装的“绿色”也影响颇大。若使用非环保材料,就会直接影响人们的健康,对环境造成危害。绿色包装材料是发展出版物绿色包装的关键,对减少包装废弃物污染,节约包装资源,发展包装循环经济具有重要意义。

8.3.2 出版物包装应遵循的基本原则

1)安全原则

安全原则是指出版物的包装应该保证出版物本身以及相关人员的安全。包装的第一大功能就是保护出版物不受外界损害,保证出版物在物流过程中保持原有的形态,不受损坏和散失。出版物最终要通过物流环节送达读者手中,在这个过程中,出版物经常会遇到一系列的威胁,如冲击、跌落等外力的作用,高温、潮湿等环境的变化,生物、化学的侵蚀,人为的破坏等,而包装则成为对抗这些危险、保护出版物的一道屏障。

包装除起到保护出版物不受损害的作用外,还可保护与这些出版物发生接触的人员的人身安全,如搬运工人、销售人员的安全,如果包装不符合要求,将会造成严重的后果。

2)合理化原则

从现代物流学的观点来看,物流包装合理化,不仅是出版物流包装自身的问题,而且是整个出版物流系统合理化的前提。分析出版物流包装是否合理,一方面用整套出版物流系统效益来评价,另一方面是对出版物流包装自身的材料、技术运用、方式的组合进行评价。

(1)不合理的出版物流包装

常见的不合理的出版物流包装通常表现在以下两个方面:

①出版物流包装不足。主要表现是出版物流包装强度不足,物流包装材料不能承担防护作用,物流包装容器的层次及容积不足,出版物流包装成本过低,不能有效地包装。

②出版物流包装过剩。出版物流包装过剩主要体现在包装强度设计过高,包装材料要求过高,包装技术水平过高,包装层次过高,包装体积过大,包装成本过高。

【技能提示】

出版物流包装的影响因素

由于物流的影响因素是可变的,确定出版物流包装的形式、选择物流包装方法都要与物流的诸多影响因素相适应。对出版物流包装影响最大的是装卸搬运,不同的装卸搬运方式决定了不同的物流包装。对于人工作业,出版物流包装的重量必须限制在人工作业的允许能力之内,外形尺寸适合人工作业。对于机械作业,出版物集装箱重量可达 10 t 以上。储存条件和方式对出版物流包装也是一个重要影响因素,同时,运输工具、运输距离、道路状况等,对出版物流包装都有较大影响,而这些都需要我们根据实际情况进行分析决定。

(2)出版物流中包装的合理化

①合理选用包装材料与技术。包装材料与技术涉及包装成本与包装效果。包装材料质量差,技术简易,如层次少、包扎与装订力度小,可以降低包装成本,但包装效果差;反之包装效果很好,但成本过高。这些都应该在出版物包装设计中予以

考虑(具体内容详见本章第5节包装价值分析)。

②合理设置包装方式。包装方式直接影响着出版物的装卸、储存和运输,所以设置包装方式时应考虑如下几个因素。

首先考虑的是出版物流的接口——装卸。不同的装卸方式决定了不同的包装方式。包装过大会使装卸搬运增加无效劳动,而包装的轻型化、简单化和实用化则可不同程度地减少作用于包装上的无效劳动。需要手工装卸的,包装及内容的重量必须限制在手工装卸的能力范围之内,一般设定为工人体重的40%左右,包装的外形尺寸也应适合手工操作。另外,发展国际性物流还要考虑不同地区物流载体的装卸交接,各种商品都按统一的规格尺寸进行包装,这些规格尺寸的单元基础叫"标准模数"。现在国际上已基本上确定为 600 mm × 400 mm,其他规格尺寸按此倍数推导。总之,在保证出版物质量和运输安全的前提下,尽量压缩出版物包装体积,采用标准包装模数可以使装载容积充分利用。

其次考虑的是物流的动脉——运输。运输是物流主要的功能要素之一,承担着物流过程中很大一部分责任。对于进行长距离或多次中转运输的,就要用严密厚实的包装;而短距离汽车运输,可采用轻便、防潮的包装等。

再次要考虑出版物流的中心——保管储存。保管储存与运输是物流的两个主要功能要素,"运输"改变了出版物的空间状态;而"保管储存"改变了出版物的时间状态。保管储存使出版物安全放置一段时间,从而实现了出版物在供应链中上下环节的衔接,并调节上下环节流量的差异,从而保持了生产与流通的正常,使再生产顺利进行。采用高层堆放的应该要求包装材料有比较高的强度,有较强的抗压性,以更好地保护出版物。

3)"绿色"原则

随着人们对环境、生态意识的加强,绿色包装已逐渐成为当今社会人们追求并为之奋斗的目标。"绿色"原则是指对出版物的包装应符合环境保护的要求。环境保护是当今世界经济发展的主题之一。绿色包装是指可以回收利用的、不会对环境造成污染的包装,又被称为环境友好包装(Environmental Friendly Package)、生态包装(Ecological Package)。

发展绿色包装,开发绿色材料,解决包装废弃物的污染,已经成为国家实施环境保护的重大举措之一,这是一种理性的意识和行为,是人类自我认识和谋求与自然同在的统一。合理选择包装材料,安全、环保是一个迫切需要解决的问题。国外已经有许多国家和地区颁布法律,在包装中全面贯彻绿色包装作为包装法的基本原则之一。

随着现代工业的快速发展和人类环境保护意识的不断增强,出版物流包装要实现绿色化是一种必然的趋势。我们要从宏观和长远利益的角度,通过节约资源、保护环境、发展技术来满足社会经济可持续发展的需求。

4) 经济原则

经济原则是指包装应该以最小的投入获得最大的收益。包装成本是出版物流成本的一个重要组成部分,高昂的包装费用将会降低企业的收益率。特别是我国目前生产力水平还不算发达,奢华的包装不仅会造成社会资源的极大浪费,还会产生不良的社会影响。但是包装过于低廉或者粗糙,也会降低出版物的吸引力,形成商品销售的障碍。经济原则即在两者之间达到平衡,使包装既不会造成资源浪费,又不会影响出版物的销售。

此外,出版物包装还应符合科学、牢固、美观的原则。

8.4 报纸、杂志及电子出版物的包装

8.4.1 报纸、杂志的包装

在最短的时间内实现个性化分送,是对报纸和杂志包装提出的特殊要求,所以必须要考虑以下两点。

第一,在一个版本中会有一些子版本,如广告插页,可能涉及不同的编者,因此一定要确保发送产品的版本配置,以确保包装内容的准确。部分产品还包括客户的地址,因此必须与物流部门相互协作。

第二,一个版本可以采用几种渠道发送(邮寄、卡车、飞机、轮船),其中包括一些特殊的打包形式。一个版本可能同时用几种不同的包装方法,从一种递送过程换成另一种递送过程时,每个包装必须包含一个可变的标签,标签上注明特定的发送信息。

【技能提示】

书刊的包装

期刊包装大小由期刊递送条件决定,标准包装和只有一份副本的包装一定要分别打包。此外还有如硬皮书刊和配帖小册子的包装,对硬皮书刊来说,通常是每个包装 1 本。对小册子来说,通常是每个包装 5~10 本。

报纸的包装

为了减少过量的包装费用,尤其是报纸的发送,有报纸盒和卷包装两种形式:报纸盒是一种以地区发送为基础,循环使用塑料盒装置的发送系统。报纸自动地放置在可规程的盒子内,在纸台上堆放,然后直接进入相应的发送渠道。报纸订户预先准备一个空盒子,在分配运输路线中来回传送。这个系统不需要附加包装材料,而且提供了最大的产品保护。另一种卷包装是一个圆筒形的装置,带有包装标签固定薄膜的报纸卷。这个"卷筒"放在纸台上,递送的过程中,报纸在输入——输出的方向上完成分配。卷包装的使用,减少了包装的技术性。

8.4.2　电子出版物的包装

近年来,电子出版物市场势头崛起,已经形成一个完整的产业链,电子出版物的包装也显露出其强劲的生机。

1）电子出版物的概念

电子出版物是指以数字代码方式,将图、文、声、像等信息编辑加工后存储在磁、光、电等介质上,通过计算机或具有类似功能的设备读取和使用的出版物。与纸介质出版物相比,电子出版物在信息的记录方式、存储介质、读取方法和浏览方式上是完全不同的。而与互联网出版物相比,电子出版物主要在复制、存储、传播和流通方式上有所不同。

电子出版物的主要载体有软磁盘、只读光盘,还有集成电路卡(简称"IC")等。

2）电子出版物的包装

(1)电子出版物的包装方式

电子出版物的包装方式有精装和简装两种。精装是用纸盒进行包装,除了少量的品种采用织物裱制的纸盒之外,大多数 CD-ROM 的精装形式是普通纸盒。简装有两种形式,一种是塑料盒包装,即将承载光盘的塑料盒以塑膜密封后就当作外包装。另一种是纸袋包装,是将光盘直接放在纸袋内,常用于与硬件捆绑销售的产品。附属于纸介质书刊的电子出版物,也用纸袋包装,插有光盘的纸袋一般粘贴在书刊的封三上或夹在书刊中间。

(2)电子出版物包装设计的内容

①光盘表面的印刷内容设计;

②塑料盒面封、底封设计;

③说明书设计;

④纸袋的设计;

⑤外包装盒设计。

电子出版物的外包装盒形式多样,最常见的是厚卡纸纸盒,也有将铜版纸印刷后套在通用的白色细瓦楞纸盒外面的,后者较为经济灵活。包装设计不但要有好的艺术创意,还要兼顾电子出版物的界面风格。

外包装盒除了必须印上与光盘表面相同的标志性内容外,还必须印有该电子出版物的中国标准书号条码或者中国标准连续出版物号条码。电子出版物包装设计的要求和审稿程序,与图书装帧设计基本相同。实际上,高质量的印刷包装也是一种防盗版的手段。

检测合格的电子出版物成品,按设计要求装入精装或简装形式的包装盒(袋)后,就可以开始发行。

【技能提示】

某出版社对图书内包装和外包装要求

出版物印刷装订完毕后,必须经包装质量验收合格后才能入库或进入发运过程。通常对出版物包装及包件要求如下:

(1)内包装

每捆长、宽、高应与外包装的要求相适应,原则上以各厂与物流公司代发管理人员核定的包捆为准,内捆扎方式32开为十字形,普通24开及16开为工字形,铜版纸24开及16开为井字形,必须捆扎牢固。32开每捆长度在38~43厘米以内(两捆一包),16开每捆高度在18~22厘米以内(两捆一包),24开每捆高度在14~16厘米以内(四捆一包)。

每捆图书上下两面以黄板纸覆盖,并注明版别、书名、书号、定价、每捆数量、厂名等项目,字迹清楚、内容准确。

(2)外包装

大包全部井字形捆扎,32开两捆打一个包,16开两捆平放打包,特殊规格的,与配送部代发管理人员核准后打包。发省外包件一张复合纸一张牛皮纸一张土板纸包装,发省内包件两张牛皮纸一张土板纸包装。由代发印刷厂直发省外的包件,必须以打包带捆扎,不能使用手工捆扎绳,以防运输过程中发生意外。

(3)包件

退回物流配送公司的图书,可视情况进行内捆扎、外包装或打包。另外,图书包装符合规格要求,图书书脊朝里,包件包紧裹牢,折角平整,捆扎均匀,票签牢正。省外发货一律一张复合纸加衬纸,省内两张牛皮纸加衬纸,调拨单包外需注明"发单在内"字样。包件完成后,凭包件转移单(或运况单)同运输部门进行实物包件交接。

8.5　技能拓展——包装价值分析

为了优化物流包装,可采用价值分析法,简称VA,起源于美国,日本引进后成效显著。其主要目的是从品质、使用、耐用、外观等方面考虑降低成本的可能性,力求以最低的寿命周期费用,可靠地实现产品的必要功能。

1)价值分析法的主要内容

价值分析法是在广泛收集具有同样功能的物流包装材料和包装容器的基础上,分别核算其成本,以便选用最便宜的材料、容器及方法,在保持同样功能的前提下,进行物流包装。

【技能提示】
价值分析法检查分析的内容

1. 逐次检查,找出不必要的、多余的地方;
2. 采用替代材料和容器,包装的功能是减少了还是增强了;
3. 包装成本与产品的用途对比是否相称;
4. 产品本身性能是否需要和适应;
5. 价格是否合理,能否再降低;
6. 包装的规格和尺寸是否恰当,能否实现标准化;

7.整个包装工艺是否经济、高效；

8.在整个物流过程中的安全性是否合适；

9.各项成本构成是否合理；

10.包装原材料、半成品及器具的物流是否合理。

以上各项需要认真反复检查、分析、比较，直到获得最佳的经济效益和社会效益，方为最优方案。

2）价值分析法的基本要点和特性

（1）价值分析法的基本要点

①功能：主要指物流包装的使用价值、性能、效用及其满足用户需求的程度。

②必要性：是指用户所要求的包装物品在物流过程中必须保持或达到的功能。

③寿命周期（也称寿命周期成本）：是指从包装物品的研制、生产、使用、维修直到最后报废为止的全部费用。它包括制造费和使用费。

④物品的价值：指物品的功能与功能成本之间的对比关系。一般用以下公式表示：

$$价值 = 功能 / 成本$$

（2）提高包装物品价值的方法

①功能不变，降低成本；

②提高功能，成本不变；

③既提高功能，又降低成本；

④成本略有提高，功能有较大幅度提高；

⑤功能略有下降，成本有较大幅度下降。

由以上可以看出，①③⑤三种方法是降低成本，而②④是改善功能，价值分析是从功能合理化、成本合理化两个方面下功夫。至于采取什么方法，应根据研究对象的自身条件和用户的要求来确定。

（3）价值分析法的主要特性

①价值分析法是以功能与成本分析为中心，即对功能与成本之间的关系进行定性、定量分析和核算。

②价值分析法的宗旨是以最低的寿命周期成本，生产出功能上满足用户需求的物流包装。

③价值分析法是一个技术性、经济性、全面性、组织性的综合分析活动，利用有组织的系统分析，借以开发人力智慧，达到集思广益的效果。

价值分析法在物流包装上的作用在于通过包装的结构、造型、装潢的功能和成本的对比分析,在保证包装获得所要求功能的情况下,研究最佳设计、最低费用、经济高效的工艺和最优的市场竞争能力。分析的项目众多,几乎每个分析项目都要达到最大的价值与最小的费用,实现结构的科学化和使用的合理化。就我国目前物流包装现状,利用价值分析法后可降低成本10%~20%,而且还能够找出工作中的疏忽及不良习惯,清除物流包装中的"造型过华症"。

3)价值分析法的工作程序

价值分析法的工作程序大致可分为4个阶段12个步骤,如下表。表中的具体步骤是最基本的,在实际工作中,可根据工作对象的复杂程度和重要程度以及分析人员的经验来决定步骤的多少,但是程序中功能分析阶段的内容和步骤最好做到细致,因为它直接影响价值分析法的质量和效率。

【技能提示】

价值分析法的工作程序

工作阶段	详细步骤	价值分析的设问
1. 确定对象阶段	(1)选择对象 (2)收集情报	这是什么?
2. 功能分析阶段	(1)功能定义 (2)功能整理 (3)功能评价	它的作用是什么? 成本是多少? 价值是多少?
3. 方案创造 与评价阶段	(1)方案创造 (2)概略评价 (3)方案具体化及试验研究 (4)详细评价 (5)提案审批	有其他方法实现这个功能吗? 新方案成本是多少?
4. 方案实施及 效果评价阶段	(1)方案实施 (2)效果评价	新方案能满足要求吗?

（1）确定对象

①选择对象。正确选择价值分析的研究对象，是价值分析活动成效大小的关键。首先选择影响大的、亟待解决的，且在改进功能降低成本方面潜力较大的问题作为价值分析的对象。选择对象的方法很多，主要的并易于实行的有 ABC 分析法、百分比法及经验估计法等。

②收集情报。一般价值分析所需情报有这样几点：本企业的基本情况，相关产品成本的经营分析资料，技术资料等，对情报要求全面、准确、及时。

（2）功能分析

功能分析是价值分析法中最重要的手段和最关键的环节。功能分析包括以下2 个步骤：

①功能定义。功能定义是抓住问题的本质，用最简单的语言来描述，一般用一个动词和一个名词来定义某一功能，名词尽可能定量化，动词尽可能抽象化。

②功能整理。功能整理就是对定义的功能排出功能系统图，以瓦楞纸包装箱为例，其功能系统见图8.3。

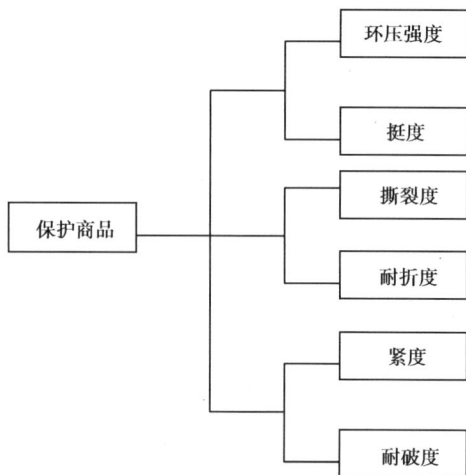

图8.3　功能系统图

（3）方案创造与评价

①方案创造。进行方案创造，要注意以下两个方面：

第一，以用户要求的功能作为依据；

第二，创造的新方案应是成本最低的方案。

②概略评价。概略评价只是对方案的概略筛选，一般只用定性评价，常用的方法有两种：一种是优缺点列举法，另一种是评价表法。在评价中，决定方案的取舍

应根据以下原则：

第一,经济、社会效益好,技术可行的取；

第二,社会效益不好的舍；

第三,经济效益不好的舍；

第四,经济、社会效益好,技术有困难的不可轻易舍,应尽可能解决技术难题,使之可行。

③方案具体化及试验研究。方案具体化是一个从创造→评价→具体化→调查→再创造的循环过程。

④详细评价及提案审批。对方案从技术、经济效益、社会效益等方面继续进行深入的分析,最终确定出最优方案。

方案技术评价的内容包括方案的各种特性参数,方案的可靠性、实用性、安全性、外观及系统协调等；方案经济评价的内容包括方案的成本及方案的经济效益；方案的社会效益评价,主要是实施后给社会带来的影响,它包括是否符合法律政策,是否对环境有污染,同国家、地区规划是否一致等。对方案的综合评价,最后确定最优方案,报送有关部门审批。

(4)方案实施及效果评价

制订实施计划,检查进度,掌握有关数据资料。资料是否同预想的相符,直到实现并计算出实际效益,作出全面总结。

【技能提示】

某出版社教材配发包装岗位工作流程与操作细则

(1)流程

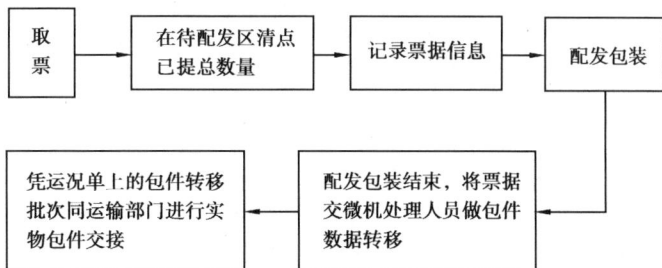

(2)操作实施细则

①严格遵守物流公司各项规章制度,做好教材教辅的配发、复核、包装、包件交接工作。

②接到"拆包任务"后半个工作日内准确完成指定包件的拆包、分理、清点工

作,并提交样书、送货单给预收人员制订收货计划,同时根据调度指令,做好外省包件的卸货工作。

③根据票据清单的品种、定价、册数协助收货(提总转移)岗将实物提总到配发区域进行交接,并按要求在"配发包装记录本"上登记。

④包装组固定台位,打包机、打包台摆放在指定位置,方向一致,对已按要求提总到配发区域内的整托盘图书,包装组自行用液压车推至打包位置。

⑤严格按调拨单内容进行操作,在调拨单上加盖小组工号章,对多品配发及有特殊要求的必须加盖复核章。

⑥配发过程中,发现原捆捆扎不规范、图书污损、包件贴头与实物不符或少书、串书的情况,需立刻停止配发,向提总或库管人员反映,避免出现将不符合质量要求的图书流向客户。

⑦图书包装符合规格要求,图书书脊朝里,包件包紧裹牢,折角平整,捆扎均匀,标签牢正。省外发货一律一张复合纸加衬纸,省内两张牛皮纸加衬纸,调拨单包外需注明"发单在内"字样。

⑧取得配发票据后的 12 小时内完成各实物的配发、包装、转出,高峰期不超过 24 小时。

⑨包件完成后,将单据交微机处理岗进行数据转出处理,后凭包件转移单(或运况单)同运输部门进行实物包件交接,签字后,将发货清单与运况单保存归档。

⑩根据工作量情况,各配发小组在指定位置领取当日所需包装材料,有序合理放置于包装台内,一般情况下,一日领取 3 次,高峰期随用随取。

⑪各组负责所辖区域内的各类配发用品的保管、卫生清理工作,同时熟练掌握打包机使用方法,做好包装机的保养与简单的维护。

⑫组长每天记录工作情况,形成日志。

⑬对于本岗位无权做主的特殊情况要及时请示库管员后再处理。

总之,随着物流技术的不断开发和应用,物流对包装不断提出新的要求,包装也对现代物流的合理化起到了非常重要的作用。包装既是生产的终点,又是物流的起点。其在物流中起着保护出版物、方便储运与使用、促进销售的作用。选择合适的包装材料,遵循合理的包装原则,对出版物流能起到极大的促进作用,还可以降低物流成本。

【实训环节】

一、实训项目

出版物的包装实训。

二、实训目的

增强学生对出版物包装作用的认识,了解包装材料的选择,增强对出版物包装的实际操作技能,加深对理论知识的理解,明确出版物包装的功能及重要性。

三、实训内容

学生分成6人一小组,到物流企业进行出版物包装材料选择、包装操作的顶岗实训。

四、实训组织

1. 前期准备

在去企业实训前,学生应先掌握以下必要理论知识:

①出版物包装的分类;

②出版物包装的作用;

③出版物包装材料的认识;

④出版物包装的原则。

2. 具体实训项目

①出版物包装材料的选择;

②书籍及小册子的包装;

③电子出版物的包装。

3. 实训成果

要求学生完成实训报告,由企业带教老师评价其实训表现。

五、其他

由于该实训环节涉及传统出版物及电子出版物,涉及不同的实训单位,建议放在集中实训教学(如暑期实训)环节完成。

【课后练习】

一、单项选择题

1)按照出版物的种类不同,一般分为光盘等电子出版物的包装、(　　)、硬皮书刊、配帖小册子的包装和期刊的包装。

A. 书籍和小册子的包装　　　　　B. 杂志的包装

C. 教科书的包装　　　　　　　　D. 传统出版物的包装

2)按出版物包装目的出版物包装可以分为销售包装和(　　)两大类,其包装设计的侧重点不一样。

  A.运输包装   B.储存包装

  C.识别包装   D.物流包装

  3)出版物包装所应遵循的基本原则有安全原则、( )、"绿色"原则和经济原则。

  A.轻便原则   B.简化原则

  C.合理化原则   D.方便原则

  4)电子出版物的外包装盒形式多样,最常见的是厚卡纸纸盒,也有将铜版纸印刷后套在通用的( )外面的,后者较为经济灵活。

  A.塑料盒   B.白色细瓦楞纸盒

  C.纸盒   D.光盘

  5)为了优化物流包装,可采用价值分析法,简称 VA,起源于( ),其主要目的是从品质、使用、耐用、外观等方面考虑降低成本的可能性,力求以最低的寿命周期费用,可靠地实现产品的必要功能。

  A.德国   B.日本   C.美国   D.英国

二、多项选择题

  1)出版物包装所应遵循的基本原则有( )。

  A.安全原则   B.合理化原则

  C."绿色"原则   D.经济原则

  2)按出版物包装的形态和包装物与内装物的顺序,一般可以把包装分为( ),这对应于日本的内包装、外包装和个体包装。美国则把包装分为原包装、二次包装和三次包装。

  A.单个包装和多个包装   B.内包装、中包装和外包装

  C.中包装和外包装   D.内包装和外包装

  3)包装在物流中的作用有( )。

  A.保护出版物   B.方便储运与使用

  C.促进销售   D.以上都包括

  4)设置包装方式时要考虑( )因素。

  A.最大化   B.保管储存

  C.装卸和运输   D.精美实用

  5)电子出版物的包装方式有( )两种。

  A.简装   B.精装

  C.单个包装   D.批量包装

三、判断题

1)作为物流的起点,包装完成后,出版物便具有物流的可能,在整合整个物流过程中,包装便可以发挥保护出版物进行物流的作用,最后实现销售。　　　　（　　）

2)在出版物流中,所有出版物包装的材料都是相同的,采用纸盒包装。

（　　）

3)包装成本是物流成本的一个重要组成部分,因此出版物包装的经济原则就是所有出版物包装都采用低廉包装的原则。　　　　　　　　　　　（　　）

4)合理选择包装材料,安全、环保是一个迫切需要解决的问题。　（　　）

5)为了优化物流包装,可采用价值分析法,简称VA,起源于日本,美国引进后成交显著。其主要目的是从品质、使用、耐用、外观等方面考虑降低成本的可能性,力求以最低的寿命周期费用,可靠地实现产品的必要功能。　　　　（　　）

6)出版物包装的主要材料有塑料、包装纸、木箱。其中塑料的应用最广泛,它的品种最多,消耗量也最大。　　　　　　　　　　　　　　　　　（　　）

四、名词解释

出版物包装

五、简答题

1)出版物流包装的作用是什么?

2)出版物包装所应遵循的基本原则有哪些?

3)如何做到出版物流包装的合理化?

4)常见的不合理物流包装通常表现在哪些方面?

5)提高包装物品价值的方法有哪些?

六、论述题

1)简述对报纸和杂志的包装有哪些特殊的要求?

2)试分析报纸包装的两种形式。

第9章

出版物装卸搬运

教学目的和要求

1. 了解出版物装卸搬运的基本概念及作用。
2. 认识出版物装卸搬运机械。
3. 掌握出版物装卸搬运的作业方法。
4. 掌握出版物装卸搬运作业合理化的具体措施。

主要概念(原理)与技能

出版物装卸搬运　机械　作业方法　措施

教学重点和难点

重点:装卸搬运的方法、装卸搬运机械的选择。

难点:装卸搬运合理化措施。

9.1 出版物装卸搬运概述

9.1.1 出版物装卸搬运的概念

出版物装卸搬运是出版物装卸和出版物搬运两项作业的统称。《中华人民共和国国家标准物流术语》以及新修订的《物流术语》对装卸搬运的定义:装卸是指物品在指定的地点以人力或机械装入运输设备或卸下的过程;搬运是指在同一场所内,对物品以水平移动为主的物流作业。从此定义可以看出,出版物装卸可以理解为在某一物流结点范围内(如车站、工厂、仓库内部等)以改变出版物的存放、支撑状态所进行的以垂直移动为主的作业;出版物搬运则是以改变出版物的空间位置为主要内容和目的的作业。

在实际操作中,装卸和搬运密不可分,两者相伴发生,习惯常以"装卸"或"搬运"代替"装卸搬运"的完整含义。因此,在出版物流活动中并不十分强调两者的差别,而是将它们作为一种活动来对待。

9.1.2 出版物装卸搬运的特点

1)出版物装卸搬运是附属性、伴生性的活动

出版物装卸搬运是出版物流每一项活动开始及结束时必然发生的活动,在实践中常被人们忽视,而不再对其进行单独研究。例如,一般而言,公路运输及仓储保管活动,实际都包含了装卸搬运活动。

2)出版物装卸搬运是支持、保障性活动

出版物装卸搬运的附属性并不意味着其总是被动的,实际上,装卸搬运对出版物流的其他活动质量和速度是有一定决定性的。例如,装卸出现问题会引起出版物在运输过程中的损失,还会引起出版物转换到下一步运输的不便。许多物流活动在有效的装卸搬运支持下才能实现高水平运转。

3）出版物装卸搬运是衔接性的活动

出版物流活动之间互相过渡时,都是以装卸搬运来衔接的。装卸搬运是出版物流各个过程之间能够形成有机联系和紧密衔接的关键,也是整个出版物流系统的关键。建立一个有效的出版物流系统,这一衔接是否高效也是关键因素之一。

9.1.3 出版物装卸搬运在出版物流中的意义

在整个出版物流系统中装卸搬运出现的频率高,花费的时间长,消耗的人力多,这些因素决定了装卸搬运在出版物流成本中占有的比重也相对较高,因此,高效的装卸搬运是降低物流费用的一个关键环节。

做好出版物装卸搬运工作的重要意义还在于:(1)加速车船周转,提高仓库的利用效率;(2)加快出版物送达,减少流动资金占用;(3)减少出版物破损,减少各种事故的发生。总之,改善出版物装卸搬运作业能显著提高出版物流的经济效益和社会效益。

9.2 出版物装卸搬运作业

9.2.1 出版物装卸搬运作业的内容

出版物装卸搬运的基本作业可以分为以下六个方面:

1）装卸

将出版物装上运输机具或由运输机具卸下。

2）搬运

使出版物在较短的距离内移动。

3）堆码

将出版物进行码放,堆垛等有关作业。

4）**取出**

将出版物从保管场所内取出。

5）**分类**

将出版物按品种、发货方向、顾客需求等进行分类。

6）**理货**

将出版物备齐,以便随时发货。

9.2.2　出版物装卸搬运作业应考虑的因素

出版物装卸搬运作业要考虑许多因素,这些因素若没有加以分析研究,往往无法达成预期效果,因此,装卸搬运作业必须对这些因素加以整理、分析,再决定采用的设备及方法。

通常,出版物装卸搬运作业要考虑如下因素:

1）**人**

现代出版物装卸搬运依据自动化的水平可分为人工作业、半自动化和全自动化作业三种,实际操作中,使用人工作业和半自动化作业的比例不在少数。因此,针对这些装卸搬运作业应在充分考虑人体可以负担的荷重基础上制定标准及方法,这样使人在作业中不至于容易疲劳及受到伤害。

2）**出版物**

出版物的种类、重量和大小的不同,直接影响到装卸搬运所采取的方法。

3）**移动**

应充分考虑移动的起止点、移动路径、移动距离、移动频度、移动速度等相关因素。

4）**方法**

应在全面衡量出版物存放形态、搬运人数、搬运设备的基础上选择最佳的作业方法。

5) **场所**

应充分考虑到装卸搬运场所的建筑物高度,周边条件等。

9.3 常用的出版物装卸搬运设备、作业方法及其原则

9.3.1 常用的出版物装卸搬运设备

常用的出版物装卸搬运设备按不同的作业方向可分为:搬运机械——以实现物料水平方向位移为主的机械,如各种皮带式、平板式输送机,机动、手动搬运车等;装卸机械——以实现物料垂直方向位移为主的机械,如各种起重机械、升降机、堆垛机等;装卸搬运机械,这类设备使物料既可实现水平方向的位移,又可实现垂直方向的位移,如叉车。

常用的出版物装卸搬运设备主要有:

1) **手推台车**

手推台车是一种以人力为主的搬运车。轻巧灵活、易操作、回转半径小,广泛应用于车间、仓库等,是短距离、运输轻小物品的一种方便而经济的搬运工具。(见图9.1)

图9.1 手推台车

2）输送机

输送机是对出版物进行连续运送的机械设备,主要用于收货入库作业和出货出库作业。其主要特点是连续作业,搬运中不需停车,搬运成本低,劳动效率高,是出版物流配送中心和仓库常用的设备。常见的输送机主要有带式输送机、辊式输送机等。(见图9.2,图9.3)

图9.2　带式输送机

图9.3　辊式输送机

3）叉车

叉车是一种具有各种叉具,能够对出版物进行升降和移动以及装卸作业的搬运车辆,具有装卸和搬运双重功能。它常用于搬运托盘出版物,且操作灵活、噪音低、机动性强、价格低廉,是出版物装卸搬运作业使用最普遍的一种机械化设备。(见图9.4)

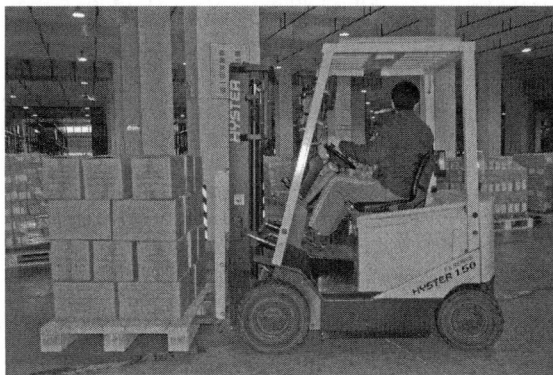

图9.4　叉车

4）堆垛机

堆垛机是立体仓库中最重要的运输设备,是代表立体仓库特征的标志。其主要用途是在立体仓库的通道内运行,将位于巷道口的货物存入货架,或将货架中的货物取出,运送到巷道口。出版物装卸搬运作业中常用到巷道堆垛机,其可适用于各种高度的高层货架仓库,可以实现半自动、自动和远距离集中控制。(见图9.5,图9.6)

图9.5　巷道堆垛机

图9.6　自动仓库

5）自动导引搬运车

自动导引搬运车简称 AGV(Automated Guided Vehicle),是指具有电磁或光学导引装置,能够按照预定的导引线路行走,具有小车运行和停车装置、安全保护装置以及具有各种移载功能的运输小车。自动导引搬运车出现在美国,是由 Barret 电子公司于20世纪50年代开发成功的。随后欧洲、日本自动导引搬运车技术得到了发展。近几年在我国应用广泛,其主要特点是运行成本低,操作简单,可以实现连续取货、存储和装运。(见图9.7)

6）自动分拣系统

自动分拣系统是一种能在仓库中进行自动分拣货物的设备。其主要特点是速度快,分拣误差率低,基本不需要人工等。自动分拣系统一般与输送机配合使用,以充分提高设备的作用效率。(见图9.8)

图 9.7　AGV 自动导引车

图 9.8　自动分拣系统

【技能提示】

常用出版物装卸搬运容器

出版物装卸搬运作业大多会使用容器,由于处理的时段、产品规格的不同,所使用的搬运容器也不同。较常见的有以下几种。

(1)包装纸箱

包装纸箱使用不同的材质及瓦楞纸板(A 楞、B 楞、C 楞、D 楞及 E 楞)。

(2)周转箱

周转箱也称为物流箱,适用于出版物流中的运输、配送、储存、流通加工等环节。周转箱可与多种物流容器和工位器具配合,用于各类仓库、生产现场等多种场合,在出版物流管理越来越被广大企业重视的今天,周转箱帮助完成物流容器的通用化、一体化管理,是生产及流通企业进行现代化物流管理的必备品。(见图9.9)

(3)托盘

托盘是物流领域中为适应装卸机械化而发展起来的一种集装器具,它是为了使物品能有效地装卸、运输、保管,将其按一定数量组合放置于一定形状的台面上。这种台面有供叉车或堆垛机从下部插入并将台板托起的插入口,便于叉车和堆垛机叉取和存放。以这种结构为基本结构的平板、台板和各种形式的集装器具都可统称为托盘。

托盘根据其结构可分为平托盘、网箱托盘、箱式托盘、柱式托盘、轮式托盘等。出版物装卸搬运常用的平托盘如图 9.10 所示。

图 9.9　周转箱

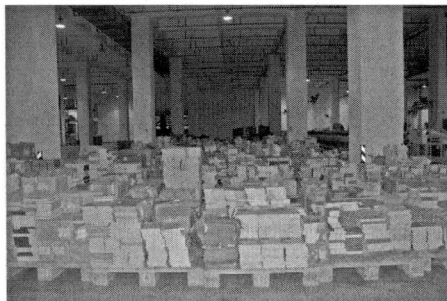

图 9.10　平托盘

【技能提示】

装卸搬运设备的选择

1）以满足现场作业为前提

（1）装卸机械首先要符合现场作业的性质和物资料特点、特性要求

如在有铁路专用线的车站、仓库等，可选择门式起重机；在库房内可选择桥式起重机；在使用托盘和集装箱作业的生产条件下，可尽量选择叉车以及跨载起重机。

（2）机械的作业能力（吨位）与现场作业量之间要形成最佳的配合状态

在对现场作业量及周围环境进行周密的计算、分析的基础上，具体确定装卸机械所需吨位。在能完成同样作业效能的前提下，应选择性能好、节省能源、便于维修、利于配套、成本较低的装卸机械。

（3）其他影响条件

影响物流现场装卸作业量的最基本因素是吞吐量，此外还要考虑堆码、卸垛作业量、装卸作业的高峰量等因素的影响。

2）控制作业费用

装卸机械作业发生的费用主要有设备投资额、运营费用和装卸作业成本等项。

（1）设备投资额

设备投资额是平均每年机械设备投资的总和（包括购置费用、安装费用和直接相关的附属设备费用）与相应的每台机械在一年内完成装卸作业量的比值。

（2）装卸机械的运营费用

装卸机械的运营费用是指某种机械 1 年运营总支出（包括维修费用、劳动工资、动力消耗、照明等项）和机械完成装卸量的比值。

（3）装卸作业成本

装卸作业成本是指在某一物流作业现场，机械每装卸 1 吨货物所支出的费用，即每年平均设备投资支出和运营支出的总和与每年装卸机械作业现场完成的装卸总吨数之比。

3）装卸搬运机械的配套

（1）装卸搬运机械的配套含义

装卸搬运机械的配套是指根据现场作业性质、运送形式、速度、搬运距离等要求，合理选择不同类型的相关设备。

（2）装卸机械配套的方法

按装卸作业量和被装卸物资的种类进行机械配套，在确定各种机械生产能力的基础上，按每年装卸1万吨货物需要的机械台数和每台机械所担任装卸物资的种类和每年完成装卸货物的吨数进行配套。

此外，还可以采用线性规划方法来设计装卸作业机械的配套方案，即根据装卸作业现场的要求，列出数个线性不等式，并确定目标函数，然后求出最优的各种设备台数。

9.3.2 出版物装卸搬运作业方法

1）单件作业

单件作业指对非集装按件计的货物逐个进行装卸搬运操作的作业方法。单件作业对机械、装备、装卸条件要求不高，因而机动性较强，不受固定设施、设备的地域局限。

单件作业可采取人力、半机械化及机械化装卸。由于逐件处理装卸速度慢，容易出现货损及货差，其作业对象主要是多品类、少批量货物。

2）单元作业

单元作业是用集装化工具将小件或散装物品集成一定重量或体积的组合件，以便利用机械进行作业的装卸方式。

单元作业由于集装单元较大，不能进行人力手工装卸。同时，也必须在有条件的场所进行这种作业，不但受装卸机具的限制，也受集装货载存放条件的限制，因而机动性较差。

单元作业装卸量大，装卸速度快，且在装卸搬运时并不逐个接触货物，而仅对组合件进行作业，因而货损小，货差也小，其作业对象应用范围较广。

单元作业有以下几种：

(1)托盘作业法

托盘作业法指利用叉车对托盘货载进行装卸,属于"叉上叉下"方式。由于叉车本身有行走结构,在装卸同时可以完成小搬运而无须落地过渡,因而有水平装卸的特点。托盘装卸常需叉车与其他设备、工具配合,以有效地完成全部装卸过程。例如,叉上之后,由于叉的前伸距离有限,有时需要利用托盘搬运车或托盘移动器来解决托盘水平短距离移动,同时又由于叉车叉的升高有限,有时还需与升降机、电梯、巷道起重机等设备配套,以解决托盘垂直位移的问题。

(2)集装箱作业法

集装箱装卸主要指用各种垂直起吊设备进行"吊上吊下"式的装卸,各种起吊设备同时还可以做短距离水平运动,因此,可以完成小范围的搬运。如需要一定距离的搬运,则还需与搬运车相配合。小型集装箱还可以和托盘一样采用叉车进行装卸。

(3)货捆作业法

货捆装卸主要采用各种类型的起重机进行装卸,货捆的捆具可与吊具、索具有效地配套进行装卸。短尺寸货捆可采用一般叉车装卸,长尺寸货捆还可采用侧式叉车进行装卸。

(4)滑板作业法

滑板是用纸板、纤维板、塑料板或金属板制成,与托盘尺寸一致的、带有翼板的平板,用以承放货物组成的搬运单元。与其匹配的装卸作业机械是带推拉器的叉车。叉货时推拉器的钳口夹住滑板的翼板(又称勾百或卷边),将货物支上货叉,卸货时先对好位,然后叉车后退、推拉器前推,货物放置就位。滑板作业法虽具有托盘作业法的优点且占用作业场地少,但带推拉器的叉车较重、机动性较差,对货物包装与规格化的要求很高,否则,不易顺利作业。

9.3.3　出版物装卸搬运作业的原则

出版物装卸搬运是出版物流的一个重要环节,它的合理运作直接影响着整个物流体系的运作效率,所以,在执行装卸搬运作业时,应在组织、管理工作等方面遵循以下基本原则:

1)合理规划原则

系统地分析研究物流过程各个装卸作业环节的必要性,取消、合并装卸作业和次数,避免进行重复的或不必要的操作环节,有效地提高作业效率,使物流成本合理化。

2）标准化原则

为了达到物流系统整体作业目标,保证各环节的协调,就要求装卸作业的工艺、设备、货物单元或包装、运载工具、集装工具、信息处理等作业的标准化、系列化和通用化。

3）系统优化原则

尽可能广泛的把各种搬运活动当作一个整体,使之组成相互协调的搬运系统。其范围包括收货、存储、生产、检验、包装、发货、运输和反向物流等。必须进行的装卸作业应按流水作业原则运作,各个工序之间应密切衔接;必须进行换装作业的,尽可能的采用直接换装方式。

4）机械化原则

应当采用合理的机械化作业,以提高作业效率、反应速度和一致性,降低成本并消除重复性和有潜在不安全性的人工作业。

5）集装单元化原则

集装单元化是提高作业效率的重要方向。成件货物尽可能集装成托盘系列、集装箱、货捆、货架等货物单元再进行装卸作业。

装卸搬运设备是装卸作业现代化的重要标志之一。对设备的类型、主要参数以及各种类型机械特征的了解,是使用和选择装卸搬运设备必须具备的条件。合理配备装卸搬运机械设备后,还要使装卸搬运组织合理化。

【技能提示】

装卸方法的选择

选择装卸方法的条件可以分为两大类:一类是由运输(配送)、保管、装卸三者相互关系决定的外部条件,一类是由装卸本身所决定的内在条件。此外,在装卸作业组织工作中还要考虑货车装卸的一般条件。

1）决定装卸方法的外在条件

(1)货物特征

货物经由包装、集装等形成的形态、质量、尺寸(如件装、集装、散装货物)等,对装卸作业方法的选择有至关重要的影响。

（2）作业内容

装卸作业中的重点是堆码、装车、拆垛、分拣、配载、搬运等作业,其中以哪一种作业为主或哪几种作业组合,直接影响装卸作业方法的选择。

（3）运输设备

不同运输设备的装载能力、运输能力及装运设备尺寸大小会影响装卸作业方法的选择。

（4）仓储设施

仓储设施的配置情况、规模及尺寸对作业场地、作业设备以及作业方法的选择都有决定作用。

2）决定装卸方法的内在条件

（1）货物状态

货物状态主要指货物在装卸前后的存放状态。

（2）装卸动作

装卸动作指货物装卸在各项具体作业中的单个动作及组合。

（3）装卸机械

装卸机械所能实现的动作方式、能力大小、状态尺寸、使用条件、配套工具等以及与其他机械的组合也成为影响装卸方法选择的因素。

（4）作业组织

参加装卸作业的人员素质、工作负荷、时间要求、技能要求对装卸作业方法的选择有重要的影响作用。

3）货车装卸一般条件

（1）零担货物装卸

较多地使用人力和手推车、台车和输送机等作业工具,也可使用笼式托盘(托盘笼)、箱式托盘(托盘箱),以提高货车装卸、分拣及配货等作业的效率。

（2）整车货物装卸

较多采用托盘系列及叉车进行装卸作业。

（3）专用货车装卸

往往需要适合不同货物的固定设施、装卸设备,以满足装卸时需要的特殊技术要求。

9.4 出版物装卸搬运合理化的具体措施

1）防止和消除无效装卸

所谓无效作业是指在装卸作业活动中超出必要的装卸、搬运量的作业。显然，防止和消除无效作业对装卸作业的经济效益有重要作用。无效装卸主要反映在以下几个方面：

（1）过多的装卸次数

装卸搬运次数的多少直接关系着物流作业量的多少，也直接影响着物流成本的控制。在整个物流过程中，装卸搬运环节作业发生的频率超过了其他任何作业，而不必要作业的增加必然会导致货损的增加。一次装卸的费用相当于几十千米的运输费用，因此，每增加一次装卸，直接导致物流费用的增加。此外，装卸还影响着整个物流速度，过多的装卸次数将会大大阻碍物流的速度。

（2）包装不适宜

包装本身的重量和体积都会影响装卸搬运的劳动量。包装过大过重，在装卸环节会反复消耗较大的劳动量，从而形成无效劳动，造成物流成本的浪费，因而应注重包装的轻型化、简单化、实用化。

（3）无效物质的装卸

在物流过程中的货物，有时混杂着没有使用价值，或者对用户来讲使用价值不符的各种掺杂物，在反复装卸时，这些无效物质反复消耗着劳动力，形成无效的装卸搬运。因此要尽可能地减少物流过程中的无效物质，提高作业的有效程度。

2）选择最佳搬运路线

出版物搬运路线分为直达型、渠道型和中心型。

（1）直达型

各种物料直接从起点运到终点，这种路线距离是最短的。适用于物流量大，距离短或者中等时，尤其当物料有一定的特殊性而时间又较紧迫时更为有利。

（2）渠道型

一些物料在预定路线上移动，同来自不同地点的其他物料一起运到同一个终点。适用于物流量为中等或少量而距离为中等或较长时,尤其当布置是不规则的分散布置时更为有利。

(3)中心型

各种物料从起点移动到一个中心分拣处或分拨地,然后再运往终点。适用于物流量小而距离中等或较远时,尤其当场所外形基本上是方整的且管理水平较高时更为有利。

3)充分利用重力和消除重力影响,进行少消耗的装卸

在装卸时考虑重力因素,可以利用货物本身的重量,进行有一定落差的装卸,以减少或根本不消耗装卸的动力,这是合理化装卸的重要方式。例如,从卡车、铁路货车卸物时,利用卡车与地面或小搬运车之间的高度差,使用溜槽、溜板之类的简单工具,可以依靠货物本身重量,从高处自动滑到低处,这就勿需消耗动力。如果采用吊车、叉车将货物从高处卸到低处其动力消耗虽比从低处装到高处小,但是仍需消耗动力,两者比较,利用重力进行无动力消耗的装卸显然是合理的。

在装卸时尽量消除或削弱重力的影响,也会求得减轻体力劳动及其他劳动消耗的合理性。例如在进行两种运输工具的换装时,可以采取落地装卸方式,即将货物从甲工具卸下并放到地上,一定时间之后,或搬运一定距离之后再从地上装到乙工具之上,这样起码在"装"时,要将货物举高,这就必须消耗改变位能的动力。如果进行适当安排,将甲、乙两工具进行靠接,从而使货物平移,从甲工具转移到乙工具上,这就能有效消除重力影响,实现合理化。在人力装卸时,一装一卸是爆发力,而搬运一段距离,这种负重行走,要持续抵抗重力的影响,同时还要行进,因而体力消耗很大,是出现疲劳的环节。所以,人力装卸时如果能配合简单机具,做到"持物不步行",则可以大大减轻劳动量,做到合理化。

4)提高出版物的装卸搬运活性

装卸搬运活性的含义是,从物的静止状态转变为装卸搬运运动状态的难易程度。如果很容易转变为下一步的装卸搬运而不需过多做装卸搬运前的准备工作,则活性就高;如果难于转变为下一步的装卸搬运,则活性低。为了对活性有所区别,并能有计划地提出活性要求,使每一步装卸搬运都能按一定活性要求进行操作,对于不同放置状态的货物做了不同的活性规定,这就是"活性指数",分为 $0 \sim 4$ 共 5 个等级。

散乱堆放在地面上的货物,进行下一步装卸必须要进行包装或打捆,或者只能一件件操作处置,因而不能立即实现装卸或装卸速度很慢,这种全无预先处置的散

堆状态,定为"0"级活性;将货物包装好或捆扎好,然后放置于地面,在下一步装卸时可直接对整体货载进行操作,因而活性有所提高,但操作时需支起、穿绳、挂索或支垫入叉,因而装卸搬运前预操作要占用时间,不能取得很快的装卸搬运速度,活性仍然不高,定为"1"级活性;将货物形成集装箱或托盘的集装状态,或对已组合成捆、堆或捆扎好的货物进行预垫或预挂,装卸机具能立刻起吊或入叉,活性有所提高,定为"2"级活性;将货物预置在搬运车、台车或其他可移动挂车上,动力车辆能随时将车、货拖走,这种活性更高,定为"3"级;如果货物就预置在动力车辆或传送带上,即刻进入运动状态,而不需做任何预先准备,活性最高,定为"4"级。(见表9.1)

表9.1 出版物搬运活性分类表

物品状态	作业种类				需要作业数目	搬运活性指数
	集中	搬起	升起	运走		
地上散放	要	要	要	要	4	0
集装箱中	否	要	要	要	3	1
托盘上	否	否	要	要	2	2
车中	否	否	否	要	1	3
输送机上	否	否	否	否	0	4

5)充分利用机械,实现规模装卸

规模效益早已是大家所接受的,在装卸搬运时也存在规模效益问题。主要表现在一次装卸量或连续装卸量要达到充分发挥机械最优效率的水准。为了更多降低单位装卸工作量的成本,对装卸机械来讲,也有规模问题,装卸机械的能力达到一定规模,才会有最优效果。

6)利用单元货载

大力推行使用托盘和集装箱,推行将一定数量的货物汇集起来,成为一个大件货物以有利于机械搬运、运输、保管,形成单元货载系统。

7)做好连接点的衔接

物料搬运负责衔接各项不同作业,实际工作中要尽量减少不同作业间的连接点,合理筹划各输送场所的操作,使输送物料像流体一样不间断的输送下去。同时连接点的操作容易使产品受损,或发生不安全事故等,所以必须特别留意。

【实训操作】

一、实训项目

出版物的装卸搬运。

二、实训目的

使学生了解并掌握一般的出版物装卸搬运设备及使用方法。

三、实训内容

学生分成4~6人一组,到出版物配送中心进行出版物装卸搬运的顶岗实习。

四、实训组织

1. 前期准备

为保证实训效果,应先掌握相关理论知识。

①出版物常用装卸设备;

②出版物常用装卸方法;

③装卸搬运合理化措施。

2. 具体实训项目

①托盘装盘码垛方法训练;

②托盘装载出版物的紧固;

③了解堆垛机的工作情况;

④了解自动导引搬运车的工作情况。

3. 实训成果

要求学生完成实训报告,由出版企业带教老师给予实训评价。

【课后练习】

一、单项选择题

1)以下对装卸、搬运作业的特点描述不正确的是(   )。

A. 对象复杂   B. 作业量小

C. 作业不均衡   D. 安全性要求高

2)将商品置于集装单元器具内时,其装卸活性有所提高,被定为(   )。

A. 1 级活性   B. 2 级活性

C. 3 级活性   D. 4 级活性

3)目前装卸搬运作业的主流,以各种装卸搬运机械完成商品装卸搬运的作业方法是(　　)。

A.人工作业法　　　　　　　　B.集装作业法

C.机械换作业法　　　　　　　D.综合机械化作业法

4)与其他环节相比,(　　)具有伴随性的特点。

A.运输　　　　B.仓储　　　　C.配送　　　　D.装卸搬运

5)(　　)是利用货物的位能来完成装卸作业的方法。其装车设备有筒仓、溜槽、隧道等;卸车主要用底门开车或漏斗车在缆线或卸车坑道自动开启车门,货物依靠重力自行流出的卸货方法。

A.功能法　　　　B.重力法　　　　C.倾翻法　　　　D.机械法

二、多项选择题

1)出版物装卸搬运作业的内容有(　　)。

A.装卸　　　　B.搬运　　　　C.堆码　　　　D.分类　　　E.理货

2)物料搬运路线有(　　)。

A.直达型　　　　B.渠道型　　　　C.中心型　　　　D.旋转型

3)单元作业法具体有(　　)。

A.滑板作业法　　　　　　　　B.货捆作业法

C.集装箱作业法　　　　　　　D.网袋作业法

4)出版物装卸搬运作业应考虑的因素有(　　)。

A.人　　　　B.移动距离　　　　C.搬运设备　　　　D.出版物

5)装卸搬运设备有(　　)。

A.输送机　　　　B.堆垛机　　　　C.提升机　　　　D.手推车

三、判断题

1)严格地讲,装卸和搬运是两个相同概念的组合。　　　　　　　(　　)

2)在生产过程中装卸搬运通常称为货物装卸,流通过程中装卸搬运多称为物料搬运。　　　　　　　　　　　　　　　　　　　　　　　　　(　　)

3)重力法是采用各种机械,采用专门的工作机构,通过舀、抓、铲等作业方式装卸货物的方法。　　　　　　　　　　　　　　　　　　　　　(　　)

4)物料是装卸搬运的对象,也是影响装卸搬运设备和方法选择的间接因素。

　　　　　　　　　　　　　　　　　　　　　　　　　　　　　(　　)

5)配送中心装卸搬运设施布置应以系统管理为指导思想,以装卸搬运系统作为整个物流系统的一个子系统,所以其设施布置应具有系统的观点。　(　　)

四、简答题

1）何谓出版物装卸搬运？

2）如何实现出版物装卸搬运的合理化？

3）出版物装卸搬运设备有哪些？

4）出版物装卸搬运应考虑的因素有哪些？

5）出版物装卸搬运的作业方法有哪些？

第10章

电子商务环境下的出版物流

教学目的和要求

1. 掌握电子商务的定义和分类。
2. 了解电子商务下物流的特征。
3. 掌握电子商务在出版行业的实施情况。
4. 了解网上书店的物流配送情况。
5. 具备电子商务后台信息管理的实际操作技能。

主要概念(原理)与技能

电子商务　B2B　B2C　CA 认证　物流配送

教学重点和难点

重点:结合电子商务的实施操作使学生掌握出版物流在此过程中的作用。

难点:使学生了解后台出版物流信息的管理。

据中国互联网信息中心数据统计报告,截至 2010 年 12 月底,中国的网民规模达到 4.57 亿,互联网普及率达到 34.3%,较 2009 年提高 5.4%。

当前,娱乐类应用在我国网民网络应用中呈现下滑势趋势,电子商务类互联网应用则成为我国互联网经济发展最快、最迅速的主力军。网络购物用户年增长 48.6%,是用户增长最快的应用,而网上支付和网上银行也以 45.8% 和 48.2% 的年增长率,远远超过其他类网络应用,我国更多的经济活动正在加速步入互联网时代。

【开篇案例】
中国网上书店的发展

以图书交易为主的电子商务形式在中国仅扎根十多年。我国第一家网上书店于 1997 年由杭州市新华书店开办,该店只维持了 1 年最终便以失败告终。经过十几年的发展,今天我国的网上书店已经颇具规模,但领跑的始终是当当网和卓越亚马逊两家,二者在网店经营中一直保持了优势地位,并占据整个网上书店营业额的 80%。

当当网和卓越分别成立于 1999 年和 2000 年,前者主要是外资支持,后者为纯国内制造。至此网上购书这种全新的图书购买形式开始逐步进入公众视野,而二者也从此开始了长期比拼书价、营销手段、宣传上的竞争。

10.1　出版业电子商务概述

10.1.1　电子商务概念

电子商务是 20 世纪 90 年代开始兴起的一个新的商务模式。起源于随着互联网的发展,企业希望更好地运用信息技术,来改善与客户之间的关系以及企业的业务流程,增进企业间的信息交换。由于电子商务这个行业发展速度较快,因此,到目前为止还没有一个较为全面的、权威性的定义。一般而言,电子商务(Electronic Commerce,EC)包括两个方面的含义,一是电子方式,二是商贸活动,所以说电子商务就是利用各种电子化工具开展商务贸易活动的行为。针对这一概念的描述,不同的政府组织、IT 企业、各界学者等根据自己所处的行业、地位以及参与程度,给出了不同的描述。

1) 政府部门给出的定义

①美国政府在其《全球电子商务纲要》中指出,电子商务是指通过 Internet 进行的各项商务活动,包括广告、交易、支付、服务等活动,全球电子商务会涉及世界各国。在这个定义中,电子商务局限在 Internet 领域。

②欧洲议会给出的定义:电子商务是通过电子方式进行的商务活动。它通过电子方式处理和传输数据,包括文本、声音和图像等。

③加拿大电子商务协会给出的定义:电子商务是通过数字通信进行商品和服务的买卖以及资金的转账,它还包括公司间和公司内利用 E-mail、EDI、文件传输、传真、电视会议、远程计算机联网所能实现的全部功能(如市场营销、金融结算、销售以及商务谈判)。

2) IT 企业界给出的定义

①国际商业机器公司(IBM)的定义:电子商务是强调在计算机网络环境中的商业化运作,是将买卖双方及其合作伙伴都结合在 Internet,Intranet,Extranet 中。

②惠普公司(HP)的定义:电子商务是通过电子化的手段来完成商业贸易活动的一种方式。

③赛贝斯公司(Sybase)的定义:电子商务可以用二维坐标系来表示,前端和后端应用组成其中一个坐标轴,"企业到企业"和"企业到顾客"组成另一个坐标轴,而所有产品都是这个坐标系中的点。

④英特尔公司(Intel)的定义:电子商务是基于网络连接的不同电脑间建立的商业运作体系,是利用 Internet/Intranet 网络来使商务运作电子化。

⑤通用电气公司(GE)的定义:电子商务是指任何商务交易形式或商务信息交流通过电子信息高速公路运行或动作,而信息高速公路泛指一切电子信息传递网络。

【相关概念】

Internet,Intranet 和 Extranet

Internet 是当前最大的国际性计算机网络,是基于一个共同的通信协议 TCP/IP 协议,将多个网络再互连成一个更大的网络,它实际上是一个网络的网络,将位于不同地理位置的网络互连成一个整体。

Intranet 就是利用 Internet 技术来搭建企业的内部信息网络。强调企业内部各部门之间的联结,业务范围仅限于企业内部。

Extranet 是 Intranet 的一种延伸,将相互合作的企业的网络连接在一起。强调各企业间的联结,业务范围包括交易伙伴、合作伙伴、渠道商以及主要客户。

由此可见,Internet 业务范围最大,Extranet 次之,Intranet 最小。

纵览上述各种定义,从不同角度对电子商务加以阐述,从而形成目前所普遍认同的广义和狭义两种解释。

广义上的电子商务 EB(Electronic Business)是指各行各业,包括政府机构和企业、事业单位各种业务的电子化、网络化。其也可称为电子业务,包括电子商务、电子政务、电子军务、电子医务、电子教务、电子公务、电子事务、电子家务等。

狭义上的电子商务 EC(Electronic Commerce)是指人们利用电子化的手段进行商品交换为中心的各种商务活动,是指商业企业、工业企业与消费者个人的交易双方或各方利用计算机网络进行的商务活动。其也可称为电子交易,包括电子商情、电子广告、电子合同签约、电子购物、电子交易、电子支付、电子转账、电子结算、电子商场、电子银行等不同层次、不同程度的电子商务活动。

从对电子商务的广义和狭义的理解可见,Electronic Business 和 Electronic Commerce 的区别在于,Electronic Commerce 一般仅指在数字媒体上进行买卖交易,而 Electronic Business 除了包含 Electronic Commerce 的内容外,还包括了形成现代企业引擎的前后端应用。Electronic Business 不仅要开展网上交易,还要在信息技术

图 10.1　广义电子商务和狭义电子商务

的辅助下重新定义原有的商业模式,以求达到客户价值最大化。所以 Electronic Business 是企业的整体战略,而 Electronic Commerce 则是 Electronic Business 中一个非常重要的组成部分(图 10.1)。

电子商务是一门综合性的学科,它的实施需要与相关技术紧密结合,其中包括计算机网络、数据库技术、计算机安全技术、数字媒体技术等。然而电子商务的重点还是在于商务,但片面地强调商务而缺乏电子技术的依托,则电子商务又回到传统商务的轨道。

目前,企业从事电子商务活动,最主要的形式是通过搭建 B2C 或 B2B 电子商务网站来进行,而网站的建立则离不开网页制作技术的掌握和运用。

10.1.2　电子商务的分类

按照参与电子商务交易涉及的对象分类,电子商务可以分为以下 3 种类型:

1)企业与消费者之间的电子商务(Business to Customer,即 B TO C 或者 B2C)

这种电子商务主要应用于商品的零售业,是面向最终消费者的一种电子商务模式。例如当当网,携程网,麦网等。

2)企业与企业之间的电子商务(Business to Business,即 B TO B 或者 B2B)

这种电子商务主要是进行企业间的产品批发业务,B2B 电子商务的交易额在电子商务中占据主导地位。例如阿里巴巴、慧聪网等。

3)企业与政府方面的电子商务(Business to Government,即 B TO G 或者 B2G)

这种商务活动覆盖企业与政府组织间的各项事务。例如政府通过因特网发布采购清单、企业以电子化方式响应,政府在网上以电子交换方式来完成对企业和电子交易的征税等,这成为政府机关政务公开的手段和方法。

10.1.3　电子商务与传统商务的比较

商贸实务的运作过程由交易前的准备、贸易磋商、合同的签订与执行、支付与清算等环节组成。

1) 交易前的准备

对于商贸交易过程来说,交易前的准备就是供需双方如何能宣传或者获取有效的商品信息的过程。商品的供应方的营销策略是通过报纸、电视、户外媒体等各种广告形式宣传自己的商品信息。对于商品的需求方——企业和消费者来说,要尽可能得到自己所需的商品信息,来充实自己的进货渠道。因此,交易前的准备实际上就是一个商品信息的发布、查询和匹配的过程。

在电子商务的营销模式中,交易的供需信息是通过交易双方的网站页面来完成的,双方的信息沟通具有快速和高效的特点。

2) 贸易的磋商

在商品的供需方都了解有关的信息之后,就开始进入具体的贸易磋商过程,贸易磋商实际上就是贸易双方进行口头磋商或贸易单证的传递过程。纸面贸易单证包括询价单、报价单、定格合同、发货单、收货单、订购合同、发票等,各种贸易单证反映了商品交易双方的价格意向、营销策略、管理要求及详细的商品供需信息,使用的工具主要是电话、传真或邮寄等。

电子商务中的贸易磋商过程将纸面单证在网络系统的支持下变成了电子化的记录、文件和报文在网络上的传递过程,并且有专门的数据交换协议保证了网络信息传递的正确性和安全性以及快速的特点。

3) 合同的签订与执行

在传统商务活动中,贸易磋商过程经常是通过口头协议来完成的,但在磋商过后,交易双方必须要以书面形式签订具有法律效应的贸易合同,来确定磋商的结果和监督双方的执行,并在产生纠纷时通过合同由相应机构进行仲裁。

电子商务环境下的网络协议和电子商务应用系统的功能保证了交易双方所有的贸易磋商文件的正确性和可靠性,并且在第三方授权的情况下具有法律效力,可以作为在执行过程中产生纠纷时的仲裁依据。

4) 支付过程

传统商贸业务中的支付一般有支票和现金两种方式,支票方式多用于企业的商贸过程,用支票方式支付涉及双方单位及其开户银行,而现金方式常用于企业对个体消费者的商品零售过程。

电子商务中交易的资金支付采用信用卡、电子支票、电子现金和电子钱包等形式,以便以网上支付的方式进行。

传统商务与电子商务的比较可以从信息提供、流通渠道、交易对象、交易便捷性、交易时间等几个方面进行,如表 10.1 所示。

表 10.1　传统商务与电子商务的比较

项　　目	传统商务	电子商务
信息提供	根据销售商的不同而不同	透明、准确
流通渠道	企业→批发商→零售商→消费者	企业→消费者
交易地点	部分地区	全球
交易时间	规定的营业时间	24 小时
销售方法	通关各种关系买卖	完全自由自主购买
交易便捷性	受时间与地点的限制	消费者按自己的方式购物
销售地点	需要销售空间	虚拟空间
客户信息	需要用较长时间掌握客户需求	迅速捕捉客户需求并及时应对

【案例】

国内出版业电子商务之概况

目前出版发行企业中大部分仍采用传统经营模式,存在着新书发布成本高、速度慢、库存量大、库存处理难等问题。而采用电子出版商务营销模式是一个提高效益的有效途径。要形成一个完整而成熟的出版产业链,应将工作流程信息化,全方位整合产业链中上下游的营运信息并进行有效的数据挖掘和分析,构建一个实时的信息交换平台。

随着近几年网络经济的回暖、电子商务的兴起、以及出版社对网络信息化的重视,出版社电子商务的步伐已加快。

目前国内已有近二分之一的新闻出版单位建立了自己的门户网站,但大多数网站还只提供书籍的宣传销售、介绍出版动态等信息发布功能上,只有少数网站提供了与读者的互动交流功能和网上购书的电子商务功能(例如电子工业出版社等)。在出版电子商务领域,做得较为成功的是 B2C 网上零售业务(例如当当网、卓越网、一城网等)。

10.1.4 电子商务的基本组成

电子商务的基本组成要素有 Internet、Intranet、Extranet、用户、物流配送、认证中心、银行、商家等,如图 10.2 所示。

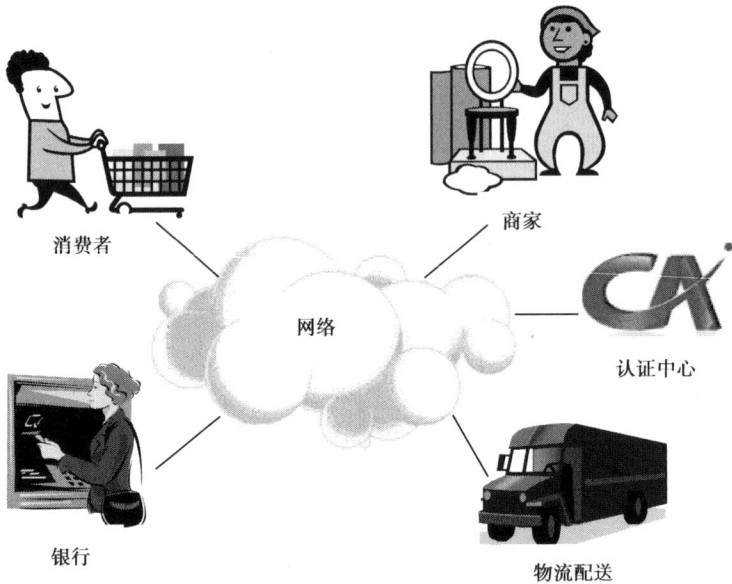

消费者

商家

网络

认证中心

银行

物流配送

图 10.2　电子商务的基本组成示意图

【相关概念】

数字证书和认证中心

认证中心(CA,Certification Authority)是受法律承认的权威机构,负责发放和管理数字证书,使网上交易的各方能够互相确认身份。

数字证书是一个包含证书持有人的个人信息、公开密钥、证书序号、证书有效期、发证单位的电子签名等内容的数字文件。

在网上的电子交易中,交易双方在虚拟的环境中互不谋面,若双方出示了各自的数字证书,并用它来进行交易操作,那么双方都可不必为对方的身份真伪担心。

电子商务的任何一笔交易都包含物流、资金流、信息流和商流。

1) 物流

物流是指商品和服务的配送与传输。电子商务的物流与实体上的物流相似，对于大多数商品和服务来说，物流可能仍然经由传统的经销渠道，而对于电子书刊、软件、信息咨询等可以直接通过网络方式进行配送。

2) 资金流

资金流指资金的转移过程，包括付账、转账、兑换等过程。电子商务上的资金流重点是付款系统的安全性。因为当消费者直接通过网络进行消费时，目前最常用的付款方式是信用卡支付，而在传送的过程中难免产生安全性的问题，因此，资金流在电子商务中所扮演的角色是十分重要的。

3) 信息流

信息流既包括商品信息的提供、促销营销、技术支持、售后服务等内容，也包括诸如询价单、报价单、付款通知单、转账通知单等商业贸易单证，还包括交易方的支付能力、支付信誉、中介信誉等。

4) 商流

从广义上说商流是指商品所有权的转移，即商品由制造商、物流中心、零售商到消费者手中，其间通过各类流通机构间商品交易而形成的通路。狭义地说商流是指交易中为确保所有权转移的一列活动，包括发票、单据、契约、认证等交易。

10.1.5　出版业实行电子商务的意义

随着国内互联网用户的逐年增长，互联网已经与人们工作生活密不可分。出版社实行电子商务，实际上建立起同销售商和读者的良好的沟通渠道。出版社能给销售商及时传递书目等信息，也能从销售商那里及时获取其销售情况，以便调整营销策略，提高效率，降低发行成本。对于读者而言，也能方便而快捷地通过出版社网站搜索和查询图书信息、目录、介绍、书评等信息，这样出版社也可通过网站在第一时间获取读者的喜好和需求，有的放矢地提供符合读者口味的图书，从而使出版社、销售商和读者通过电子商务紧紧联系在一起，极大地改善彼此间的关系，出版社也能赢得更多的忠实客户。

其次，依靠电子商务的技术支持，出版社能随时掌握订货、库存、缺货、配送、退货等情况。虽然并不能从根本上解决物流配送问题，但是电子商务极大地提高物流的信息化程度,降低物流成本,降低库存,减少了从销售商流向出版社的反向物流。

另外,电子商务能使出版社原先较为松散的供应链中的各个环节更加容易被连接起来,即将作者、印刷厂、销售商、读者紧密地联系在出版社的周围,强化上下游的关系,使供应链更加协调健康地发展,而出版社在供应链中获得了极为有利的地位。

【案例】

中外网上书店的比较

国内目前所有的网上书店都缺乏丰富的书评,而大量翔实的网络书评已经是美国亚马逊的特色和成功经验。亚马逊网站的读者书评以提供购书为指南的基础,进一步延伸出阅读社群,这样就会使得读者愿意常常上网买书,发表书评的背后是有一套商业机制在运作支撑的。为了吸引读者购买书籍,亚马逊不断提供价格之外的其他价值,藉此提高向心力,使读者愿意提供书评,再藉由书评等相关讯息,提升读者购买力。

以庞大书目为主所产生的书评,是亚马逊引以为傲的"无形资产"。综观亚马逊网络书店的书评,来源大致有 4 种:与平面书评杂志、报纸、电视媒体合作,付费转载推荐书评;作者或出版社提供的评论或摘要;亚马逊编辑书评;读者书评。这些书评不单单只是书评而已,而是依存于一套精心设计规划的消费模式,因此书评与消费依循另一种模式而结合。

相比之下,无论当当网还是卓越亚马逊,目前的书评仅仅在做前两种,编辑书评和读者书评几乎还是空白。特别是读者书评一栏完全不具备评论价值,读者留言大多是对书籍发送、到货、装帧等问题的评价,即使有少量的评价也是只言片语,这个与美国亚马逊上踊跃的评价无法相比。

10.1.6　电子商务对传统出版业的冲击

电子商务的发展对推动中国出版业从传统的出版模式改造成为以信息经济为特征的新经济形态有着极大的促进作用。如传统的经济运营一般为"推"模式,即企业以自身对市场的理解为主体把自己生产的产品"推"向市场。由于企业对市场的需求在这种主观的判断上并不能精确掌握实际的需求,因此会导致生产的盲目性和增加企业物流成本,大量资金被积压在销售环节和无效生产的过程中,会使企业背上沉重的负担而失去开发新产品的能力。

"拉"模式以市场需求为导向,由消费市场提出需求。企业针对特定的消费群体定制产品以使生产过程的目的性更加明确,而不会额外增加无效生产。每一个产品都相对一个具体的需求,因此物流成本会降到最低,资金流也处在一种良性的合理状态。企业的竞争力会有一个本质性的改善。

由于目前图书市场呈现供求不平衡的局面,产品定制将成为图书品牌发展策略的一部分。例如已经过版或断版的图书,如果还有相当好的市场销售量,渠道商就会去和出版社商量定制。同时,鉴于市场上存在选题失误的情况,渠道商也会向上游渗透,例如与出版社去讨论一些选题方面的合作,充分做到以市场为导向。

另外,出版社也都在积极与网上书店合作,毕竟其宣传效果远远大于实体书店,而且在费用上也非常便宜。更重要的是网上书店的宣传目标精准。因此很多出版社在现阶段多主动与网店合作,争取双赢。

【案例】

网上书店的价格战

据统计,在目前国内每年 300 亿元的图书零售市场中,主要网上书店已占据中国整个图书市场份额的 20%,并且这一数字还在继续增长。目前,卓越亚马逊有 150 多万种中文图书和近 50 万种进口英文原版书,这是一个书店的店面能容纳的书量无法比拟的。然而,相比于欧美国家电子商务渠道在图书市场销售占比 30% 以上的数字,国内电子商务渠道依然有着较大的增长空间。

为了扩张市场,卓越亚马逊与当当网在 2008 年和 2009 年展开了图书价格大战。据估算,价格大战给当当网带来近千万元的损失,而卓越同样损失惨重。伴随着激烈的竞争,去年中国网购图书市场份额继续增长,幅度达到了 96%。但从业绩看来,2010 年前 9 个月占当当网整体业务 84.2% 的图书业务,毛利润率却仅为 22%,为几乎同时起步的主营服装网上商店麦考林的一半。更令人尴尬的是,当当网在 2009 年才首次实现盈利,净利润率为 1.2%。

以价格优势打赢实体书店的同时也意味着烧钱。由于眼下图书市场盗版猖獗,线上图书销售行业利润率极低,甚至不足以抵消经营的成本。为了转化压力,卓越亚马逊与当当网在潜移默化中已开始了转型的步伐,先后走上了百货化道路。

2010 年中国 B2C 市场最大的 3C 网购专业平台京东商城也高调进入网上书店(注:3C 是计算机 Computer、通信 Communication 和消费电子产品 Consumer Electronic 三类电子产品的简称),这将掀起新一轮的价格大战。

10.2 电子商务环境下的出版业物流模式

10.2.1 电子商务下出版物流的特点

网络配送问题已成为电子商务发展的瓶颈。因为成本过高、配送时间过长,使电子商务失去了低价和快捷的意义。对消费者来说,任何一次购物都有两个基本考虑,一是要多少钱,二是什么时候能拿到商品。这在传统的商店很好解决,而对于网络商店而言,由于地域辐射广,物流配送再发达也无法覆盖所有区域。况且目前国内快递行业除少数公司外,总体上在信息化建设上是比较落后的。信息共享要求整个行业信息化程度较高,一个信息链上的每一环节都处在相同水平,只有这样,才能实现完整意义的信息对接。

随着电子商务时代的来临,为全球物流带来了新的发展,使物流具备了一系列新特点。

1)信息化

条码技术(Bar Code)、数据库技术(Database)、电子订货系统(EOS,Electronic Ordering System)、电子数据交换(EDI,Electronic Data Interchange)、企业资源计划(ERP,Enterprise Resource Planning)、射频技术(RFID,Radio Frequency Identification System)等技术与观念在我国出版物流中将会得到普遍应用。

目前新华书店现代化物流配送系统的实时互动查询功能不仅使网上查询、网上下单订货成为现实,而且实现了出版社、销售店、发货店之间的数据共享和有机链接,而且物流公司通过短信平台发出发货通知后,收货单位便能立刻了解到发货方式、车号及到货数量,提前做好收货准备。

【相关概念】

电子商务物流信息技术

(1)条码技术

条码是由一组按一定编码规则排列的条、空符号,用以表示一定的字符、数字及符号组成的信息。

(2)无线射频技术

利用无线电波对记录媒体进行读写的一种识别技术。2010年上海世博会门票采用的就是 RFID 技术。

(3)GPS 技术

GPS 是全球定位系统(Global Positioning System),它结合了卫星及无线技术的导航系统,能够实时、全天候为全球范围内的海陆空的各类目标提供持续实时的三维定位、三维速度及精确时间信息。

(4)GIS 技术

GIS 是地理信息系统(Geographical Information System),是一种为地理研究和地理决策服务的计算机技术系统。

另外目前中国图书电子商务普遍忽视 EDI 的重要性。EDI 指的是电子数据交换,它是由商业文件构成的标准电子信息格式,可以由计算机自动进行,无需人工干预,是供应链企业之间进行数据交换、信息集成的重要手段,通过它可以快速获得信息,减少纸面作业,提高效率,降低成本。同时 EDI 还有辅助预测的功能,可以减少供应链系统的冗余性。

2)自动化

物流自动化设施非常多,如条码/语音/射频自动识别系统、自动分拣系统、自动存取系统、自动导向车、货物自动跟踪系统等。

3)网络化

一是指物流配送系统的计算机通信网络,包括物流配送中心与供应商或制造商的联系要通过计算机网络,另外下游顾客之间的联系也要通过计算机网络通信。二是指物流渠道的网络化。有了高效的物流网络,客户的货物就能四通八达,而且方便、快捷。

4)智能化

物流作业过程大量的运筹和决策,如库存水平的确定,自动导向车的运行轨迹和作业控制都需要借助大量的知识(专家系统、机器人等相关技术)才能解决。

5)多元化

当前的书业物流中心普遍具备仓储、配送、运输、包装、装卸搬运、流通加工、信息服务、办公、餐饮等综合物流服务功能,不仅提供书业配送,也为第三方物流提供了平台。第三方物流渐渐成为书业新的经济增长点。

【案例】

出版业物流的多元化发展

湖北省新华书店物流中心主营出版物物流,兼营印刷机械、纸张等相关产品的物流,并将面向市场从事其他产品第三方物流,还可提供物流咨询、物流规划和物流培训。

北京出版发行物流中心打破了传统出版发行业的经营模式,突破了传统物流中心只设配送服务功能的局限,集出版物展示展销、仓储配送、出版物代存代发、网上图书交易、出版发行信息服务、版权贸易、图书馆现场采购、配套服务等功能为一体,成为国内领先并具有国际水平的现代化大型出版物集散中心。

10.2.2　现代出版业的物流模式

1）出版社网上书店物流模式

出版社网上书店一般只在网上销售本社图书,销售品种有限,但无需与其他出版社、书商联系进货,省去了进货费用。出版社网上书店也可通过特色宣传,拉住目标顾客。送货方式可考虑选择邮政递送、快递公司专递和自建配送系统,也可以与比较成熟的报业配送系统签订合同,通过报业配送系统配送。

2）零售商网上书店物流模式

零售商一般批量进货,可退换,无库存图书须与相关出版社、书商联系,组织进货。一些规模较大的网上书店均自建物流平台,进行客户开发、收货、分拣、包装、配货等仓储操作,并联合第三方快递公司,与他们的配送信息系统进行整合,并提供技术支持和保障,将运输和配送业务交给第三方快递公司操作。

【案例】

亚马逊的配送方式

在配送方面,卓越亚马逊和美国亚马逊就差得很多。美国那边,一个订单下来,最快3个小时就送到家了,卓越现在最快的承诺至少8小时。

配送方面亚马逊主要采用物流外包的方式运输,并按照商品分类建立配送中心,在接到订单之后从中盘商拿货并直接送往邮局(畅销书例外,有库存)。而中国的网上书店在当前物流水平较低,邮政费率较高的情况下,还不能实现低成本的全国性物流外包和零库存运营。

3) 连锁店总部网上书店物流模式

连锁店总部一般设有较大量的库存和较完备的物流系统或配送系统,其网上书店可充分利用这些资源自己配送。但对单本少量订货,则可委托就近的连锁店送货上门,从而降低送货费用。或与报业签约,利用报业配送系统送货。当然,在网上书店刚刚开始运作、销量不大时,也可通过邮政递送或快递公司专递。

【案例】

一城网的物流配送

一城网(www.001town.com)是上海新华传媒电子商务有限公司以运营图书业务为主的大型 B2C 电子商务网站。公司专注于打造中国最具影响力的文化消费网络平台,分别经营图书销售、按需印刷、数字图书、广告经营以及移动增值服务等文化产品。同时,涉足百货领域,以直接经营及加盟形式,建立在线百货商城的区域化配送、销售中心。

送货方式	所需时间
上门送书(只限上海)	外环内 2~3 个工作日
	外环以外 3~4 个工作日
	崇明三岛只能邮购
国内快递	3~8 个工作日
国内平邮	1~3 周

【实训环节】

一、实训项目

一个完整的电子商务项目的实施实训。

二、实训目的

了解在电子商务过程中,物流信息的传输过程。

三、实训内容

学生分成 20 人一小组,在电子商务的平台上体验资金流、信息流、物流的传递。

四、实训组织

1.前期准备

搭建电子商务教学模拟实验平台。

2.具体实训项目

了解一个生产企业和物流企业是如何在网络环境中运作的(包括其前台和后台);

了解传统生产企业和物流企业又是如何在网络中实现电子商务功能。

3.实训评定

要求学生完成实训报告,由企业带教老师评价其实训表现。

五、其他

需在机房完成。

【课后练习】

一、单项选择题

1)B2C 电子商务指的是( )之间的电子商务。

A. 企业与企业 B. 企业与消费者

C. 企业与政府 D. 政府与消费者

2)B2B 电子商务指的是( )之间的电子商务。

A. 企业与企业 B. 个人与个人

C. 政府与政府 D. 网站与网站

3)( )被认为是最适合网上销售的商品。

A. 音像制品 B. 服装 C. 食品 D. 家电

4)( )是物流现代化管理的基础。

A. 物流网络化 B. 物流集成化

C. 物流信息化 D. 物流自动化

5)B2C 电子商务等同于( )。

A. 百货商店 B. 超市

C. 便利店 D. 电子化的零售

二、多项选择题

1)( )是电子商务概念模型的组成要素。

A. 交易主体 B. 电子市场

C. 交易事务 D. 交易手段

2）目前 B2C 电子商务中主要的支付方式有(　　　)。

A. 汇款　　　　　　　　　　　B. 电子支付

C. 赊账　　　　　　　　　　　D. 送货上门付款

3）电子商务为客户提供(　　　)等全方位的服务。

A. 市场信息　　　　　　　　　B. 商品交易

C. 仓储配送　　　　　　　　　D. 货款结算

4）电子商务下物流的新特点包括(　　　)。

A. 信息化　　　　　　　　　　B. 快速化

C. 自动化　　　　　　　　　　D. 网络化

5）(　　　)属于电子商务下的物流信息技术。

A. 条码技术　　　　　　　　　B. 无线射频技术

C. 仓库管理系统　　　　　　　D. 电子数据交换系统

三、判断题

1）电子商务的概念包含广义上的理解(Electronic Commerce)和狭义上的理解(Electronic Business)。　　　　　　　　　　　　　　　　　　　　　(　　)

2）电子商务是一门综合性的学科,包括计算机网络和安全技术、数据库技术等。　　　　　　　　　　　　　　　　　　　　　　　　　　　　　　(　　)

3）电子商务的基本组成要素有网络、用户、物流配送、认证中心、银行、商家等。　　　　　　　　　　　　　　　　　　　　　　　　　　　　　　(　　)

4）电子商务的任何一笔交易都包含物流、资金流、信息流,但不一定能产生商流。　　　　　　　　　　　　　　　　　　　　　　　　　　　　　　(　　)

5）网络配送对出版业电子商务的发展起着制约性的作用。　　(　　)

四、名词解释

1）电子商务

2）EDI

3）CA 论证

4）RFID

5）数字证书

五、简述题

1）为什么说物流对电子商务活动的开展关系非常大?

2）简述 Internet,Intranet,Extranet 三者的区别。

3）电子商务是否可理解为网上购物?

4）现代出版业的物流模式有哪些?

六、论述题

1）电子商务与物流的关系。

2）结合具体的案例分析出版业实施电子商务的意义。

七、案例分析题

全球运筹式产销模式

我国台湾地区的电脑业在20世纪90年代创造出了"全球运筹式产销模式"，这种模式是按照客户订单组织生产，采取外包的形式将一台电脑的所有零部件外包给世界各地的制造商去生产，然后通过全球的物流网络将这些零部件发往同一个物流配送中心进行组装，再由该物流配送中心将组装后的电脑迅速发给用户。

问题："全球运筹式产销模式"得以成功运作的基础是什么？

第11章

出版物供应链管理

教学目的和要求

1. 了解出版物供应链管理的概念。
2. 掌握第四方物流在出版物供应链管理中的作用。
3. 掌握出版物供应链管理系统的应用技能。
4. 掌握出版物供应链管理的内容与方法。

主要概念(原理)与技能

出版物供应链管理　第四方物流　信息化出版物流

教学重点和难点

重点:出版物供应链管理的内容与方法。
难点:出版物供应链管理系统的应用技能。

【开篇案例】

江西新华发行集团打造出版物供应链　增强企业核心竞争力

进入 21 世纪以来,出版发行业面临前所未有的市场竞争压力。为提高对市场变化的快速反应能力,增强企业核心竞争力,江西新华发行集团基于信任的原则,在互利共赢策略的指导下,与出版物供应商、生产商、批发商、零售商以至读者建立了战略合作伙伴关系,形成了以新华发行集团为核心,各出版社、印刷厂、批发商、零售商、读者等节点成员之间相互联结的供应链,注重出版物供应链管理,关注出版物流通全过程,也就是从供应链整体而不仅仅是发行集团自身的角度出发,来管理包括出版物的采购、印刷、批销以及零售的整个过程,与出版物供应链上节点企业共同面对激烈的市场竞争。

2007 年元旦,江西新华发行集团组建了江西新华物流有限公司。江西新华物流有限公司是目前江西省规模最大、拥有先进物流管理系统和专业设备的出版物流中心,依靠自身先进的信息技术和优势,公司集商流、物流、资金流、信息流于一身,拥有仓储保管、流通加工、图书配送、信息传递等多功能于一体的配送渠道,网络覆盖全省新华书店,实现了出版物流通与专业物流产业的无缝对接。

凭借新华物流有限公司的强势平台,江西新华发行集团进一步精细出版物供应链管理,通过运用现代信息技术、互联网技术和电子商务技术,构筑与供应链节点企业互动的平台,实现了出版物供应链管理系统与物流管理系统的有机结合,实现了商流、物流、资金流、信息流的高度集成,实现了产品供应的合理、有序和高效,提高了供应商、生产商、批发商、零售商的读者服务水平和获利能力。

通过以上案例可以看出,基于互联网和电子商务环境下的出版物供应链管理,能够把供应链节点企业的业务流程集成起来,使供应链节点上的企业互利共赢,获得利润,分享市场机会,提高市场竞争力。

11.1　出版物供应链管理概述

11.1.1　出版物供应链管理的概念

出版物供应链管理是现代出版物流的发展趋势,也是提高出版业竞争力、降低出版业成本的有效途径。出版物供应链的各个环节主要包括出版物供应商、出版社、印刷厂、批发商、零售商和读者。出版物的供应链应当保证物流和信息流的共享和畅通,通过物流把不同的出版物在规定的时间以优质的品质送达读者的手中;通过信息流的共享,实现供应链上各个成员之间的信息交流与合作。

可见,出版物供应链管理就是以某个出版发行企业(可以是供应链中任何一个企业,包括出版社、书店、印刷厂等)为核心,通过对供应链上的出版物供应商、出版社、印刷厂、批发商、零售商和读者等进行统一协调、控制和管理,保证出版经营活动中信息流、物流和资金流正常流动,以期取得共赢的一种经营管理手段。其目标是让出版物供应链中的每一个成员获取价值,获得利润。出版物供应链的结构可以简单地归纳为如图11.1所示的模型。

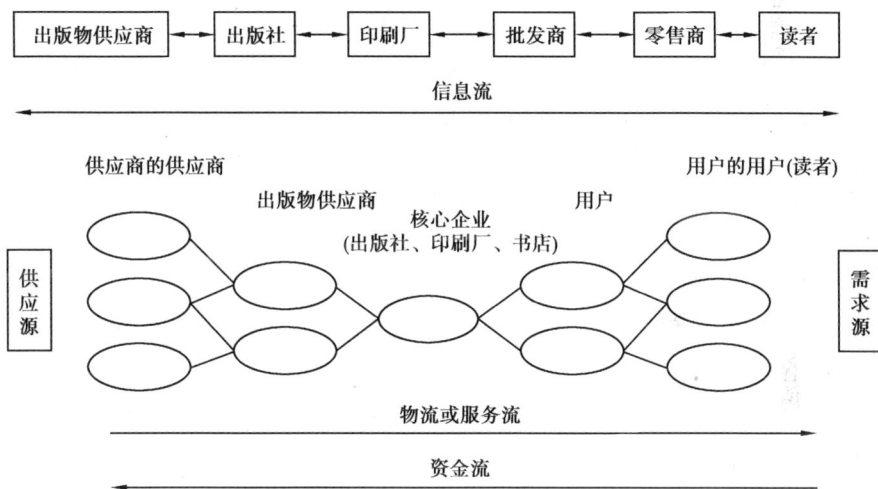

图11.1   出版物供应链的网链结构模型

从图11.1可以看出,出版物供应链由所有加盟的节点企业组成,其中一般有一个核心企业(可以是出版社、印刷厂,也可以是大型零售书店),节点企业在需求信息的驱动下通过供应链的职能分工与合作(生产、分销、零售等),以资金流、物流或服务流为媒介实现整个供应链的不断增值。出版物供应链管理就是对供应链增值的管理,它采用了集成化的管理思想和方法对供应链上的物流、信息流、资金流、价值流及工作流进行计划、组织、协调与控制,把供应链上的各个节点企业作为一个不可分割的整体来实施网络化管理,将各个节点成员分别承担的职能协调起来,形成一个能快速适应市场变化、有效满足客户需求的功能系统,实现总体上的高效益和低成本,最终实现整个供应链增值。

11.1.2 出版物供应链管理与物流管理

1) 出版物供应链管理与出版物流管理的关系

出版物供应链管理与出版物流管理既有很大的区别,又有紧密的联系。

(1) 出版物供应链管理比出版物流管理的概念更宽泛

出版物流管理主要强调出版物流通过程中的运输、仓储、包装、流通加工等各环节之间的协调,而没有特别关注这些环节是由谁来统筹协调运作的问题,目前一般认为是企业内部物流管理。出版物供应链管理则不是从空间的位移来看待出版物流通过程,而是从这个过程中的厂商关系来看待整个出版物流通过程,强调厂商之间的协调与合作。

(2) 出版物流管理与出版物供应链管理的侧重点不同

出版物流管理关注的是企业内部运作,并将管理内容限制在物流活动上,并非贯穿于企业组织、信息和决策活动中。出版物供应链管理注重企业间相互的合作与协调,关注出版物流通的全过程,关注出版物供应链上所有节点企业的内外联系,其管理内容不仅包括物流活动,还包括对信息流、资金流、价值流、工作流的整体管理。

(3) 出版物流管理是出版物供应链管理的实践应用基础,出版物供应链管理高于出版物流管理

在出版物供应链管理的具体实践中,需要链上企业拥有高效流畅的企业内部物流管理,否则,就无法建立有效而稳定的供应链,供应链上总体效益最大化作用也就难以实现。

此外,出版物流管理依靠企业本身获取和保持独立的竞争优势,而出版物供应链管理强调企业竞争中的相互依赖与合作,超出了传统物流管理的微观竞争视角,将管理置于宏观的竞争环境中,藉以提高出版物供应链整体竞争优势。

2) 第四方物流在出版物供应链管理中的作用

(1) 第四方物流的定义

第四方物流的概念目前有两种解释,一种定义是指集成商们利用分包商控制与管理客户公司的点到点式供应链运作。另一种定义是指一个集中管理自身资源、能力和技术并提供互补服务的供应链综合解决办法的供应者。安盛管理(上海嘉盛)公司是我国最具实战经验的管理顾问公司之一,他们把第四方物流的概念表述为:第四方物流是一个供应链集成商,它调集和管理组织自己的以及具有互补性

的服务提供商的资源、能力和技术,以提供一个综合的供应链解决方案。这一定义似乎更为贴切而被广泛采用。

因此,第四方物流的扮演者就是整个供应链的集成者、整合者和管理者,它不仅控制和管理特定的物流服务,而且对整个供应链管理过程提出策划方案,并通过电子商务将整个过程整合起来。

（2）第四方物流的价值

第四方物流能够为整条供应链的客户带来利益,创造价值。主要包括以下几点:

①利润增长。第四方物流的利润增长将取决于服务质量的提高、实用性的增加和物流成本的降低。由于第四方物流关注的是整条供应链,而非仓储或运输单方面的效益,因此,能为客户及自身带来综合效益和利润增长。

②运营成本降低。第四方物流通过整条供应链外包功能达到提高运作效率、降低采购成本的目的,流程一体化、供应链规划的改善和实施将使运营成本和产品销售成本降低。

③降低工作成本。第四方物流通过采用现代信息技术、科学的管理流程和标准化管理,使存货和现金流转次数减少,工作成本大幅度降低。

④提高资产利用率。第四方物流通过减少客户固定资产占用,提高了资产利用率,使得客户通过加大投资研究设计、产品开发、销售与市场拓展等获得经济效益的提高。

（3）第四方物流在出版物供应链管理中的作用

第四方物流所倡导的物流运作新思路、新理念,能够为出版发行企业设计融合物流技术与信息技术的整体物流程序,通过集中业内专业的第三方物流供应商、技术供应商、管理咨询顾问和其他增值服务商的资源、技术和能力,以有效地整合资源、降低成本和最优化设计理念赢得客户的满意,从而为出版发行企业提供复杂而多样化的出版物供应链解决方案,优化出版物供应链管理。其作用主要有:

①供应链再造。第四方物流创造性地设计所有参与者之间的供应链,不仅实现了整个出版物供应链各个节点企业的正常运转,而且能够提高出版物流通全过程运作效率、降低物流整体费用。

②功能转化。第四方物流通过采用先进的供应链管理技术,可以加强并改善出版物供应链各个节点企业的功能,实现出版物供应链管理高效化。

③业务流程再造。第四方物流服务能够帮助客户实施新的业务方案,包括业务流程优化,客户公司和服务供应商之间的系统集成,以及将业务运作转交给第四方物流的项目运作小组。通过这些将客户与供应商信息和技术系统一体化,使整

个出版物供应链的业务流程更有效。

④关键技术服务。第四方物流是在第三方物流的基础上对管理和技术等物流资源进一步地整合,为用户提供全面意义上的供应链解决方案,因此,能够为出版物供应链管理系统的功能和流程提供关键技术服务。

3)信息化出版物流在出版物供应链管理中的优势

(1)信息化出版物流的概念

信息化出版物流就是利用计算机硬件、软件、网络通信设备及其他设备,进行出版物流信息收集、传输、加工、储存、更新和维护,以满足出版物流运作、管理和决策的需要,是出版企业利用现代物流信息系统进行出版物流管理的一种方式,也是现代出版物流的发展趋势。随着信息技术的发展,物流信息系统在现代物流中占有极其重要的地位,同时也是出版业物流的主要发展方向。现代物流信息系统不仅对出版物流活动具有支持保证的功能,而且具有连接整个出版物供应链和使整个供应链活动效率化的功能。

(2)信息化出版物流在出版物供应链管理中的优势

现代信息技术的运用是出版物供应链管理信息化、集成化的重要基础。因此,信息化出版物流对于出版物供应链管理有着明显的优势,呈现出以下主要特征:

①物流信息的数字化、自动化。信息化出版物流的信息不再是以账本、单据、文件形式记载有关物流信息,而是将所有的信息输入计算机,归类管理,一旦出版发行企业有需要,通过查询可以轻松、方便地得到。不仅如此,还可以通过计算机系统自动更新信息,自动记载出版物的仓储数量、运输方式、运送数量、到达地址等一系列数据。这些自动的系统包括:自动识别系统、自动分拣系统、自动存取系统、自动导向车、货物自动跟踪系统等。充分利用信息可以扩大出版业物流作业的能力,提高劳动生产率,减少物流中的差错。

②服务、管理的网络化、一体化。基于网络技术的信息化出版物流信息的传输处理体现出网络化的特点。出版物配送中心与供应商、出版商、销售商及顾客之间的联系是通过其计算机通信网络实现的。不仅如此,信息化物流在内部网络和信息系统建设的基础上,从科学发展、及时决策和有效控制的高度把信息作为战略资源加以开发和利用,并根据战略决策的需要把诸多现代化科学管理方法和手段有机地集成,实现企业内部人力、资源、物资、信息要素的优化配置和综合化管理。

③物流信息传递的数量大、速度快。随着出版物交易活动频繁,物流信息大量增加,多品种少批量生产和多频度小数量配送使库存、运输等物流活动的信息大量增加。利用信息化出版物流可以将这些物流信息全部归类整理,无论信息量有多

大,物流信息可以通过信息系统自动处理,而且处理速度快、处理结果精确。这既是信息化物流的基本特征,也是出版物供应链管理的重要支撑。

④物流信息渠道的多样化。出版业的物流信息不仅包括企业内部的信息(如生产、库存信息等),而且包括出版物供应链各个节点企业之间物流活动的信息。企业竞争优势的获得需要供应链各个参与企业之间信息的交换和传送,实现信息共享。另外,物流活动中涉及的道路、港湾、机场等基础设施的信息也是出版物进出口物流活动中企业所必须掌握的信息。

(3)信息化出版物流的内容

如图11.2所示,信息化出版物流以物流信息系统为基础,主要由库存、运输、供应链管理、出版商物流、消费者物流等信息管理系统构成。

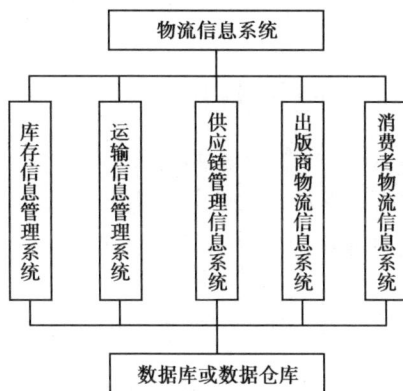

图11.2 信息化出版物流系统

①库存信息管理系统。利用计算机系统记录库存多少、安全仓库存量多少,何时补充订货,订多少货等,并且可以时时调整、点存。此系统可以使出版企业在满足客户需求的前提下使库存成本降到最小。

②运输信息管理系统。通过运用现代信息技术手段建立的运输信息管理系统,可以提高运输企业的运输能力、降低物流成本、提高服务质量。同时,从运输路径的选择、运输的方式、运输车辆的安排、运输时间的调整等方面提高出版物流的运作效率。

③供应链管理信息系统。出版企业要想赢得竞争优势,需要建立一套完整的供应链管理信息系统,使供应链上各个节点企业能够及时、准确、高效地获取信息。通过建立从出版商到最终消费者全过程的跟踪信息,管理好取货、集货、包装、仓储、装卸、分货、配货、加工、信息服务、送货等各环节的出版物流业务。

④出版商物流信息系统。围绕出版商的物流活动,以信息平台为基础,运用各

种物流信息技术,通过各种资源计划系统的运行来实现物流信息的运用。

⑤消费者物流信息系统。从消费者对服务质量的反馈、消费者的消费数量、消费方向了解消费者的偏好,从而做到有的放矢,完善出版物的物流服务。

11.2 出版物供应链管理系统的应用平台及其功能

11.2.1 出版物供应链管理系统的应用平台

对出版发行企业而言,出版物供应链管理系统可以提供许多应用平台功能,满足企业的管理需要,大幅度提高管理水平。其主要的应用平台如图 11.3 所示,这也是一个典型的供应链管理系统结构图。

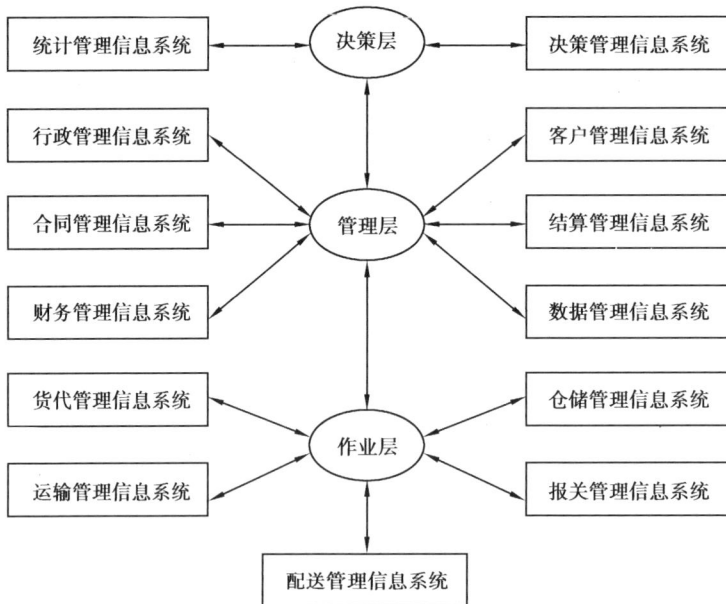

图 11.3 出版物供应链管理系统的应用平台

11.2.2　出版物供应链管理系统应用平台的功能

1）决策管理信息系统的功能

决策管理信息系统能够及时掌握商流、供应链管理、资金流和信息流所产生的信息并加以科学利用,在数据库应用技术的支持下,通过对历史数据进行多角度、立体的分析,实现企业人力、物力、财力、客户、市场、信息等各种资源的综合管理,为企业管理、客户管理、市场管理、资金管理等提供科学的决策依据,从而提高管理层决策的准确性和合理性。

2）统计管理信息系统的功能

统计管理信息系统以统计工作作为企业管理的基础,按照供应链管理行业的标准,针对企业的经营管理活动情况进行统计调查、统计分析,提供统计资料,实行统计监督,从而对企业的经营活动及经营状况进行量化管理。

3）行政管理信息系统的功能

行政管理信息系统处理的是来自企业内部的具有重复性、描述性、可预测性及客观性等特点高度结构化的准确数据,因此行政管理信息系统的应用,可以大大减少纯粹单调乏味的行政事务处理工作,为管理者实现管理效率最大化提供有利条件。

4）客户管理信息系统的功能

客户管理信息系统通过对客户资料的全方位、多层次的管理,使出版物供应链节点企业之间实现流通功能的整合,供应链企业与客户之间实现信息分享、收益共享、风险共担,从而在供应链管理模式下,实现跨企业界线的资源优化配置。

5）合同管理信息系统的功能

合同管理信息系统通过对合同的数字化解析,充分理解对方的需求,拟定供应链管理服务的实施方案,并以此为依据,分配相应的资源,监控实施的效果和核算产生的费用,并可以对双方执行合同的情况进行评估以取得客户、信用、资金等方面的相关信息,供企业决策部门作为参考。

6）结算管理信息系统的功能

结算管理信息系统充分利用业务信息管理系统和计算机处理功能,自动为客户提供各类业务费用信息,大幅度降低结算业务工作量,提高结算业务的准确性和及时性,从而为广大企业的自动结算提供一套完整的解决方案。

7）财务管理信息系统的功能

财务管理信息系统以财务管理理论为指导,针对相关企业财务管理的特点,根据财务活动的历史资料进行财务预测和财务决策,综合运用科学的技术手段、相关信息、特定的方法进行财务预算、财务控制、财务分析,最终实现企业价值最大化。

8）数据交换信息系统的功能

数据交换信息系统提供电子数据交换（EDI）服务,通过电子商务网站,提供数据交换表单,可以为自身以及客户或合作伙伴提供网络（Web）形式的商务数据交换功能。

9）货代管理信息系统的功能

货代管理信息系统按照资源利用效率最大化和服务最优化的原则,满足代理出版物托运、接取送达、订舱配载、联运服务等多项业务需求,管理出版物流通全过程,包括代理航空和船务,提供最佳供应链管理服务,成为托运人和承运人之间业务电子化的桥梁和纽带。

10）仓储管理信息系统的功能

仓储管理信息系统可以对所有的,包括不同地域、不同属性、不同规格、不同成本的仓库资源,实现集中管理。采用条码、射频等先进的供应链管理技术设备,对出入仓库出版物实现联机登录、存量检索、容积计算、仓位分配、损毁登记、状态报告、出入库与库存查询、盘点调整以及每月结转与库存报表等进行自动处理。

11）运输管理信息系统的功能

运输管理信息系统可以对所有能够调度的运输工具,包括自主的和协作的,以及临时的车辆信息进行调度管理,分析、计算出版物的配载能力,以便提供最佳运输路线的选择。系统支持全球定位系统（GPS）和地理信息系统（GIS）,实现运输的最佳路线选择和动态调配。

12) 报关管理信息系统的功能

报关管理信息系统集报关、商检、卫检等功能于一体,满足出版物进出口电子报关的需求,增加联机报关功能,真正使跨境出版物供应链管理成为无缝供应链管理,使报关业务迅速、及时、准确,为出版物供应链管理客户提供全方位的报关服务。

13) 配送管理信息系统的功能

配送管理信息系统以最大限度地降低出版物供应链管理成本、提高运作效率为目的,按照实时配送原则,在众多客户并存的环境中,通过在客户和各自的供应商之间建立实时的双向连接,构筑一条顺畅、高效的出版物供应链管理通道,为客户与供应商双方提供高度集中的、功能完善的和不同模式的配送信息服务。

11.2.3 出版供应链管理系统的应用举例

在实务操作中,由于各出版发行企业经营管理理念、发展战略、核心业务等各不相同,出版物供应链的核心企业可以根据实际需要选择供应链管理软件提供商。因此,在供应链管理系统的实际应用过程中,如图 11.3 所示的出版物供应链管理系统应用平台的功能模块在不同的企业各不相同,很多出版发行企业选用的供应链管理系统也并不完全具备上述 13 个模块的应用平台功能。下面以新华书店出版物供应链管理系统中的财务管理信息系统模块为例,介绍其应用平台功能和操作技能。

1) 付款操作

付款操作如图 11.4 所示。

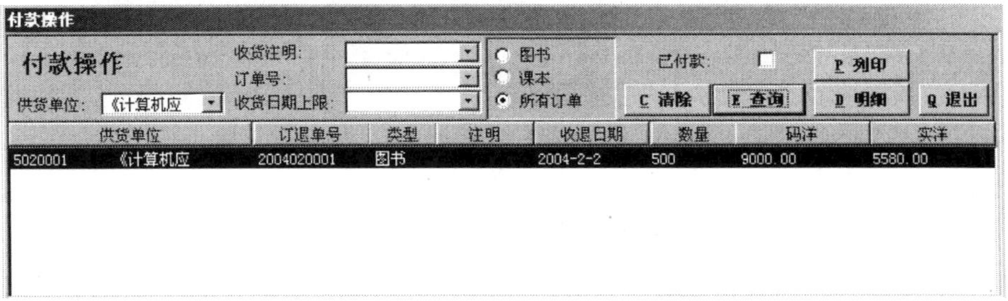

图 11.4

（1）功能描述

用于给供货商付款操作。

（2）操作说明

①选定供货商，如想按进货批次查看，可选择订单号，如不选则默认所选供货商的所有商品，按查询。

②选中查询出的商品，按明细查看。如图11.5所示。

③在选择付款方框中选定，按G将选择项目生成付款单。

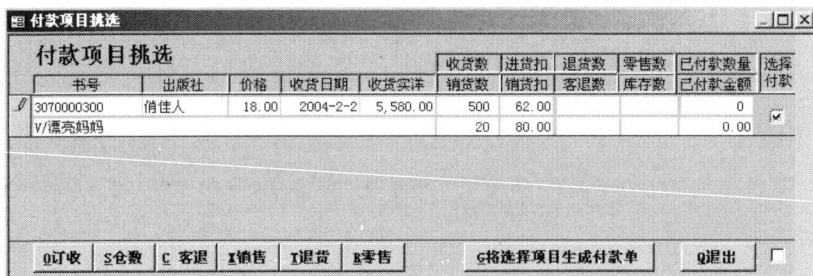

图11.5

2）付款核准单（如图11.6所示）

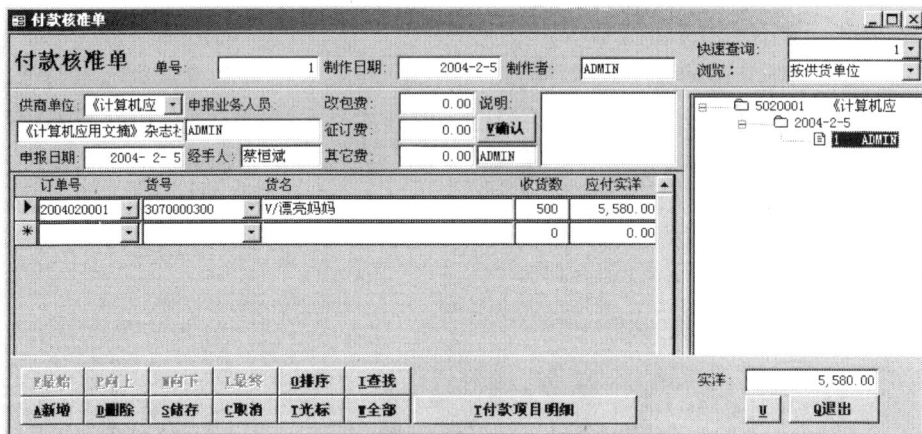

图11.6

（1）功能描述

用于对付款操作中对供货商的付款进行审核确认。

（2）操作说明

①按快速查询，查询在付款操作中生成的付款申请。可按T付款项目明细查看详细内容。

②填入经手人,按 V 确认,就确认这张付款单。

3）应付情况报表（如图 11.7 所示）

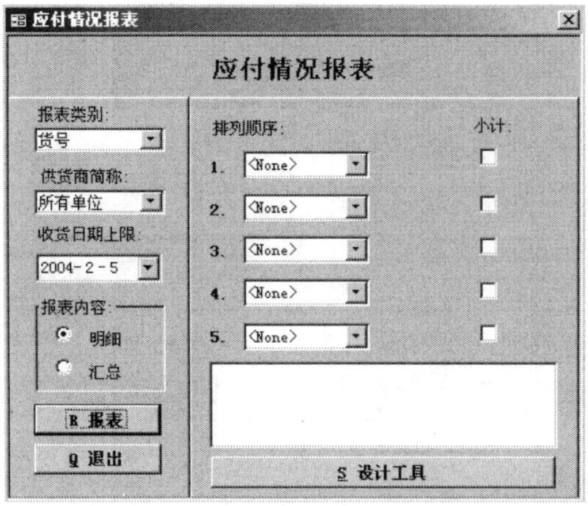

图 11.7

(1) 功能描述

根据所选条件,可按货号、分类、供货商等统计已收货但未付款的情况报表。

(2) 操作说明

①在报表类别栏选择所要统计的报表类型,类别有货号、分类、供货商、月结。

②可在供货商简称栏选择供货商。

③在收货日期上限栏选择统计收货日期及以后的应付情况。

④在报表内容栏选择是汇总还是明细。

⑤在排列顺序栏选择内部排序的条件。

⑥如果上述条件不能满足要求,可以按 S 设计工具。

⑦按 R 报表,显示结果内容见图 11.8（选中报表类别为货号的报表）。

荣昌新华书店

应付明细情况报表

2004-02-05

货号	货名	单价	数量	码洋	实洋	类型
3070000410	V/新城市电影-过年回家	18.00	10	180.00	111.60	退
合计:			1	10	180.00	111.60

图 11.8

229

4)付款情况报表(如图11.9所示)

图11.9

(1)功能描述

按付款日期统计应付账款中的已付部分。

(2)操作说明

①在付款日期栏选择统计的起止日期。

②在报表类型栏选择类型。如品种、分类、供货商、出版年月、月结。

③在排列顺序栏选择以什么为排序条件,是否小计。

④按 R 报表,显示内容见图11.10。

荣昌新华书店

明细付款情况报表

2004-02-05						期: 2004-01-05 至 2004-02-05
货号	货名	出版社	品种	数量		实洋
供货商:5020001《计算机应用文摘						
	V/漂亮妈妈		–			
合计:			1	500		5,580.00

图11.10

5)到款回填(如图11.11所示)

(1)功能描述

用于查看及操作客户到款,财务人员挑单核销的工作。

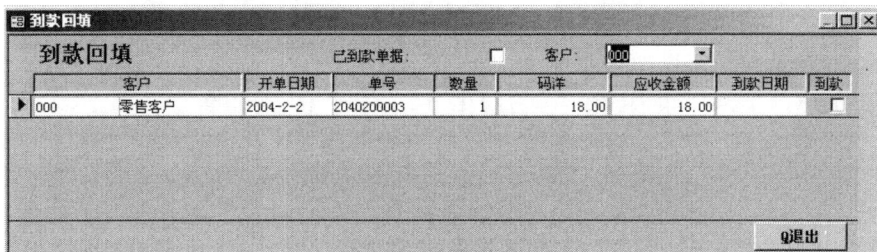

图 11.11

(2)操作说明

①选中客户,系统自动筛选出所选客户未到款的单据,在到款栏打钩确认到款。

②如需查看这个客户的已到款单据,在已到款单据栏打钩,系统自动筛选出所选客户的已到款单据。

6)应收情况报表(如图 11.12 所示)

图 11.12

(1)功能描述

统计出版物批发给客户后,应该收取的货款。

(2)操作说明

①在发货日期栏选择要统计的日期区间。

②在报表类型栏选择品种、分类或是客户等。

③在付款方法栏选择付款的方法。

④在寄销状态栏选择要统计的寄销状态。

⑤可在排列顺序栏选择条件小计。

⑥如果以上条件还不够用,则可以用"S设计工具"来自行设计。

⑦按R报表,显示内容见图11.13(以下报表类型是品种排列顺序为客户的统计方式)。

荣昌新华书店

应收品种情况报表

2004-02-05 批销日期: 2004-02-02 至 2004-02-05

货号	书名	品种	数量	码洋	实洋	比率	销货日期
客户:《计算机应							
3070000300	V/漂亮妈妈	—	10	180.00	140.40	88.6%	2004-2-4
客户:零售客户							
3070000300	V/漂亮妈妈	—	1	18.00	18.00	11.4%	2004-2-2
合计:		2	11	198.00	158.40	100.0%	

图11.13

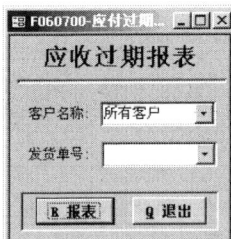

图11.14

7)应收过期报表(如图11.14所示)

(1)功能描述

统计应收货款中未收的货款情况。

(2)操作说明

①选择客户名称。

②选择发货单号,不选默认为所选客户的所有发货单。

③按R报表,显示内容见图11.15。

荣昌新华书店应付过期报表

统计时间: 2004-2-5 15:01:34

客户	发货单号	0-30	31-60	61-90	大于91天	总数
000零售客户	2040200003	18.00				18.00
			小计: 000零售客户			18.00
110441293信箱	2040200002	432.00				432.00
			小计: 110441293信箱			432.00
5020001《计算机应用文摘》杂	2040200004	140.40				140.40
			小计: 5020001《计算机应用文摘》			140.40
合计:						590.40

经办人:

图11.15

8) 到款情况报表（如图 11.16 所示）

图 11.16

(1) 功能描述

统计应收账款中已经到账的情况。

(2) 操作说明

①在报表类型栏选择报表类型。

②在排序方法栏选择排序方法。

③在销货门市栏选择要统计应收情况的具体仓号。

④在到款时间栏选择起止时间。

⑤可在排列顺序栏选择条件小计。

⑥按 R 报表，显示内容如图 11.17 所示。

荣昌新华书店

应收品种情况报表

2004-02-05						到款日期: 2004-02-02 至 2004-02-05	
货号	书名	品种	数量	码洋	实洋	比率	到款日期
客户: 1293信箱							
	V/漂亮妈妈	–				66.7%	2004-2-5
	V/新城市电影-过年回家	–				33.3%	2004-2-5
合计:		2				100.0%	

图 11.17

由于出版物供应链管理系统应用平台的功能模块及操作技能较为复杂，这里不一一列举。但是，在实际工作过程中，一定要全面掌握出版物供应链管理系统应用平台的功能模块及其操作技能,掌握信息技术检索方法,仔细分析并处理相关信息并及时储存、更新信息。

11.3　出版物供应链管理的内容与方法

11.3.1　出版物供应链管理的内容

出版物供应链管理的内容涵盖的范围广,对信息的要求高,主要包括以下几个方面:

1) 计划

计划是出版物供应链管理的策略性部分。出版企业需要有一个策略来管理所有的资源,以满足客户对产品的需求。通过完善计划,采用一系列的方法监控出版物供应链,使它能够有效、低成本地为客户提供高质量和高价值的产品或服务。

2) 采购

采购是指选择能为出版企业提供产品和服务的供应商,同时,与供应商共同建立一套定价、配送和付款流程,并创造一套方法来监控和改善这一流程,以便把供应商提供的产品和服务的管理流程结合起来。这一流程主要包括提货、核实货单、转送出版物并批准对供应商的付款。

3) 制造

制造是指安排生产、测试、打包和送货前的准备活动,这是出版物供应链中评价内容(服务水平、产品质量和劳动生产效率等)最多的部分。

4) 配送

配送是调整客户的订单收据、建立仓库网络、委派递送人员提货并送货到客户、建立产品计价系统、接收付款等活动的总称。

5）退货

退货是出版物供应链中问题的处理部分，主要通过建立网络接收客户退回的次品和多余产品，并在客户应用产品出现问题时提供支持。

11.3.2　出版物供应链管理的方法

1）疏通链内信息流通渠道，统一信息标准，实现信息共享

建立出版物供应商、出版商、印刷厂批发商、零售商直至读者的统一的信息共享网络，信息一次输入，链接企业或读者可以共同多次使用，并将信息优势转为现实的竞争优势，这样，出版企业就可以避免浪费，节约成本，改善资金链条，增加对市场的敏感性，争取更多的市场机会，提高企业竞争力。

2）建立以出版企业为核心的供应链

当市场需求发生变化的时候，需求信息通过网络传递给各企业，进而反映在各自的计划中，此时，各企业根据核心企业的计划适当调整自己的计划，以出版商为核心的供应链可以在市场需求变化较大的情况下，使出版企业能够对整个供应链进行控制和协调，避免资源的浪费和供应链的失效。

3）建立出版企业和书店共赢的供应链管理体系

建立上下游企业之间的合作关系，并使其保持异质的特征。出版企业和书店合作的基础就是能力和资源的互补性，一个是以出版为主，一个是以销售为主，这样的合作不仅能够产生新的、为竞争者难以观察和模仿的异质资源与能力，而且对竞争也产生一定的限制作用，出版业之间尤其适合凭借这种合作关系的供应链管理模式，实现社店合作、互补双赢的目标。

【实训环节】
一、实训项目
出版物供应链管理系统的应用技能。
二、实训目的
通过实训，让学生加深对理论知识的理解，使学生熟练掌握出版物供应链管理系统应用平台的功能模块及其操作技能，提高学生对出版物供应链上各节点企业的信息检索与收集、分析与处理能力，从而提高学生的职业能力和职业素质。

三、实训内容

学生以 4~6 人为一实训小组,到出版物流配送中心顶岗实训,以实训小组为单位在实训教师的指导下开展实训教学活动,实训教学结束后,提交实训报告。

四、实训组织

1. 实训前的知识准备

①了解和掌握出版物供应链管理的概念、内容和方法;

②掌握第四方物流在出版物供应链管理中的作用;

③掌握出版物供应链管理系统应用平台的功能模块。

2. 具体的实训项目

①分析出版物供应链管理系统的需求,建设与维护出版物供应链管理系统;

②掌握出版物供应链管理系统主页制作与更新的基本技能,检索与分析出版物供应链上各节点企业的信息,建立数据资源库,及时发布、更新、储存信息;

③简单调试出版物供应链管理系统的协同运行,实现信息资源共享;

④掌握出版物供应链管理系统的应用技能;

⑤熟练应用自动识别系统、自动分拣系统、自动存取系统、自动导向车、货物自动跟踪系统。

3. 实训成果

要求学生完成实训报告,由企业带教老师根据学生实训期间的表现以及实训项目报告评价学生的实训成绩。

五、其他

由于出版物供应链管理是对学生综合职业能力的考核,该实训项目的条件需要具备真实的工作环境和出版物供应链管理系统软件的支持,建议放在校企合作的实训基地开展实训教学活动。同时,为了确保实训效果,建议集中较长时间(如暑期实训)完成各实训环节的教学任务。

【课后练习】

一、单项选择题

1)第四方物流是一个(   ),扮演着整个物流链中的集成者、整合者和管理者角色,它不仅控制和管理特定的物流服务,而且对整个物流过程提出策划方案,并通过电子商务将整个过程整合起来。

A. 技术供应商　　　　　　　　B. 管理咨询顾问

C. 供应链的集成商　　　　　　D. 其他增值服务商

2)第四方物流的利润增长将取决于服务质量的提高、实用性的增加和物流成本的降低,第四方物流关注的是(   )的效益。

A. 供应商　　　　　　　　　　B. 分销商

C. 客户　　　　　　　　　　　D. 整条供应链

3)支撑出版物供应链管理顺利进行的是(   )。

A. 制造企业　　　　　　　　　B. 大型零售企业

C. 消费者　　　　　　　　　　D. 现代化的网络信息技术

4)信息化出版物流的信息管理是将所有的信息通过(   )的形式记载有关物流信息,归类管理,一旦有需要,通过查询可以轻松、方便地得到。

A. 账本　　　　　　　　　　　B. 输入计算机

C. 单据　　　　　　　　　　　D. 文件

5)(   )是出版物供应链管理的策略性部分。出版企业需要有一个策略来管理所有的资源,以满足客户对产品的需求。

A. 计划　　　　B. 采购　　　　C. 制造　　　　D. 配送

E. 退货

二、多项选择题

1)出版物供应链的各个环节主要包括(   )和读者。

A. 出版物供应商　　　　　　　B. 出版社

C. 印刷厂　　　　　　　　　　D. 批发商

E. 零售商

2)第四方物流通过影响整个供应链来获得价值,即其能够为整条供应链的客户带来利益。其价值主要包括(   )。

A. 利润增长　　　　　　　　　B. 建设企业文化

C. 运营成本降低　　　　　　　D. 工作成本降低

E. 提高资产利用率

3)第四方物流能为出版发行企业提供复杂而多样化的出版物供应链解决方案,优化出版物供应链管理。其作用主要有(   )。

A. 供应链再造　　　　　　　　B. 功能转化

C. 业务流程再造　　　　　　　D. 关键技术服务

4)出版物供应链管理的内容涵盖的范围广,对信息的要求高,具体包括以下几个方面(   )。

A. 计划　　　　B. 采购　　　　C. 制造　　　　D. 配送

E. 退货

5)信息化出版物流主要包括的内容有(   )。

A. 库存信息管理系统　　　　　B. 运输信息管理系统

C. 供应链管理信息系统　　　　D. 出版商物流信息系统

E. 消费者物流信息系统

三、判断题

1) 出版物供应链管理是现代出版物流的发展趋势,也是提高出版业竞争力、降低出版业成本的有效途径。　　　　　　　　　　　　　　　　　　　　（　　）

2) 出版物供应链管理的目标是将满足客户需求的产品在正确的时间,按照正确的数量、正确的质量和正确的状态送到正确的地点,无需考虑总成本大小或总收益多少。　　　　　　　　　　　　　　　　　　　　　　　　　　　（　　）

3) 现代物流信息系统不仅对出版物流活动具有支持保证的功能,而且具有连接整个出版物供应链和使整个供应链活动效率化的功能。　　　　　　　（　　）

4) 出版物供应链的各个环节主要包括出版物供应商、出版社、印刷厂、批发商、零售商,不包含读者。　　　　　　　　　　　　　　　　　　　　　（　　）

5) 利用信息化出版物流可以将物流信息全部归类整理,无论信息量有多大,物流信息可以通过信息系统自动处理,而且处理速度快、处理结果精确。　　（　　）

四、名词解释

1) 出版物供应链管理

2) 第四方物流

3) 信息化出版物流

五、简答题

1) 如何理解出版物供应链管理与出版物流管理的关系?

2) 出版物供应链管理的方法有哪些?

3) 简述第四方物流在出版物供应链管理中的作用。

4) 简述出版物供应链管理的主要内容。

六、论述题

论述信息化出版物流在出版物供应链管理中的优势。

七、案例分析题

[案例]

以出版企业为核心的出版物供应链管理模式

随着经济全球化及竞争战略的变化,企业间真正的竞争已不是企业与企业之间的竞争,而是供应链与供应链之间的竞争。企业的成功不仅仅取决于企业自身的竞争优势,更取决于企业所在网络的整体竞争优势。目前,上海外语教育出版社正在积极推进供应链管理模式,把出版社内部以及与之相关的印刷厂、出版物批销中心、零售店、第三方物流等企业之间的业务看作是一个整体,形成集成化的供应链管理思想,以此提高竞争力。

上海外语教育出版社经营的出版物主要是高校教材。一本教材在到达读者手中之前,出版社首先要充分运用现代信息技术,通过信息管理系统收集整理相关信息和数据,分析出版物市场,做好选题策划,储备优秀的作者队伍和编审队伍作为出版社内容提供商;之后,要考虑如何通过促销策略扩大营销网络,争取更多的订单,提高图书市场占有率;与此同时,要正确把握国际国内宏观经济走势,决定何时能以较低的价格购买纸张,在保证开学用书和渠道备货的同时还要考虑避开中小学教材印刷高峰安排印制计划;要紧密跟踪教材生产并预测何时能全部入库;要选择专业的第三方物流为客户以及客户的客户提供快捷、优质的出版物流配送服务,最终将教材送到读者手中。这些业务流程其实就是典型的以出版社为核心的出版物供应链管理模式,涉及造纸厂、印刷厂、第三方物流、分销商、学校终端客户等供应链上的各个成员。上海外语出版社通过优化、改善环环相扣的业务流程,努力打造供应链管理模式,突出客户服务,与供应链中的相关企业建立了战略合作伙伴关系,能够形成优势互补,实现互利共赢。上海外语教育出版社的发展日新月异,其成功就在于其独特的商业模式,即供应链管理所带来的竞争优势。

1.通过一本教材在到达读者手中之前的行程说明出版物供应链管理的意义。

2.分析上海外语教育出版社供应链管理的成功应用与业务流程再造的关系。

第12章

出版物流人才培养

教学目的和要求

1. 了解出版物流人才培养的意义和现状。
2. 了解出版物流人才应具备的素质和技能。
3. 了解出版物流人才培养的目标。
4. 掌握我国出版物流人才培养的策略。

主要概念(原理)与技能

出版物流人才培养

教学重点和难点

重点:我国出版物流人才应具备的素质和技能。
难点:出版物流人才培养的策略。

【开篇案例】

德邦物流人才招募引发物流业的关注

传统意义上,物流人才大多以蓝领工人为主的印象,而德邦物流人力资源副总裁康波对现代物流企业需要的合格人才,却有着明确的、与众不同的判断——高素质、善于思考与不断创新。

2010年12月10日,中国物流业最大规模的校园招聘活动——德邦物流大型校园招聘活动圆满收官。本次招聘历时两个月,足迹遍布中国东部、中部、西部等大大小小22座城市,顺利完成招聘本科生2 022名,研究生82名,博士生10名的人才招募计划。这项国内物流领域史上最大规模的人才招募计划,近百名硕士生和博士生、两千余名本科生的"蜂拥而至"让德邦这个物流企业,引发了物流业乃至整个人才市场的关注。德邦物流人力资源部负责人表示,德邦物流等率先借助高校等渠道培养高素质人才的企业,已意识到高素质人才对自身发展所起到的巨大助益,并将其视为自身发展的契机与基础。

随着现代物流发展的日臻成熟,高素质人才必然将成为推动我国物流产业快速发展的中坚力量。中国本土的物流企业将面临着来自有着先进管理、服务、运营经验的国际同行的激烈竞争。人才始终是企业核心竞争力的关键所在,制定清晰、前瞻的人才规划战略是本土物流企业未来发展的重要战略之一。

资料来源:http://live.china.com.cn/2010-12/22/content_3913822.htm.

现代出版物流是一种基于客户业务需求环境下的分工合作,是一种服务。不论是物流装备的信息化、现代化,还是服务的态度,客户关心的其实是一种体验的感受,而这一切,都需要通过"人"来实现。所以,人才是出版物流企业实现客户卓越体验的源头。

一个完整的出版物流方案是仓储、库存、运输、配送、包装、商贸的集合,这就要求出版物流从业人员不但要有广博的商贸知识,还要有丰富的实际操作经验,除了掌握一般物流知识,具有一般物流技术与管理技能外,还必须了解出版行业。因此,对出版物流业所需要的复合型管理人才进行多方位、多形式的培养,造就高水平的专业出版物流人才是当务之急。

12.1　培养出版物流人才的意义

随着物流服务的展开,我国出版物流人力资源,尤其是物流高级管理人才严重稀缺,远远不能满足现代出版物流发展的需求,出版物流人才缺乏是制约我国出版物流大规模发展的瓶颈,是我国教育界和出版物流业迫切需要解决的问题。

随着信息技术和管理水平的提高,现代出版物流业的竞争已从低端的价格竞争转向高端物流和信息流的能力竞争。因此,市场急需大批的现代出版物流人才。从需求领域看,主要集中在企业、规划和咨询部门、科研和教学机构等三大领域;从需求层次分析,主要有出版物流操作人员、物流实际管理人员和高级物流管理人才等三个层次。然而,由于长期受到"重生产、轻流通"的传统思想束缚,我国物流水平较低,而出版物流教育又严重滞后于物流业发展和国民经济发展的需要,造成了现代出版物流人才的严重匮乏。因此,实施出版物流人才培养工程,造就一大批善于运用现代信息手段、精通出版物流业务、懂得出版物流运作规律的专门人才,对于解决我国出版物流人才短缺,缩短与发达国家物流业的差距意义重大。

【技能提示】

根据中国物流年鉴的统计,全球物流巨头不断加大在华投资,加速在华业务的扩张,UPS,Fedex,DHL 等均已经通过各种形式进入中国物流市场。根据 WTO 协议,从 2006 年起,中国就已经开放了外资 100% 独资物流公司的设立。可见,中国本土的物流企业一直面临着来自有着先进管理、服务、运营经验的国际同行的激烈竞争。

我国物流产业已经面临一个产业整体升级的关键阶段,高学历人才将是未来整个产业升级的关键所在。高素质、高学历的人才投身于物流产业,才能形成一股产业升级的浪潮,进一步推动我国物流产业迈向信息化、现代化。

12.2 我国出版物流业人才现状

目前我国出版物流企业正在向国际化方向发展。物流业调整振兴规划的逐步实施,使我国物流产业得到大力发展,但纵观当前我国出版物流业的人才现状,还存在如下问题。

1)出版物流人才培养起步晚,缺口大

(1)出版物流人才培养起步晚

进入本世纪后,随着我国改革开放的深入,全球经济一体化的进程不断加快,我国物流业的落后管理和低水平运作越发突显,物流人才的需求随着物流业发展而受到高度重视。

2002年我国物流专业人才学历教育工作才正式起步,并在以后几年内得到快速发展。从专业技术人员结构及技工队伍比例方面看,是远远落后于全国各行业平均水平的。至今为止,还没有一套完善的出版物流专业的人才培养体系。

2002年上海出版印刷高等专科学校首次开设《出版物流组织与管理》课程,开始提出出版物流专业人才培养方案。但也仅是在出版与发行专业中开设相关专业课程,而没有作为一个独立的专业面向全社会招生。

(2)出版物流人才缺口大

①出版物流劳动力市场的特征。目前整个出版物流劳动力市场的特征是出版物流人才整体不足,从业人员专业素质有待提高,尤其是中高级出版物流人才匮乏。我国物流教育起步较晚,现有的管理人员大都是从传统的运输仓储行业或其他行业转过来的,缺乏专业、系统的物流理论知识,难以满足物流专业化、信息化、集约化等的要求。这些问题的存在对出版物流人才培养提出了新的要求。

②出版物流劳动力市场的总体需求。出版物流企业需要战略型、管理型和技术技能型物流人才。如果单从高端物流人才角度看,我们和国际上的发达国家还有一定的差距。受物流教育起步晚的影响,相当多物流高层管理人员没有接受过物流专业知识的系统教育和培训,目前我们仍旧缺乏具有国际化视野的战略型、规划型、统领型高端物流人才。

据中国物流与采购联合会的数据,我国物流人才缺口达 600 余万人,主要集中在东部沿海地区,广东省对物流人才的需求是 80 万人/年,上海需求 50 万人/年,2010 年高级物流管理人员或物流战略、物流设计管理人员的需求达 30 万人以上,我国对掌握现代物流理论、懂英语、会电脑、精通经济管理的高级物流管理人才的需求每年以 15% 的速度递增①。而在此基础上,懂得出版专业知识的出版物流人才就更是少之又少。

人力资源专家还预测,在今后一段时间,除仓储、运输、配送、货运代理等领域的物流人才紧缺外,相关的系统化管理人才、懂得进出口贸易业务的专业操作人才、电子商务物流人才、掌握商品配送和资金周转、成本核算等相关知识和操作方法的国际性高级物流专业人才将有更大需求。

③出版物流人才的紧缺加重企业管理负担。出版物流人才的紧缺造成物流人员频繁流动,很多公司对此深感棘手和无奈。而员工的流失意味着企业在招聘、甄选、培训上要花费大量的时间和成本,给出版物流企业管理增加压力。

2)出版物流人才培养体系不够合理,实践力度不够

(1)出版物流人才培养体系不够合理

我国当前的出版物流人才培养体系及其配套机制上还存在许多问题亟待解决。

目前,出版物流从业人员主要分为 4 个层次:第一是中职层次,操作性初级管理人才;第二是高职层次,综合性操作管理人才;第三是本科层次,学科性策划管理人才;第四是研究生层次,学术性高级管理人才。对高职物流教育而言,应该把人才培养的目标定位于综合性操作管理人才。而从我国出版物流人才现状看,还未真正形成"金字塔"式的人才层次结构。按照出版物流业发展的现实要求,出版物流企业人才需求的当务之急是需要大量的操作型物流人才和综合素质强的高级管理型人才。

由于出版物流教育存在着缺乏系统的出版物流理论、教材与课程设置不尽合理、师资力量缺乏、教学停留在传统物流上、水平参差不齐等一系列问题。从物流企业反馈来看,高校培养出来的学生大多只适合传统出版物流业,无法满足现代出版物流的需求,出版物流人才供需错位。无论是数量还是质量,教育体系均不能满足人才培养需求,造成劳动力市场后续供应缺乏。

---

① 数据来源:中华管理学习网.www.zh09.com.

(2)出版物流人才培养体系中实践力度不够

出版物流是一门实践性和专业性都很强的学科,而因高校目前出版物流管理专业教育起步晚,加之硬件设施欠缺等多方面原因,课程体系设置中理论教学所占比重过大,实践教学内容太少,理论不能很好地与实际相结合。在这种情况下,当前培养的出版物流管理专业学生理论基础普遍不牢,动手能力较弱,甚至对在校学习的作用和意义感到困惑。

发达国家物流学科建设起步较早,在教育机制方面发达国家推行的是素质教育,更注重兴趣和创新能力的培养。另外,国外校企合作密切,很多企业与院校联合进行课题研究,国外的大学教师有些本身就是企业主,大多数教师都有多年企业经营管理经验,他们理论与实践能密切结合,许多大学在企业发展中真正起到了智库作用,而我国这方面还有很大的差距。

3)物流培训认证质量有待提高

物流培训认证工作大体经历了由起步到发展,由追求数量到追求质量的过程,总体上还是适应了物流产业发展对人才培养需求的,但也经历了一个痛苦的过程。在起步阶段,物流人才紧缺,掀起了一股物流培训认证的热潮。许多机构,有与物流相关的,也有不相关的,有政府部门的,也有行业的,有国内的,也有国外的,五花八门,应有尽有,2006 年底的统计数据显示有 13 种之多,但有一点可以肯定地说,多数都是经济利益驱动的。然而随着时间的推移,很多机构推出的培训认证逐渐退出了市场,主要原因是培训质量得不到保障,市场信誉度差,企业不认可,这一点相关监管部门有不可推卸的责任。

12.3 出版物流管理人才应具备的基本素质和技能

12.3.1 出版物流管理人才应具备的基本素质

由于出版物流具有系统性、实践性、专业性及其跨行业、跨部门、跨地域运作的特点,随着出版物流业竞争的加剧,企业面临降低成本的压力,具有较为广博的知识面和综合素质的高级复合型人才将日益受到企业的青睐。因此出版物流管理人才应该具备以下基本素质：

1）服务全局

现代综合物流的新理念与运作模式需要突破传统，进一步提高对出版物流的认识，提出新的物流运作模式。

要保证出版物在规定的时间内以约定的方式送到指定地，过程的设计必须是严谨的、科学的、合法的。一体化物流过程中存在多个环节，任何一个环节出现问题，轻则可能增加企业不必要的费用支出，造成企业的经济损失，重则可能导致出版物流服务中断，造成客户更大的损失，引起法律纠纷和大数额的索赔。因此，一个出版物流管理人员应该建立物流系统的概念，统筹规划整个出版物流运作的全过程。

2）信息素养

出版物流过程同时也是一个信息流的过程，在这个过程中，出版物的供需双方要随时发出各种出版物信息，及时了解出版物在途、在库状态，时时监控出版物流作业的执行情况，鉴于信息技术在出版物流中的核心地位，提供服务的物流企业、从事出版物流管理的人员就应该具备准确及时地处理和提供各种信息服务、构筑信息系统的能力。

3）协调统一

出版物流管理人员更需要具备较强的组织协调能力，在整合客户资源的前提下，能有效地贯彻企业的经营理念，充分利用设备、技术和人力等企业内部资源来满足外部客户的需求。除了能很好地执行作业指令、完成常规作业外，还应该具备对异常事故的掌控和处理能力。

4）团队合作

管理大师彼得·圣吉在对企业进行大量研究后发现，团体中每个成员的智商都在 120 以上，但团体表现出来的整体智商却只有 62，这充分说明人才整合优势没能充分发挥。出版物流作业的物理特性表现为一种网状的、系统的结构，任何一个作业点出现问题，若没有得到及时妥善的解决，就有可能造成网络的瘫痪。因而，出版物流管理人员应具备一种强烈的团队合作和奉献精神。

5）**法律意识**

物流服务是一种用合同形式表现出来的承诺。一般情况下,物流服务供求双方的合同是以法定形式注明双方权利和义务的法律文书,是受国家法律保护和约束的。这就要求从事出版物流业务的管理人员必须具备一定的法律知识,了解本国乃至其他国家有关出版物流行业的法律法规。

随着科技的发展、社会的进步,出版市场对物流服务水平的期望将会越来越高,要求各级从业人员有能力不断发现潜在问题,及时采取措施,优化作业流程,持续改进作业方式,提高作业效率和服务水平。

12.3.2 出版物流管理人才应具备的基本技能

1）**出版物流基础知识**

出版物流管理人才首先要掌握相关的物流基础知识,其中包括现代物流与供应链基础理论、物流信息系统、物流管理软件应用、电子商务相关理论、物流系统优化理论,一个合格的出版物流人才,还要掌握出版印刷技术、书目索引分类等出版专业基础知识。

2）**出版物流管理知识与技能**

出版物流管理的核心是在宏观上整合资源、微观上精益运作。出版物流管理人才要熟悉每个物流作业的基本流程,掌握出版物流过程的统筹与分配、运输与配送、采购管理与库存控制、经济管理、国际贸易、物流企业的运营管理等专业知识。

仅仅掌握理论知识对于一个合格的出版物流管理人才是不够的,还要熟悉出版物流实践过程中具体的操作步骤,要熟练掌握各种物流作业(如运输、储存、包装、装卸、索引、信息传输及处理等)的操作技术,注重实践,培养出版物流管理的综合能力,将各种物流作业加以衔接和组合,使出版物流达到整体最优化。

3）**财务知识与技能**

综合性的物流服务往往涉及多种交通工具和多项不同的费用,有些是物流企业内部的成本,有些是外部发生的费用,如停车费、路桥费、保险费、报关费、检验检疫费、装卸费、订仓费、理货费、提货费、海关查验费等,了解这些费用发生的原因、种类和数量是对业务人员的基本要求。

物流管理人才还应具备物流项目成本分析的能力,针对一个出版物流方案,分析企业需要外包的业务类型、业务量、应支付项目和数额、企业内部需要投入的资源、执行该项物流服务的资源消耗和占用状况以及资产的折旧、运作成本等,只有通过细致的成本核算,才能向客户提出有针对性的、客户易于接受的合理解决方案,而这种能力的前提需要一定的财务知识为基础。

4)外语应用能力

我国出版物流起步较晚,在很多方面,国外具有比我国更先进的经验,高级物流管理工作要不断借鉴世界上最新最先进的物流管理技术和计算机、外贸、财务、人力资源等方面的综合知识,才能使自己处于领先地位。同时,物流活动伴随着商流活动区域的扩展日趋国际化,外语也被广泛应用在物流活动中的各个环节。从商务谈判、合同签订到日常沟通、单据填写、信息传递等各个环节都可能用到外语交流,跨国公司的商流活动遍布多个国家和地区,对物流服务的需求也是全程化、一条龙和一对一的。

虽然国内物流企业目前所做的业务大多局限在国内区域,但是作为整个物流方案的一个组成部分,必须符合全程跨国的整体方案,因此信息的传递就要求必须是外文的,这就要求物流业务人员,不但能够熟练使用外语与客户进行口头和书面的准确沟通,还要具有草拟和设计外文合同的能力。因此,具备良好的外语应用能力,是出版物流人才的必备技能。

【案例】

德邦物流的人才培养与选拔

▲在管理层设"伯乐奖"

都说做货运物流的公司,最头疼的事情就是司机难管,但德邦物流就是通过种种晋升和培训制度,让司机们都"死心塌地"地为公司干。很多物流企业对人才的管理是非常粗糙的,没人认为一名司机也有职业生涯。而在德邦物流,如果想走管理通道,司机也可以向直属领导自荐,直属领导就会有意识地先安排一些统计、数据管理和分析等工作,并适时培养和推荐。因为在德邦的管理层,有一项考核指标就是每年下属中有几个人晋升,优秀的能得到"伯乐奖"的奖金。

▲清晰的员工晋升制度和通道

员工晋升制度和通道非常清晰,首先是通过自荐或者经理推荐成为储备干部,这其中有至少25%的名额会留给司机等非文职人员,对储备干部进行培训后,综合考评前75%的都有资格竞聘经理,然后通过面谈、辩论等,就有希望走上管理层的工作岗位。对于非文职人员的管理也相对精细化,他们也有职业生涯,公司很多高层就是从司机、搬运工等做起的。公司人力资源部门有专员研究非文职类员工的职业发展,开辟专业技术类通道和管理通道。

▲ 积极鼓励培训

在德邦物流,参加培训可以获得奖金。比如打字,如果不会打字的员工通过练习,一分钟能打30个字就奖励200元,每增加10个再奖50元钱。除了学电脑打字,在德邦物流,司机和搬运工都要参加5类培训:技能、安全、企业文化、户外拓展和军训。每个季度公司的培训中心都会公布一个培训列表,员工可以自由选择。公司还安排了很多外部培训,2~3天或者一个月的都有。由于司机和外场的工资是提成制的,为了保证他们既能积极学习,又不影响到他们的提成,德邦物流还给予参加培训的司机和外场补助10元/小时。

▲ 只招应届大学毕业生

在人员招聘上,德邦物流也有特别的做法,即只招应届大学毕业生。现在德邦物流的接送员50%是大专生,今年这一比例会达到60%~70%,司机中也有270多名应届大专生,如果招聘进来没有驾驶证,公司还提供4个月的技术培训。公司的管理层中只有5人是外聘的,其他都是从一线提拔上来的。在整个中国的物流行业里,能够有这么多的大学生,而且是内部培养起来的比较少见。据德邦物流副总裁施鲲翔介绍,德邦物流从2005年开始做大规模的校园招聘,目前公司的本科大学生已经有4 300多人,大专以上的3 800多人,占据员工总人数的一半。而在文职人员中,90%都是应届大学毕业生。施鲲翔说:"我们认为,未来公司的核心竞争力不仅仅是网络和服务,而是人才和管理"。

资料来源:http://chinasourcing. mofcom. gov. cn/c/2010-10-21/77844. shtml.

12.4 出版物流人才培养策略

由于出版物流综合了技术与经济多个学科,是跨行业、跨部门的复合产业,同时还是劳动密集型和技术密集型相结合的产业。发展出版物流产业不仅需要高级出版物流管理人才,还需要大量的出版物流执行型与操作型人才。因此,培养出版物流人才,必须在明确出版物流人才的知识结构及基本素质的前提下,了解国外出版物流学术研究的特点,充分认识我国出版物流业现状,结合国情,借鉴发达国家物流人才培养的经验和做法,比较差异、努力创新,促进我国高校出版物流专业教育日趋完善。

12.4.1 中外物流学术研究的异同

在第九次中国物流学术年会上,中国物流学会常务副会长戴定一从学术年会的研究成果谈到国内外物流学术研究的异同,对培养我国出版物流人才起到抛砖引玉的作用。

1) 国外的研究特点

①从物流到供应链,体现出了专业化、体系建设与流程管控结合的特点。

②注意节能减排、低碳物流领域的研究,非常注重创新。各种科技的创新、管理的创新、商业模式的创新、公共服务能力的创新等。

③强调信息化的全方位渗透。所有的研究都可能最后落实到信息化的建设中去,信息化的渗透性极强。

2) 国内外物流学术研究的差异

①国外较偏重于流程视角的研究,实践性较强,我国偏重于宏观类研究,流程类、体系类的较少。借鉴国外的经验,应加强实践性、专业化的研究。

②我国偏重于网络体系建设和管理的视角,突出整合理念,这方面国外学术界很少涉及。而创造性地整合资源、建设网络体系还有待于我们进一步研究思考。

12.4.2 我国出版物流人才培养的目标

我国出版物流企业人才培养工作面临着新问题和新挑战,为迎接挑战,适应变化,出版物流企业人才培养工作必须及时进行调整和创新,其目标主要有以下几个方面。

1) 加大培养力度,打造优秀人才队伍

较之其他行业,出版物流企业人才的价值并没有得到充分的体现,这与物流行业特殊的工作性质有关。出版物流企业部分岗位劳动强度大、工作烦琐重复、条件艰苦,除对物流人才的素质和技能有专业性要求外,还需要高度的敬业精神,因此,出版物流企业人才管理创新工作就是将进一步加强对出版物流人才技能的全面开发、完善人才培养机制建设等作为重要工作内容和发展目标。

一支大规模、高素质的出版物流人才队伍是提升出版物流行业现代管理和服

务水平、加快出版物流行业现代化建设步伐的根本所在,但目前我国出版物流行业人才队伍建设还存在一定的问题。出版物流人才严重紧缺,有效供给不足,现有人才专业化水平低,素质不高等,这些问题的存在对出版物流人才培养工作提出了新的要求,成为出版物流企业人才培养管理创新的首要目标。

2) 提高出版物流人才的积极性、主动性和创造性

出版物流人才培养工作的核心内容就是对从业人员积极性、主动性和创造性的有效激发。人才培养要以更加充分、全面、有效的管理和激励作为主要创新目标。出版物流企业在知识经济时代所拥有的知识型人才是那些利用头脑和智慧创造财富的人,他们通过自己的创意、分析、判断、综合、设计给出版物带来附加价值,为企业作出巨大贡献。因此,出版物流企业应将人才培养和管理方法创新作为重要内容,实现更加充分地激发出版物流企业人才的积极性、主动性和创造性的目标。

3) 提高劳动生产率,保持竞争优势

在社会经济活动中,企业效益和劳动生产率的提高从根本上说有赖于人才培养和使用效率的最大化。人才培养就是要以有效提高企业劳动生产率、实现企业效益最大化为目标。因此出版物流企业需要创造性地提出和运用新型的人才培养和管理理念、制度、方式及方法,提高从业人员的适用率、发挥率和有效率,有效整合企业的资源优势,进一步增强和保持企业的竞争优势。

12.4.3　我国出版物流人才培养策略

1) 明确出版物流人才的知识结构及素质要求

对出版物流管理人才而言,他们应该是复合型的。既要懂得出版物流技术,又要懂得出版物流经济,还要熟悉出版物供应链流程,同时也要熟悉计算机信息技术、电子商务技术。这就需要具有广博的知识,如跨国贸易和通关知识、仓储运输、财务成本控制、安全管理和法律知识等。与此同时,还应具备能接受现代出版物流理念,系统分析问题和解决问题的能力,有强烈的管理愿望和高超的管理技能以及挑战精神等基本素质。

对操作型出版物流人才而言,在知识方面,应具有物流相关知识和技术,掌握出版发行、经济贸易、信息科学技术方法。在技能方面,应全面掌握运输、仓储、包装、装卸搬运、流通加工和信息服务等方面的基本技能。同时,具备吃苦耐劳,正直诚信和有效沟通的基本素质。

2）出版物流人才培养应坚持两条腿走路

出版物流人才培养应坚持两条腿走路，一条腿是出版物流学历教育，另一条腿就是对出版物流从业人员进行培训认证，提高在职人员的专业知识和技能水平。

（1）建立我国出版物流人才培养的学历教育体系

要完善中职、大专（高职）、本科、研究生相互衔接的教育层次，根据产业发展的客观需要，加大高职层次的培养力度，扩大办学规模。要注意高职与本科人才培养目标的差异性，以培养中级出版物流人才为主。鉴于我国尤其缺乏高级出版物流管理人才，应特别重视研究生教育，增加教育投入，在博士研究生层次的教育中提倡联合培养和学科交叉，以提高出版物流人才层次的合理性。

出版物流管理人才的需求与培养是多层次的。出版物流企业既需要大量有实际工作能力和丰富操作经验的基层"蓝领"，也需要具体管理运作的中层管理人才，更需要出版物流经营、管理、决策的高级复合人才。据中国物流与采购联合会的专家调查发现，目前我国物流企业急需战略管理、方案设计、系统设计等高端复合型人才。

（2）做好出版物流人才非学历培训教育

出版物流人才的极度匮乏，学历教育的长期性和招生数量的限制，使得出版物流人才培训市场的潜在价值突显出来。做好出版物流人才的非学历培训工作，不仅可以满足市场对出版物流人才的大量需求，而且可以不断提升出版物流从业人员的知识与能力。

①在职教育培养模式。为提升专业素质，可采用最重要和最经济的在职教育培养模式。同时，随着社会经济的发展和科学技术的进步，即使受过高等教育的出版物流从业者也会面临知识更新和自我充实的问题。为完善我国出版物流人才培养体系，借鉴国际经验，应建立学历教育与非学历教育的沟通桥梁。逐步与国际接轨，采用针对性极强的客制化教育模式，进行客制化教育时，不仅注重对物流企业的员工进行培训教育，还对其供应方、合作伙伴提供有针对性的培训，从而全面促进高校出版物流专业教育的日趋完善。

②有针对性进行培训。对出版物流培训市场进行细分，有针对性进行培训。由于现代出版物流行业是多种产业的整合，是强调管理实务与操作能力的职业领域，所以出版物流人才的培训应有所侧重，对各种不同的物流认证按照应用方向进行细分。从类别上分为出版企业物流人才、规范（咨询）物流人才、外向国际物流人才、科研教学物流人才4类；从层次上分为出版物流操作人才、中层物流管理人

才、高层物流管理人才3类。

美国物流企业的经验表明,最直接的出版物流人才培训应来自企业本身。企业对现有出版物流人员的培训可分层次进行,针对不同的工作性质,制订不同的培训目标和培训内容。对高层出版物流管理人才应加强系统意识、服务意识、合作意识和增值意识的培训;对中层出版物流管理人才的培训主要是加强成本意识、效率意识和服务意识;对出版物流操作人才的培训重点是加强质量意识、效率意识和协作意识。

③政府部门要加强培训认证监管力度。目前国内主要是中国物流与采购联合会和一些地方劳动部门技能鉴定中心推行的物流师培训认证。培训认证工作是一种市场和行业行为,政府部门不应该既当"裁判员"又当"教练员",要以社会利益和行业对人才的培养需求为目标,加大监管力度,否则就会产生短期行为,得不到社会认可。

3)校企合作办学,互利双赢

(1)校企联合培养

出版物流人才培养不能仅看作是学校的责任,实际上是学校和企业的共同责任,学校的教育需要企业的参与和配合,只有这样才能真正解决学用一致的问题。校企合作办学、联合培养出版物流人才是一个行之有效的办学渠道。企业与院校联系,开展不同形式的人才培养合作模式,如企业作为院校的实习实训基地;按照企业的要求院校为其量身定制,采取订单式专向培养;企业为在校学生提供定期带薪实习工作岗位,既能培养学生的实际工作能力,又能提高企业效益,互利双赢。

例如开篇案例所述的物流业领军者——德邦物流本着"赛马不相马,公平竞争,适者生存,任人唯贤"的人才理念,推出庞大的招聘计划。一方面确保了高校人才能够顺利进入物流产业,为整个物流产业升级奠定人才的基础;另一方面,企业也可以有更多的选择机会,人才培养的成本更低。这是我国物流产业历史上最大规模的一次高等人才的聚合,是我国物流产业升级的中坚力量,也是德邦与高校学生双赢的局面。

(2)产、学、研紧密结合、相互促进

加强出版物流专业人才培养,促进产学研的结合发展。高素质人才是现代出版物流发展的关键因素,针对我国目前出版物流专业人才匮乏的突出问题,要采取"引进来,送出去"等多种形式,加速人才的开发与培养。依托学校及培训组织对现有出版物流企业的技术人员及有关部门管理人员进行培训,培养造就一批熟悉

出版物流业务的物流管理人才和专业技术人才。出版物流企业也要主动与研究咨询机构、大专院校进行资本与技术的融合,发挥各自的特长优势,形成利益共同体,实现出版物流产、学、研的紧密结合、相互促进。

【技能提示】

物流协会在美国物流业发展中的职责作用

物流协会在美国物流业发展中起着举足轻重的作用。美国物流协会是由个人和公司会员组成的职业或行业发展协会,拥有 3 000 多个会员。美国物流协会是国际性的组织,由董事会和顾问委员会共同进行管理。顾问委员会负责提出建议和顾问人选,顾问委员会成员由大学校长、教授、工业企业物流负责人、美军方物流负责人以及欧洲等国际物流专业人士组成。物流协会下设国际领域、商业领域、交通供货领域、环保领域、电子商务物流,以及其他特殊需求的物流服务,还有地方分会。

美国物流协会的职责,一是对物流业进行研究,促进行业规章制度和标准的制定;二是为会员提供相互交流的机会,如每年至少组织两次物流研讨会,对行业发展中的一些重大问题和经验进行研讨交流;三是发行杂志和报纸;四是对新理论和业务进行探讨;五是与有关高等院校合作,进行物流教育培训,颁发物流培训证书,对物流人员进行从业资格认证;六是对物流分会进行业务上的指导和管理;另外还设有三个机构对特别具体的事情进行物流服务。

美国物流理论研究和实际运用以及物流业的发展一直都走在世界前列,这同美国物流协会多年来的不懈努力是分不开的。美国物流协会极大地促进了现代物流业的发展。

4)优化出版物流管理课程体系

鉴于出版物流管理课程交叉性的特点,有针对性地对课程进行优化设计将对人才培养起到非常重要的作用。

(1)模块化教学,培养创新型出版物流管理人才

采用出版物流管理模块化教学的全新模式,以"企业管理学"为核心的经济管理基础模块、以应用为导向的信息学和工程学基础模块,突显学生应用能力和综合能力的培养,不仅能拓宽出版物流管理专业人才的综合素质,还能提高理论与实践结合的创新能力,是创新型出版物流管理人才培养的重要一环。

（2）实用和实践相结合的柔性人才培养体系

我国的物流教育尚处于摸索阶段，在人才培养的理念和方法上较为薄弱。高校出版物流专业人才培养体系，应坚持"学以致用"的原则，在教学方法、课程体系、实践教学、师资引进与培养等方面，要突出"实用性"和"实践性"，注重校企协作、互利双赢，建立宽口径、厚基础、细方向的柔性人才培养体系，以适应不断发展的物流产业。另外，应加强与国外相关专业院校的互动交流，借鉴发达国家出版物流学科的成熟经验，推动我国出版物流学科的发展。

总之，出版物流事业需要一大批具有实践和创新能力，并能与国际接轨的高素质人才，而作为人才培养基地的高职、高专院校应根据出版物流的专业特点和发展状况不断完善物流人才培养模式，创新培养手段，并逐步形成具有我国特色的出版物流人才培养体系。同时在实施基础理论与专业教育、学历教育、在岗培训等多元化教育体系的过程中，加强物流企业与高校、科研机构及国内外著名企业的交流合作，在发挥教育为社会服务功能的同时培养更多、更适用的人才，为我国的出版物流业及经济发展作出贡献。

【实训环节】

一、实训项目

某地区或某一出版物流中心人才培养状况调研。

二、实训目的

使学生了解目前我国某一地区或某一出版物流中心人才的学历、年龄、职称、收入等分布状况，人才培养、选拔、任用的现状，明确出版物流人才培养的重要性。

三、实训内容

学生分成6人一小组，到出物流企业进行调研，了解目前国内不同类型出版物流企业人才结构分布（包括年龄、性别、学历、职称、收入、培训等）情况，人才的培养、选拔、任用、监督机制的建立等情况。

四、实训组织

1. 前期准备

在下企业实训前，学生应先掌握以下必要理论知识：

①出版物流管理的基础知识；

②出版物流人才培养的作用；

③出版物流人才培养的意义；

④出版物流人才培养的模式。

2. 具体实训项目

① 了解所在地区有哪些出版物流企业及其人员分布情况；

② 针对某几个出版物流企业进行调研；

③ 调研出版物流企业规模、人员结构分布、人才培养、选拔、任用机制、企业效益水平、管理现状与人才使用状况等。

3. 完成调研报告

要求学生拟定调研提纲、设计调查问卷，完成调研报告，对调研结果进行统计分析、讨论，并能对相关出版物流企业人力资源部门提出合理化建议。

五、其他

本实训可安排在暑期进行。

【课后练习】

一、单项选择题

1)（   ）我国物流专业人才学历教育工作才正式起步，同年上海出版印刷高等专科学校首次开设《出版物流组织与管理》课程，开始提出出版物流专业人才培养方案。

　　A. 2001 年　　　　　　B. 2002 年　　　　C. 2003 年　　　　D. 2004 年

2)发展出版物流产业不仅需要高级出版物流管理人才，还需要大量的出版物流（   ）人才。

　　A. 执行型与操作型　　　　　　　　B. 计划型

　　C. 协调型　　　　　　　　　　　　D. 谈判型

3)对出版物流管理人才而言，他们应该是（   ）的。

　　A. 执行型　　　　　B. 计划型　　　　C. 操作型　　　D. 复合型

4)出版物流管理人才的需求与培养是（   ）的。出版物流企业既需要大量有实际工作能力和丰富操作经验的基层"蓝领"，也需要具体运作管理的中层管理人才，更需要出版物流经营、管理、决策的高级复合人才。

　　A. 多样化　　　　B. 单一式　　　C. 多层次　　　　D. 复合型

5)出版物流人才的极度匮乏，学历教育的长期性和招生数量的限制，使得出版物流人才培训市场的潜在价值突显出来。做好出版物流人才的（   ）工作，不仅可以满足市场对出版物流人才的大量需求，而且可以不断提升出版物流从业人员的知识与能力。

　　A. 考核　　　　　　　　　　　　　B. 培训

　　C. 非学历培训　　　　　　　　　　D. 多层次教育

二、多项选择题

1)国外对物流学术研究较偏重于流程视角方面,实践性较强。我国则偏重于宏观类研究,(   )的较少。

A. 流程类   B. 实践   C. 理论   D. 体系类

2)随着时间的推移,很多机构推出的培训认证逐渐退出了市场,主要原因是(   )。

A. 培训费用太高   B. 培训质量得不到保障

C. 市场信誉度差   D. 企业不认可

3)中国本土的物流企业一直面临着来自有着先进(   )的国际同行的激烈竞争。人才始终是企业核心竞争力的关键所在,制定清晰、前瞻的人才规划战略是本土物流企业未来发展的重要战略之一。

A. 管理   B. 服务

C. 企业文化   D. 运营经验

4)出版企业物流人才从需求层次上可分为(   )3个层次。

A. 人才培养规划   B. 出版物流操作人员

C. 物流实际管理人员   D. 高层物流管理人才

5)出版物流管理人才应具备的基本技能有(   )。

A. 出版物流基础知识   B. 出版物流管理知识与技能

C. 财务知识与技能   D. 外语应用能力

三、判断题

1)现代出版物流企业为客户提供的并不是一个简单的出版物的运输,而是一种基于客户业务需求环境下的分工合作。   (   )

2)2002年物流专业人才学历教育工作正式起步,并在以后几年内得到快速发展。   (   )

3)如果单从高端物流人才角度看,我国和国际上的发达国家水平基本差不多,目前我们只是缺乏具有国际化视野的战略型高端物流人才。   (   )

4)我国的物流培养教育体系是以理论为辅、实践为主。   (   )

5)出版物流人才培养应坚持两条腿走路,一条腿是出版物流学历教育,另一条腿就是对出版物流从业人员进行培训认证,提高在职人员的专业知识和技能水平。
                                                          (   )

四、简答题

1)简述当前我国出版物流业的人才现状还存在有哪些问题?

2)出版物流人才应具备哪些基本技能?

3)出版物流人才应具备哪些基本素质?

4)我国出版物流人才培养的目标?

五、论述题

简述培养出版物流人才的策略。

六、案例分析题

[案例]

德邦物流的人才培养与选拔

▲在管理层设"伯乐奖"

都说做货运物流的公司,最头疼的事情就是司机难管,但德邦物流就是通过种种晋升和培训制度,让司机们都"死心塌地"地为公司干。很多物流企业对人才的管理是非常粗糙的,没人认为一名司机也有职业生涯。而在德邦物流,如果想走管理通道,司机也可以向直属领导自荐,直属领导就会有意识地先安排一些统计、数据管理和分析等工作,并适时培养和推荐。因为在德邦的管理层,有一项考核指标就是每年下属中有几个人晋升,优秀的能得到"伯乐奖"的奖金。

▲清晰的员工晋升制度和通道

员工晋升制度和通道非常清晰,首先是通过自荐或者经理推荐成为储备干部,这其中有至少25%的名额会留给司机等非文职人员,对储备干部进行培训后,综合考评前75%的都有资格竞聘经理,然后通过面谈、辩论等,就有希望走上管理层的工作岗位。对于非文职人员的管理也相对精细化,他们也有职业生涯,公司很多高层就是从司机、搬运工等做起的。公司人力资源部门有专员研究非文职类员工的职业发展,开辟专业技术类通道和管理通道。

▲积极鼓励培训

在德邦物流,参加培训可以获得奖金。比如打字,如果不会打字的员工通过练习,一分钟能打30个字就奖励200元,每增加10个再奖50元钱。除了学电脑打字,在德邦物流,司机和搬运工都要参加5类培训:技能、安全、企业文化、户外拓展和军训。每个季度公司的培训中心都会公布一个培训列表,员工可以自由选择。公司还安排了很多外部培训,2~3天或者一个月的都有。由于司机和外场的工资是提成制的,为了保证他们既能积极学习,又不影响到他们的提成,德邦物流还给予参加培训的司机和外场补助10元/小时。

▲只招应届大学毕业生

在人员招聘上,德邦物流也有特别的做法,即只招应届大学毕业生。现在德邦物流的接送员50%是大专生,今年这一比例会达到60%~70%,司机中也有270

多名应届大专生,如果招聘进来没有驾驶证,公司还提供4个月的技术培训。公司的管理层中只有5人是外聘的,其他都是从一线提拔上来的。在整个中国的物流行业里,能够有这么多的大学生,而且是内部培养起来的比较少见。据德邦物流副总裁施鲲翔介绍,德邦物流从2005年开始做大规模的校园招聘,目前公司的本科大学生已经有4 300多人,大专以上的3 800多人,占据员工总人数的一半。而在文职人员中,90%都是应届大学毕业生。施鲲翔说:"我们认为,未来公司的核心竞争力不仅仅是网络和服务,而是人才和管理"。

资料来源:http://chinasourcing.mofcom.gov.cn/c/2010-10-21/77844.shtml.

试分析德邦物流的人才培养与选拔模式对我国出版物流人才培养有什么启示?

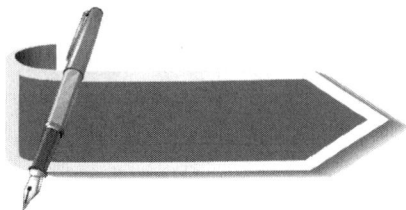

习题参考答案

第1章 物流与物流系统

一、单项选择题

1）A 2）C 3）C 4）D 5）A

二、多项选择题

1）BCDE 2）BCE 3）AB 4）BCE 5）ABCDE

三、判断题

1）√ 2）√ 3）× 4）√ 5）×

四、名词解释

1）物流：物流是物品从供应地向接受地的实体流动过程。根据实际需要，将运输、储存、装卸、搬运、包装、加工、配送、信息处理等基本功能实施有机结合。

2）地区物流：是指在一国疆域内，根据行政区或地理位置划分的一定区域内的物流。

3）废弃物流：是指将经济活动中失去原有使用价值的物品，根据实际需要进行收集、分类、加工、包装、搬运、储存等，并分别送到专门处理场所时所形成的物品实体流动。

4）生产物流：是指在生产工艺中的物流活动。一般是指原材料、燃料、外购件等投入生产后，经过下料、发料，运送到各加工点和存储点，以在制品的形态，从一个生产单位（仓库）流入另一个生产单位，按照规定的工艺过程进行加工、储存，借助一定的运输装置，在各个加工点移动、流转，体现着物料实物形态的流转过程。

5）商物分离：是指流通中的商业流通和实物流通各自按照自己的规律和渠道独立运动。

五、简述题

1）简述物流系统的概念。

物流系统是指在一定的时间和空间里，由所需位移的物资、包装设备、装卸搬运机械、运输工具、仓储设备、人员和通信联系等若干相互制约的要素所构成的具有特定功能的有机整体。

2)简述物流系统的特点。

(1)物流系统是一个大跨度系统。反映在两个方面:一是地域跨度大;二是时间跨度大。

(2)物流系统稳定性较差而动态性较强。

(3)物流系统是一个可分系统。其本身具有可分性,可以分解成若干个子系统。

(4)物流系统的复杂性使系统结构要素间有非常强的"背反"现象,常称之为"交替损益"或"效益背反"现象,处理时稍有不慎就会出现系统总体恶化的结果。

3)简述物流的分类。

(1)按物流活动在企业中的地位分类:供应物流、销售物流、生产物流、回收和废弃物流;

(2)按物流活动的空间范围分类:地区物流、国内物流、国际物流;

(3)按物流系统性质分类:社会物流、行业物流、企业物流。

第2章　出版物流概述

一、单项选择题

1)A　　2)B　　3)A　　4)A　　5)B

二、多项选择题

1)ABCD　　2)ABD　　3)ABCD　　4)ABCD　　5)ABCD

三、判断题

1)√　　2)×　　3)√　　4)√　　5)×

四、名词解释

1)出版物流:出版物流是以出版物满足客户需求为目的,运用现代物流理论和技术,通过市场机制整合运输、仓储、装卸、加工、整理、配送、信息等功能,为提高图书商品以及信息从供应到消费的流动和储存的效率及效益而进行的计划、执行和控制的过程。

2)出版物:出版物包括以传播文化和知识为目的印刷品、电子产品的总称,属于传播文化知识的媒体,包括书籍、期刊、报纸和电子传播产品(电子出版物)等种类,出版物的出版发行具有品种多,更新快,商品流转、添配、调配频繁的特点。

3)出版物流发展三阶段:

(1)20 世纪 80 年代前,图书储存和运输阶段,出版物流活动仅仅限于对图书的储存和运输。

（2）20世纪90年代,出版物流产生,物流配送应用书业,出版和发行部门开始重视加强图书物流管理,重视物流经济效益的提高。

（3）21世纪以来,出版物流建设和整合步伐加大,并向现代化出版物流发展,从建立社会主义市场经济体制到现在,按照市场规律的要求、消费者个性化需求,采用信息和管理技术来发展出版物流。

4）现代出版物流中心功能:现代出版物流中心普遍具备仓储、配送、运输、包装、装卸搬运、流通加工、信息服务、办公、餐饮等综合物流服务功能,不仅提供出版物的配送,也为第三方物流提供了平台。

5）出版物流管理系统:是指从出版物的制造、入库、储存、拣货、加工、出货到结账,甚至销货退回,完全按照物流流程的规划、控制、检查,确保每一个环节都万无一失,并且能够及时提供市场销售情况反馈的一套完整的物流设备管理系统。

五、简答题

1）简述中国出版物流的特点。

以现代化管理来实现高效率运作,实现"商流、物流、信息流合一"是出版物流的发展方向。从整体上看,出版物流系统在向现代经营模式转变过程中呈现出以下特点:

（1）信息网络建设加快。

（2）物流设施升级提速。

（3）先进模式广泛运用。

2）出版物流企业如何提高企业整体竞争力?

（1）实行物流的独立化运作,可以取得专业化分工的效率和规模化效益。

（2）通过对库存商品资源整合和提高物流效率,可以降低整个出版物供应链商品库存数量、加速资金周转。

（3）出版物商品的集中存储,可以减少仓库面积,降低仓储保管费用。

（4）通过使用专用运输集装工具,可以降低运输成本,实现企业的低成本运营。

3）我国现代出版物流的发展趋势?

（1）出版物市场需要形成真正的现代流通体系。

（2）自营物流是出版物物流活动的重点。

（3）出版业物流信息流与网络化程度高。

（4）出版业物流资本多元化与功能多元化相结合。

六、论述题

论述出版物流在出版经济中的作用。

（1）出版物流的发展是实现出版物价值和使用价值的物质基础。

（2）出版物流的发展有利于提高企业整体竞争力。

（3）出版物流的发展有利于促进出版物管理水平的提高。

（4）出版物流的发展可以为出版行业企业拓展新的经济空间。

七、案例分析题

总结上海世纪秋雨物流有限公司如何实现现代出版物流系统？出版物流有什么特点？

上海世纪秋雨物流有限公司引入先进的识别系统和快速自动化仓储及理货设备,从货品入库、理货、检验、配送到退货处理,都由电脑系统全程管理,以电子票签扫描代替旧的手工点货、验货,大大提高速度和准确率。该物流系统的信息中心与世纪出版集团的发行中心相连接,能够得到及时的图书销售信息,并进行货品的调整和配送。现代物流系统的建立,扩大了我国出版物潜在市场的容量,提高了经济效益,面对国际竞争也会处于相对有利的位置。

出版物流的特点：

（1）信息网络建设加快。

（2）物流设施升级提速。

（3）先进模式广泛运用。

第3章　出版物流管理概述

一、单项选择题

1）A　　2）B　　3）C　　4）D　　5）C

二、多项选择题

1）AB　　2）ABC　　3）D　　4）ABD　　5）ABCD

三、判断题

1）×　　2）√　　3）√　　4）×　　5）√

四、名词解释

1）出版物流管理:是指对出版物原材料、半成品和成品等物料在企业内外流动的全过程所进行的计划、组织、实施、控制等活动,也称为物流的"软技术"。这个全过程,就是指出版物料经过的包装、装卸搬运、运输、储存、流通加工、物流信息等环节的全过程。而物流管理的任务就是对以上几项活动,根据它们之间客观存在的有机联系,进行综合、系统的管理,以取得全面的经济效益。

2）中盘物流:所谓"中盘"就是专门为全国中小型出版商提供市场推广及货运服务以及向独立零售商及小型批发商提供采购及储存服务的中介服务平台。"中盘物流"是实现书业流通的保障,没有现代化的"中盘物流"支持,很难使图书连锁实现快速、准确、高效,更谈不上跨地区、跨国连锁经营的拓展,而实现"中盘物流"的关键是实现业务整合。

五、简述题

1)简述出版物流管理学科特点。

(1)交叉性;

(2)实践性;

(3)成长性。

2)现代出版物流管理的特征。

(1)现代出版物流是以企业整体最优为目的的;

(2)现代出版物流管理以实现顾客满意为第一目标;

(3)现代出版物流更重视效率效果;

(4)现代出版物流管理是对商品运动的一元化管理。

3)出版物流管理的作用。

(1)保证出版企业生产经营持续进行的必要条件;

(2)决定着出版企业的销售情况与市场份额;

(3)影响出版企业的经营成本。

4)出版物流管理的主要原则。

(1)服务多样性原则;

(2)成本合理化原则;

(3)标准通用性原则。

5)当前我国出版物流管理的具体表现如何?

(1)集约化步伐加快,但规模化有待进一步提高;

(2)出版物流模式多样,资源分散、浪费;

(3)物流网络的布局不够合理,导致书业企业整体服务能力偏低。

六、论述题

1)"中盘物流"是实现书业大流通的保障。

所谓"中盘"就是专门为全国中小型出版商提供市场推广及货运服务以及向独立零售商及小型批发商提供采购及储存服务的中介服务平台。"中盘物流"是实现书业流通的保障,没有现代化的"中盘物流"支持,很难使图书连锁实现快速、准确、高效,更谈不上跨地区、跨国连锁经营的拓展。

实现"中盘物流"的关键是实现业务整合。最好是将教材物流、出版物流、"中盘物流"集合于一座建筑物、一个电子商务系统内。这样做的最大好处是节约、高效、低成本。如果这样的物流多起来,会减少书业物流普遍存在的任务不饱和、重复建设的浪费现象发生。企业在建设物流时,应先有企业概念后有物流概念。因为物流毕竟是个成本系统,不直接产生效益。物流在运行中,如果没有大量的业务作保障,成本肯定会加大。实现节约成本、提高效益、实现任务饱和、发挥物流辐射力的最佳解决途径应是将企业物流最终定位在"中盘物流"上。没有强大的"中盘物流"支撑,中国书业实现现代流通是困难的。

2)高出版物流管理水平的策略有哪些?

(1)制订出版物流管理计划,整合出版系统资源;

(2)提高出版物流质量;

(3)控制出版物流成本;

(4)现代出版物流管理信息系统的应用。

七、案例分析题

这两个案例告诉我们,要经营好出版物流企业,关键在于了解出版专业知识,了解物流行业现状,加强管理,提高出版物流企业的管理水平。外行入行,又疏于管理,除了不行还是不行。

第4章 出版物仓储

一、单项选择题

1)A 2)C 3)B 4)C 5)D 6)B

二、判断题

1)√ 2)× 3)× 4)× 5)√

三、名词解释

1)仓库:仓库是保管、储存出版物的建筑物和场所的总称,也是从事包装、分拣、流通加工等物流作业活动的物流节点设施。

2)出版物盘点:出版物盘点是在一定时期内对库存出版物实物与账卡之间在数量上的核对。

3)分年核价:分年核价是按出版物出版(印刷)年度分年提取提成差价。

4)账卡管理:账卡管理就是运用账卡对出版物收、发、存的数量动态加以记载、监督、控制和考核,它对反映库存状况、促进进销业务、提高库存管理水平都有重要意义。

5)发货单:出版物发货单是记录出版物发货相关信息的单证,是发货、收货、结算的依据。

四、简述题

1)出版物收货的作业流程是什么?

（1）货物入库准备；

（2）出版物接运；

（3）商品入库检验；

（4）入库交接。

2）出版物发货的作业流程是什么？

（1）核单备货；

（2）复核；

（3）包装；

（4）点交或发运；

（5）登账；

（6）现场和档案的清理。

3）库存出版物的保护可采取哪些措施？

（1）严格验收入库商品；

（2）适当安排储存场所；

（3）妥善进行堆码苫垫；

（4）控制好仓库的温度和湿度；

（5）认真进行商品在库检查；

（6）严格执行操作规程，防止各种人为的损失。

五、论述题

1）出版物盘点应该做好：

（1）定期截止实物流与票证流，出版物盘存要有一个绝对的时间界限，即盘点出截至某一日期为止的实际库存数和账面应存数。

（2）整卡结账，商品账除记全、准外，还要注意"在途出版物"账及"应付货款"账核对。

（3）库存出版物归类、归堆，以使清点快而准。

2）对于盘点的盈亏处理：

凡是盘盈、盘亏的数额不超出国家主管部门规定或合同约定的保管损耗标准的，可由仓储保管企业核销；对超出损耗标准的，则必须查明原因，做出分析，写出报告，承担责任；根据处理结果，应及时调整账、卡数额，使账、实物、卡数额保持一致。

第5章 出版物库存管理

一、单项选择题

1)D   2)A   3)C   4)C   5)D

二、简答题

1)ABC 分类法的标准是什么?

ABC 分析法根据库存产品占用企业资金金额的大小,把产品划分为 A、B、C 三类,分别实行重点控制、一般控制和简单控制。其中,A 类存货占用金额达到总库存金额的 60%～80%,而品种数只占总库存品种数的 5%～15%;B 类存货占用金额达到总库存金额的 20%～30%,品种数占总库存品种数的 20%～30%;C 类存货占用金额达到总库存金额的 5%～15%,品种数则占总库存品种数的60%～80%。针对这三种不同的存货分类,在库存管理中应采用不同的管理方法。

2)什么是 ISBN?新的 ISBN-13 可以分成几个部分?每部分代表什么含义?

国际标准书号(International Standard Book Number, ISBN)是国际通用的图书或独立出版物(除了定期出版的期刊)代码。

ISBN 码长度为 13 位数字,由 4 个或 5 个号码段部分组成。第一组为前缀码,第二个号码段是地区号,第三段号码是出版社代码,第四个号码段是书序号,最后一段为校验码。

3)定量订货法和定期订货法各有什么优点和缺点?

定量订货法需要在订货前详细检查和盘点库存,所以能够及时准确得了解和掌握库存动态。由于每次订货批量固定,操作运用也比较简便。但由于需要经常对库存进行盘点,工作量大,增加了库存保管成本和持有成本。同时,定量法时针对每个品目单独进行订货作用,增大了订货成本。

由于订货间隔期间确定,所以在定期订货系统下,多种货品可以同时进行采购,降低了订货费用。在定期订货系统下也无须进行大量的盘点工作,节省了费用。但如果需求突然增大,那么就需要调用较大的库存,这时定期订货法就难以满足需求。

三、计算题

经济批量 $EOQ = \sqrt{\dfrac{2 \times 250 \times 45\,000}{10}} = 1\,500$(册)

每年总库存成本 $TC = 45\,000 \times 20 + 10 \times 1\,500 = 915\,000$(元)

每年的订货次数 $N = 45\,000/1\,500 = 30$(次)

平均订货间隔周期 $T = 365/30 = 12.2$(天)

第6章　出版物运输

一、单项选择题

1)B　　2)B　　3)B　　4)C　　8)D

二、多项选择题

1)CD　　2)ABCE　　3)ABCDE　　4)BCDE　　5)ACE

三、判断题

1)×　　2)√　　3)×　　4)√　　5)×

四、名词解释

1)出版物运输:就是通过运输手段使出版物在物流结点之间流动。它是在不同地域范围间(如两个城市、出版社与书店、出版物批发机构与零售机构等两个物流结点之间),以改变出版物的空间位置为目的的活动,对出版物进行空间位移。

2)规模经济:又称"规模利益"。指随生产能力的扩大,使单位成本下降的趋势,即长期费用曲线呈下降趋势。

3)运输的变动成本:指在一段时间内,由于运输工具使用所发生的费用。开动工具要花费劳动力、燃料、维修保管费等。运输数量越多,运输路程越长,费用就越高。这些随运输数量、里程而变动的费用就是变动成本。

4)倒流运输:指出版物从销地向发运地或转运地方向回流的一种现象,是对流运输的一种派生形式。

5)运输合同:是指承运人将托运人交付运输的出版物运送到约定地点,托运人支付运费的合同。

五、简述题

1)请分析出版物运输的功能。

运输提供两大功能:出版物转移和出版物储存。

2)影响出版物运输方式选择的因素有哪些?

(1)出版物品种;

(2)运输时间;

(3)运输成本;

(4)运输距离;

(5)运输批量。

3)出版物运输合同的托运人应当承担哪些义务?

(1)如实申报的义务;

(2)按规定向承运人提交审批、检验等文件的义务;

(3)包装义务；

(4)托运人托运危险物品时的义务；

(5)支付运费、保管费以及其他运输费用的义务。

六、论述题

论述要点：

1)不合理运输的表现形式有：

(1)对流运输；

(2)倒流运输；

(3)迂回运输；

(4)重复运输；

(5)运量亏吨。

实现出版物运输的合理化应：

(1)分区产销平衡；

(2)拼装整车运输；

(3)提高运输工具的使用效率；

(4)标准化运输。

2)运输管理的业务流程。

(1)制订货运计划；

(2)选择运输公司与运输方式；

(3)安排运输服务工作；

(4)验货和确立运费；

(5)审验和付费；

(6)延期或滞留；

(7)索赔。

七、案例分析题

铁路运输的综合评价值为：

$$F(T) = 3 \times 2 + 1 \times 2 + 3 \times 3 + 2 \times 2 + 2 \times 2 + 1 \times 1 = 26$$

公路运输的综合评价值为：

$$F(G) = 3 \times 3 + 1 \times 1 + 3 \times 2 + 2 \times 3 + 2 \times 3 + 1 \times 3 = 31$$

公路运输的分值高于铁路运输,最终选择公路运输。

第7章　出版物配送

一、单项选择题

1）B　　2）C　　3）B　　4）C　　5）D

二、多项选择题

1）ABCD　　2）ACD　　3）ABC　　4）ABC　　5）ABCD

三、判断题

1）×　　2）×　　3）√　　4）√　　5）×

四、名词解释

1）出版物配送：是指在经济合理区域范围内，根据用户要求，对出版物进行相关备货、理货及送货等作业，并按时送到指定地点的物流活动。

2）暂存形态存储：暂存形态的存储是指按照分拣、配货工序的要求，在理货场地储存少量货物。

3）储备形态存储：按照一定时期配送活动要求和根据货源的到货情况，比如到货周期，有计划地确定的。

4）出版货物分拣：货物分拣采用适当的方式和手段，从储存的出版物中分出（或拣选）用户所需要的货物。

5）出版物配送中心：出版物配送中心是接受并处理末端用户的出版物的订货信息，对上游运来的各类出版货物进行分拣，根据用户订货要求进行拣选、加工、组配等作业，并进行送货的设施和机构。

五、简答题

1）简述配送的含义和特点。

配送是一项物流活动，配送是"配"和"送"有机结合的形式。配送与一般送货是有区别的，配送利用有效的分拣、配货等理货工作，送货具有一定的规模，以利用规模优势取得较低的送货成本。配送的特点包括：

（1）配送是多种业务活动构成的有机结合体；

（2）配送是一种高水平的送货方式；

（3）配送服务于客户的专业化分工活动；

（4）配送是在合理区域范围内的送货。

2）出版物配送的作用表现在哪些方面？

（1）出版物配送有利于出版物物流活动实现规范化、合理化；

（2）完善了出版物运输和整个物流系统；

（3）提高了出版物末端物流的效益；

（4）简化各出版物销售网点、出版物发行企业事务,提高供应保障程度、方便用户。

3）简述理货作业流程。

（1）货物分拣作业;

（2）配货作业;

（3）包装作业。

六、论述题

出版物配送中心功能及作用。

功能:

（1）出版物采购功能;

（2）出版物存储功能;

（3）出版物配组功能;

（4）出版物分拣功能;

（5）出版物分装、集散功能。

作用:

（1）适应出版物市场需求变化,增强出版物供货能力;

（2）减少出版物交易次数和流通环节;

（3）实现出版物储运的经济高效;

（4）实现出版物物流的系统化和专业化。

第8章　出版物包装

一、单项选择题

1）A　　2）D　　3）C　　4）B　　5）C

二、多项选择题

1）ABCD　　2）B　　3）D　　4）BC　　5）AB

三、判断题

1）√　　2）×　　3）×　　4）√　　5）×　　6）×

四、名词解释

出版物包装:出版物包装就是为了保护出版物,便于运输及储存,方便识别、管理。而以适当的方法和材料,对出版物所实施的一定技术的操作活动。

五、简述题

1）出版物流包装的作用是什么?

（1）保护出版物;

（2）方便储运与使用；

（3）促进销售。

2）出版物包装所应遵循的基本原则有哪些？

出版物包装所应遵循的基本原则有安全原则、合理化原则、"绿色"原则和经济原则。

3）出版物流中包装的合理化。

（1）合理选用包装材料与技术；

（2）合理设置包装方式。

包装方式直接影响着出版的装卸、储存和运输，所以设置包装方式时就考虑如下几个因素：

首先考虑的是出版物流的接口——装卸。

其次考虑的是物流的动脉——运输。

再次要考虑出版物的中心——保管储存。

4）常见的不合理的物流包装通常表现在哪些方面？

（1）出版物流包装不足。

主要表现是出版物流包装强度不足，物流包装材料不能承担防护作用，物流包装容器的层次及容积不足，出版物流包装成本过低，不能有效地包装。

（2）出版物流包装过剩。

出版物流包装过剩主要体现在包装强度设计过高，包装材料过高，包装技术水平过高，包装层次过高，包装体积过大，包装成本过高。

5）提高包装物品价值的方法有哪些？

（1）功能不变，降低成本；

（2）提高功能，成本不变；

（3）既提高功能，又降低成本；

（4）成本略有提高，功能有较大幅度提高；

（5）功能略有下降，成本有较大幅度下降。

由以上可以看出，（1）（3）（5）三种方法是降低成本，而（2）（4）是改善功能。

六、论述题

1）简述对报纸和杂志的包装有哪些特殊的要求？

在最短的时间内实现个性化分送，是对报纸和杂志包装提出的特殊要求。所以必须要考虑以下两点：

（1）在一个版本中会有一些子版本，如广告插页，它们可能有不同的编者，因此一定要确保发送产品的版本配置，以确保包装内容的准确。有一部分产品包括了客户的地址,因此必须与物流部门相互协作。

(2)一个版本可以采用几种渠道发送(邮寄、卡车、飞机、轮船),其中有一些特殊的打包,因此一种版本可同时用不同的包装方法。从一种递送过程换成另一种递送过程时,每个包装必须包含一个可变的标签,标签上注明特定的发送信息。

2)试分析报纸包装的两种形式。

答题要点:

为减少过量的包装费用,尤其是报纸的发送,有报纸盒和卷包装两种形式:报纸盒是一种以地区发送为基础,循环使用塑料盒装置的发送系统。报纸自动地放置在可规程的盒子内,在纸台上堆放,然后直接进入相应的发送渠道。报纸订户预先准备一个空盒子,在分配运输路线中来回传送。这个系统不需要附加包装材料,而且提供了最大的产品保护。另一种卷包装是一个圆筒形的装置,带有包装标签固定薄膜的报纸卷。这个"卷筒"放在纸台上,递送的过程中,报纸在输入——输出的方向上完成分配。卷包装的使用,减少了包装的技术性。

第9章　出版物装卸搬运

一、单项选择题

1)B　　2)B　　3)C　　4)A　　5)B

二、多项选择题

1)ABCDE　　2)ABC　　3)ABCD　　4)ABCD　　5)ABCD

三、判断题

1)×　　2)×　　3)×　　4)×　　5)√

四、简答题

1)何谓出版物装卸搬运?

出版物装卸可以理解为在某一物流结点范围内(如车站、工厂、仓库内部等)以改变出版物的存放,支撑状态所进行的以垂直移动为主的作业;出版物搬运则是以改变出版物的空间位置为主要内容和目的的作业。

2)如何实现出版物装卸搬运的合理化?

(1)防止和消除无效装卸。

所谓无效作业是指在装卸作业活动中超出必要的装卸、搬运量的作业。显然,防止和消除无效作业对装卸作业的经济效益有重要作用。无效装卸主要反映在以下几个方面:

A.过多的装卸次数;

B.包装不适宜;

C.无效物质的装卸。

（2）选择最佳搬运路线：出版物搬运路线分为直达型、渠道型和中心型。

（3）充分利用重力和消除重力影响，进行少消耗的装卸。

（4）提高出版物的装卸搬运活性。

（5）充分利用机械，实现规模装卸。

（6）利用单元货载。

（7）做好连接点的衔接。

3）出版物装卸搬运设备有哪些？

手推台车、输送机、堆垛机、叉车、自动导引搬运车、自动分拣系统。

4）出版物装卸搬运应考虑的因素有哪些？

（1）人：现代出版物装卸搬运依据自动化的水平可分为人工作业、半自动化和全自动化作业三种，实际操作中，使用人工作业和半自动化作业的比例不在少数。因此，针对这些装卸搬运作业应在充分考虑人体可以负担的荷重基础上制定标准及方法，这样使人在作业中不至于容易疲劳及受到伤害。

（2）出版物：出版物的种类、重量和大小的不同，直接影响到装卸搬运所采取的方法。

（3）移动：应充分考虑移动的起止点、移动路径、移动距离、移动频度、移动速度等相关因素。

（4）方法：应在全面衡量出版物存放形态、搬运人数、搬运设备的基础上选择最佳的作业方法。

（5）场所：应充分考虑到装卸搬运场所的建筑物高度、周边条件等。

5）出版物装卸搬运的作业方法有哪些？

（1）单件作业：单件作业指对非集装按件计的货物逐个进行装卸搬运操作的作业方法。单件作业对机械、装备、装卸条件要求不高，因而机动性较强，不受固定设施、设备的地域局限。

（2）单元作业：单元作业是用集装化工具将小件或散装物品集成一定重量或体积的组合件，以便利用机械进行作业的装卸方式。

单元作业有以下几种：

A.托盘作业法：托盘作业法指利用叉车对托盘货载进行装卸，属于"叉上叉下"方式。由于叉车本身有行走结构，在装卸同时可以完成小搬运而无须落地过渡，因而有水平装卸的特点。托盘装卸常须叉车与其他设备、工具配合，以有效地完成全部装卸过程。例如，叉上之后，由于叉的前伸距离有限，有时需要利用托盘搬运车或托盘移动器来解决托盘水平短距离移动，同时又由于叉车叉的升高有限，有时还需与升降机、电梯、巷道起重机等设备配套,以解决托盘垂直位移的问题。

B.集装箱作业法:集装箱装卸主要指用各种垂直起吊设备进行"吊上吊下"式的装卸,各种起吊设备同时还可以做短距离水平运动,因此,可以完成小范围的搬运。如需要一定距离的搬运,则还需与搬运车相配合。小型集装箱还可以和托盘一样采用叉车进行装卸。

C.货捆作业法:货捆装卸主要采用各种类型的起重机进行装卸,货捆的捆具可与吊具、索具有效地配套进行装卸。短尺寸货捆可采用一般叉车装卸,长尺寸货捆还可采用侧式叉车进行装卸。

D.滑板作业法:滑板是用纸板、纤维板、塑料板或金属板制成,与托盘尺寸一致的,带有翼板的平板,用以承放货物组成的搬运单元。与其匹配的装卸作业机械是带推拉器的叉车。叉货时推拉器的钳口夹住滑板的翼板(又称勾百或卷边),将货物支上货叉,卸货时先对好位,然后叉车后退,推拉器前推,货物放置就位。滑板作业法虽具有托盘作业法的优点且占用作业场地少,但带推拉器的叉车较重,机动性较差,对货物包装与规格化的要求很高,否则,不易顺利作业。

第10章　电子商务环境下的出版物流

一、单项选择题

1)B　2)A　3)A　4)C　5)D

二、多项选择题

1)ABC　2)ABD　3)ABCD　4)ACD　5)ABD

三、判断题

1)×　2)√　3)√　4)×　5)√

四、名词解释

1)电子商务:广义上的电子商务 EB(electronic business)是指各行各业,包括政府机构和企业、事业单位各种业务的电子化、网络化。狭义的电子商务 EC(electronic commerce)是指人们利用电子化手段进行商品交换为中心的各种商务活动,是指商业企业、工业企业与消费者个人的交易双方或各方利用计算机网络进行的商务活动。

2)EDI:EDI(electronic data interchange),即电子数据交换,是指标准化的商业文件在计算机之间从应用到应用的传送。

3)CA论证:认证中心(CA,Certification Authority)就是承担网上安全电子交易认证服务、签发数字证书,并能确认用户身份的服务机构。

4)RFID:RFID射频识别是一种非接触式的自动识别技术,它通过射频信号自动识别目标对象并获取相关数据,识别工作无须人工干预,可工作于各种恶劣环境。

5)数字证书:数字证书是一个包含证书持有人的个人信息、公开密钥、证书序号、证书有效期、发证单位的电子签名等内容的数字文件。

五、简述题

1)为什么说物流对电子商务活动的开展关系非常大?

物流是电子商务的重要组成部分,是电子商务的基本要素,是实现电子商务的重要保证,物流配送又是制约电子商务发展的瓶颈。

2)简述 Internet,Intranet,Extranet 三者的区别。

Internet 是当前最大的国际性计算机网络,是基于一个共同的通信协议 TCP/IP 协议,将多个网络再互连成一个更大的网络,它实际上是一个网络的网络,将位于不同地理位置的网络互连成一个整体。Intranet 就是利用 Internet 技术来搭建企业的内部信息网络。强调企业内部各部门之间的联结,业务范围仅限于企业内部。Extranet 是 Intranet 的一种延伸,将相互合作的企业的网络连接在一起。强调各企业间的联结,业务范围包括交易伙伴、合作伙伴、渠道商以及主要客户。

3)电子商务是否可理解为网上购物?

电子商务实际上是采用电子化手段进行商务活动,不仅仅包括网上购物,还有企业间的电子化商务,政府和企业间的商务活动。

4)现代出版业的物流模式有哪些?

出版社网上书店物流模式、零售商网上书店物流模式、连锁店总部网上书店物流模式。

六、论述题

1)电子商务与物流的关系。

(1)物流是电子商务的重要组成部分,缺少了现代化的物流过程,电子商务过程就不完整。

(2)物流是实现电子商务的重要环节和基本保证。

2)结合具体的案例分析出版业实施电子商务的意义。

出版社实行电子商务,实际上建立起同销售商和读者的良好的沟通渠道。其次,依靠电子商务的技术支持,出版社能随时掌握订货、库存、缺货、配送、退货等情况。提高物流的信息化程度,降低物流成本,降低库存,减少了从销售商流向出版社的反向物流。另外,电子商务能使出版社原先较为松散的供应链中的各个环节更加容易被连接起来,即将作者、印刷厂、销售商、读者紧密地联系在出版社的周围,强化上下游的关系,使供应链更加协调健康地发展,而出版社在供应链中获得了极为有利的地位。

七、案例分析题

高效的物流网络、信息网络、计算机网络。

第11章　出版物供应链管理

一、单项选择题

1）C　　2）D　　3）D　　4）B　　5）A

二、多项选择题

1）ABCDE　　2）ACDE　　3）ABCD　　4）ABCDE　　5）ABCDE

三、判断题

1）√　　2）×　　3）√　　4）×　　5）√

四、名词解释

1）出版物供应链管理：就是以某个出版发行企业（可以是供应链中任何一个企业，包括出版社、书店、印刷企业等）为核心，通过对供应链上的出版物供应商、出版社、印刷厂、批发商、零售商和读者等进行统一协调、控制和管理，保证出版经营活动中信息流、物流和资金流正常流动，以期取得共赢的一种经营管理手段。

2）第四方物流：是一个供应链集成商，它调集和管理组织自己的以及具有互补性的服务提供商的资源、能力和技术，以提供一个综合的供应链解决方案。

3）信息化出版物流：就是利用计算机硬件、软件、网络通信设备及其他设备，进行出版物流信息收集、传输、加工、储存、更新和维护，以满足出版物流运作、管理和决策的需要，是出版企业利用现代物流信息系统进行出版物流管理的一种方式，也是现代出版物流的发展趋势。

五、简述题

1）如何理解出版物供应链管理与出版物流管理的关系？

出版物供应链管理与出版物流管理既有很大的区别，又有紧密的联系。

（1）出版物供应链管理比出版物流管理的概念更宽泛。

出版物流管理主要强调出版物流通过程中的运输、仓储、包装、流通加工等各环节之间的协调，而没有特别关注这些环节是由谁来统筹协调运作的问题，目前一般认为是企业内部物流管理。出版物供应链管理则不是从空间的位移来看待出版物流通过程，而是从这个过程中的厂商关系来看待整个出版物流通过程，强调厂商之间的协调与合作。

（2）出版物流管理与出版物供应链管理的侧重点不同。

出版物流管理关注的是企业内部运作，并将管理内容限制在物流活动上，并非贯穿于企业组织、信息和决策活动中。出版物供应链管理注重企业间相互的合作与协调,关注出版物流通的全过程,关注出版物供应链上所有节点企业的内外联系,其管理内容不仅包括物流活动,还包括对信息流、资金流、价值流、工作流的整体管理。

(3)出版物流管理是出版物供应链管理的实践应用基础,出版物供应链管理高于出版物流管理。

在出版物供应链管理的具体实践中,需要链上企业拥有高效流畅的企业内部物流管理,否则,就无法建立有效而稳定的供应链,供应链上总体效益最大化作用也就难以实现。

此外,出版物流管理依靠企业本身获取和保持独立的竞争优势,而出版物供应链管理强调企业竞争中的相互依赖与合作,超出了传统物流管理的微观竞争视角,将管理置于宏观的竞争环境中,藉以提高出版物供应链整体竞争优势。

2)出版物供应链管理的方法有哪些?

出版物供应链管理的主要方法有:

(1)疏通链内信息流通渠道,统一信息标准,实现信息共享。

(2)建立以出版企业为核心的供应链。

(3)建立出版企业和书店共赢的供应链管理体系。

3)简述第四方物流在出版物供应链管理中的作用。

第四方物流能为出版发行企业提供复杂而多样化的出版物供应链解决方案,优化出版物供应链管理。其作用主要有:

(1)供应链再造;

(2)功能转化;

(3)业务流程再造;

(4)关键技术服务。

4)简述出版物供应链管理的内容。

出版物供应链管理的内容涵盖的范围广,对信息的要求高,主要包括以下几个方面:

(1)计划。计划是出版物供应链管理的策略性部分。出版企业需要有一个策略来管理所有的资源,以满足客户对产品的需求。通过完善计划,采用一系列的方法监控出版物供应链,使它能够有效、低成本地为客户提供高质量和高价值的产品或服务。

(2)采购。采购是指选择能为出版企业提供产品和服务的供应商,与供应商共同建立一套定价、配送和付款流程并创造一套方法来监控和改善这一流程,以便把供应商提供的产品和服务的管理流程结合起来,这一流程包括提货、核实货单、转送出版物并批准对供应商的付款。

(3)制造。制造是指安排生产、测试、打包和送货前的准备活动,这是出版物供应链中评价内容(服务水平、产品质量和劳动生产效率等)最多的部分。

(4)配送。配送是调整客户的订单收据、建立仓库网络、委派递送人员提货并送货到客户、建立产品计价系统、接收付款等活动的总称。

(5)退货。退货是供应链中问题的处理部分。建立网络接收客户退回的次品和多余产品,并在客户应用产品出现问题时提供支持。

六、论述题

论述信息化出版物流在出版物供应链管理中的优势。

现代信息技术的运用是出版物供应链管理信息化、集成化的重要基础。因此,信息化出版物流对于出版物供应链管理有着明显的优势,呈现出以下主要特征:

(1)物流信息的数字化、自动化。

信息化出版物流的信息不再是以账本、单据、文件形式记载有关物流信息,而是将所有的信息输入计算机,归类管理,一旦出版发行企业有需要,通过查询可以轻松、方便地得到。不仅如此,还可以通过计算机系统自动更新信息,自动记载出版物的仓储数量、运输方式、运送数量、到达地址等一系列数据。这些自动的系统包括:自动识别系统、自动分拣系统、自动存取系统、自动导向车、货物自动跟踪系统等。充分利用信息可以扩大出版业物流作业的能力,提高劳动生产率,减少物流中的差错。

(2)服务、管理的网络化、一体化。

基于网络技术的信息化出版物流信息的传输处理体现出网络化的特点。出版物配送中心与供应商、出版商、销售商及顾客之间的联系是通过其计算机通信网络实现的。不仅如此,信息化物流在内部网络和信息系统建设的基础上,从科学发展、及时决策和有效控制的高度把信息作为战略资源加以开发和利用,并根据战略决策的需要把诸多现代化科学管理方法和手段有机地集成,实现企业内部人力、资源、物资、信息要素的优化配置和综合化管理。

(3)物流信息传递的数量大、速度快。

随着出版物交易活动频繁,物流信息大量增加,多品种少批量生产和多频度小数量配送使库存、运输等物流活动的信息大量增加。利用信息化出版物流可以将这些物流信息全部归类整理,无论信息量有多大,物流信息可以通过信息系统自动处理,而且处理速度快、处理结果精确。这既是信息化出版物流的基本特征,也是出版物供应链管理的重要支撑。

（4）物流信息渠道的多样化。

出版业的物流信息不仅包括企业内部的信息（如生产、库存信息等），而且包括供应链各个节点的企业之间物流活动的信息。企业竞争优势的获得需要供应链各个参与企业之间信息的交换和传送，实现信息共享。另外，物流活动中涉及的道路、港湾、机场等基础设施的信息也是出版物进出口物流活动中企业所必须掌握的信息。

七、案例分析题

1）通过一本教材在到达读者手中之前的行程说明出版物供应链管理的意义。

出版物供应链管理的模式，能够优化资源配置，缩短出版物发行的周期，节约物流成本，提高出版企业的市场竞争力，形成运行速度最快、流量最多、流质最好、服务最优、效率最佳的现代出版物流格局，从而最大限度地满足市场和客户的需求。

能够使企业内部和企业之间的业务流程得到整合，对整个供应链中的信息流、物流和资金流进行优化，实现生产管理、库存管理、物流管理、财务管理以及人力资源管理高效集成。

通过整合集成，能准确判断市场和读者需求，加快对客户的反应速度，提高客户服务质量。同时，能够有效地减少信息交换的不充分与信息扭曲，避免决策失误，为部门之间、企业之间的协作提供有力的支持。

2）分析上海外语教育出版社供应链管理的成功应用与业务流程再造的关系。

出版物供应链管理是企业的第三利润源泉，抓好这一个环节能给企业带来显著的效益。可以说，它是 21 世纪企业决战的最高点，谁控制了它，谁就会获得成功。上海外语教育出版社供应链管理模式的成功应用，能够帮助客户实施新的业务方案，包括业务流程优化和再造，客户公司和服务供应商之间的系统集成，以及将业务运作转交给第四方物流的项目运作小组。通过这些将客户与供应商管理系统与信息技术一体化，使整个供应链的业务流程更有效。

第 12 章　出版物流人才培养

一、单项选择题
1）B　　2）A　　3）D　　4）C　　5）C

二、多项选择题
1）AD　　2）BCD　　3）ABD　　4）BCD　　5）ABCD

三、判断题
1）√　　2）√　　3）×　　4）×　　5）√

四、简答题

1)简述当前我国出版物流业的人才现状还存在有哪些问题?

(1)出版物流人才培养起步晚,缺口大。

(2)出版物流人才培养体系不够合理,实践力度不够。

(3)物流培训认证质量有待提高。

2)出版物流人才应具备哪些基本技能?

(1)出版物流基础知识;

(2)出版物流管理知识与技能;

(3)财务知识与技能;

(4)外语应用能力。

3)出版物流人才应具备哪些基本素质?

(1)服务全局;

(2)信息素养;

(3)协调统一;

(4)团队合作;

(5)法律意识。

4)我国出版物流人才培养的目标?

(1)加大培养力度,打造优秀人才队伍;

(2)提高出版物流人才的积极性、主动性和创造性;

(3)提高劳动生产率,保持竞争优势。

五、论述题

简述培养出版物流人才的策略。

答题要点:

(1)明确出版物流人才的知识结构及素质要求;

(2)出版物流人才培养坚持两条腿走路(学历教育与非学历教育);

(3)校企合作办学,互利双赢;

(4)优化出版物流管理课程体系。

六、案例分析题

略

参考文献

[1] 毕新华,顾穗珊.现代物流管理[M].北京:科学出版社,2009.

[2] 鲍尔索克斯,等.供应链物流管理[M].3版.马士华,黄爽,赵婷婷,译.北京:机械工业出版社,2010.

[3] 黄中鼎.现代物流管理[M].2版.上海:复旦大学出版社,2009.

[4] 李松庆.物流学[M].北京:清华大学出版社,2008.

[5] 李小明.中国出版物流建设研究[D].武汉大学,2005.

[6] 曹彩杰.物流基础[M].大连:大连理工大学出版社,2007.

[7] 刘华,孟建华.现代物流管理概论[M].2版.北京:清华大学出版社,2010.

[8] 杨明,曲建科.物流管理理论与实务[M].北京:中国人民大学出版社,2009.

[9] 刘明菲.物流管理学[M].武汉:武汉大学出版社,2005.

[10] 申作兰.仓储与库存管理[M].北京:电子工业出版社,2008.

[11] 新闻出版总署.出版物发行员职业资格培训教材[M].北京:中国书籍出版社,2007.

[12] 刘华,孟建华.现代物流管理概论[M].北京:清华大学出版社,2010.

[13] 吉亮.仓储与配送管理[M].北京:北京大学出版社,2010.

[14] 王槐林,刘明菲.物流管理学[M].武汉:武汉大学出版社,2006.

[15] 孙慧.仓储运作与管理[M].重庆:重庆大学出版社,2008.

[16] 李芳,董贵胜.运输管理实务[M].北京:电子工业出版社,2009.

[17] 刘华,林玲玲,葛文芳.现代物流管理与实务[M].北京:清华大学出版社,2008.

[18] 朱凤仙,罗松涛.物流配送实务[M].北京:清华大学出版社,2008.

[19] 方玲玉,张为民.物流信息管理[M].长沙:湖南人民出版社,2007.

[20] 李创,王丽萍.物流管理[M].北京:清华大学出版社,2008.

[21] 基普汉.印刷技术媒体手册[M].北京:世界图书出版社,2004.

[22] 张新昌.包装概论[M].北京:印刷工业出版社,2007.

［23］曹彩杰.物流基础［M］.大连:大连理工大学出版社,2007.

［24］黄静.仓储管理实务［M］.大连:大连理工大学出版社,2007.

［25］李松庆.物流学［M］.北京:清华大学出版社,2008.

［26］宋文官,徐继红.电子商务概论［M］.大连:东北财经大学出版社,2007.

［27］尹国林.电子商务教程［M］.上海:同济大学出版社,2007.

［28］覃征.电子商务案例分析［M］.西安:西安交通大学出版社,2001.

［29］徐文锋.物流主管实务［M］.广州:广州经济出版社,2009.

［30］张献英,冯志波,王俊.管理信息系统［M］.北京:经济科学出版社,2011.

［31］凌守兴.电子商务物流管理［M］.2版.上海:华东理工大学出版社,2009.

［32］杨桦,尹聪春.信息管理系统［M］.北京:清华大学出版社,2011.

［33］林建宗.客户关系管理［M］.北京:清华大学出版社,2011.

［34］林放.浅析出版物流与供应链管理的现状与发展［J］.出版广角,2011(9).